FEATURED TEACHING CASES OF
INTRODUCTORY COURSES IN UNIVERSITIES

高等院校概论课
特色教学案例

主编◎龚晓莺

本书由"同济大学中央高校基本科研业务费"资助出版

经济管理出版社
ECONOMY & MANAGEMENT PUBLISHING HOUSE

图书在版编目（CIP）数据

高等院校概论课特色教学案例 / 龚晓莺主编 . —北京：经济管理出版社，2023.6

ISBN 978-7-5096-9067-3

Ⅰ . ①高… Ⅱ . ①龚… Ⅲ . ①毛泽东思想—教案（教育）—高等学校②中国特色社会主义—社会主义建设模式—教案（教育）—高等学校 Ⅳ . ① A84 ② D610

中国国家版本馆 CIP 数据核字（2023）第 105628 号

组稿编辑：王光艳

责任编辑：王光艳

责任印制：许　艳

责任校对：徐业霞

出版发行：经济管理出版社

　　　　　（北京市海淀区北蜂窝 8 号中雅大厦 A 座 11 层 100038）

网　　　址：www. E-mp. com. cn

电　　　话：（010）51915602

印　　　刷：北京市海淀区唐家岭福利印刷厂

经　　　销：新华书店

开　　　本：710mm × 1000mm /16

印　　　张：15.25

字　　　数：266 千字

版　　　次：2023 年 6 月第 1 版　　2023 年 6 月第 1 次印刷

书　　　号：ISBN 978-7-5096-9067-3

定　　　价：58.00 元

前 言

习近平总书记在学校思想政治理论课教师座谈会上向广大思政课教师提出了要不断增强思政课的思想性、理论性和亲和力、针对性的要求，这一要求可以简称为"三性一力"要求。"三性一力"要求贯彻落实到"毛泽东思想和中国特色社会主义理论体系概论"课（以下简称"概论课"）教学中表现为：思想性就是要使学生全面深入理解并掌握毛泽东思想、邓小平理论、"三个代表"重要思想、科学发展观、习近平新时代中国特色社会主义思想，能够真正用这些思想武装头脑，能够运用这些思想分析中国特色社会主义的伟大实践，从而坚定"四个自信"；理论性就是要对毛泽东思想、邓小平理论、"三个代表"重要思想、科学发展观、习近平新时代中国特色社会主义思想的所有观点进行理论分析，使学生明白这些思想观点是建立在科学理论论证的基础上的，做到"以理服人"；针对性就是要根据不同专业、不同知识结构的学生对毛泽东思想、邓小平理论、"三个代表"重要思想、科学发展观、习近平新时代中国特色社会主义思想理解及运用的差异性进行差别化教学，做到"因材施教"；亲和力就是要让学生感受到学习、理解、掌握、践行毛泽东思想、邓小平理论、"三个代表"重要思想、科学发展观、习近平新时代中国特色社会主义思想是每个学生自己的事，从而对学生的人生道路、事业发展产生积极的影响和促进作用。"三性"要求之间存在以下依存关系：增强思想性是实现概论课教学目标的本质要求，增强理论性是增强思想性目标得以实现的理论基础，增强针对性是增强思想性目标在不同学生思想上得以实现的现实基础。"三性"要求的实现要以满足"一力"要求为手段，即增强概论课思想性、理论性、针对性目标的实现要以增强亲和力为手段，只有通过增强概论课教学的亲和力，拉近概论课内容与学生思想的距离，学生才会"亲近"概论课，从而主动学习概论课，与概论课产生情感共鸣。增强概论课亲和力最为有效的方法，就是既要讲好与概论课密切相关的"中国故事"，也要讲好与概论课相关的学生"身边的故事"，其中最好找的与概论课相关的学生"身边的故事"就是学生就读的大学与概论课相关的故事。我们编写的这本《高等院校概论课特色教学案例》就是以同济大学自建党以来发生的与概论课相关的特色故事为案例分析材料。全书按概论课教材章节顺序进行案例编排，每章编写了2～5个案例，共编写了49个教学案例。每个案例均包含案例描述、思考讨论题、案例解析、教学反思四个部分。同济大学成立于1907年，在新民主主义革命时期、社会主义革命和建设的计划经济时期、改革开放和社会主义现代化建设时期、建设中国特色社会主义的新时代，都为党和国家的事业做出了巨大贡献，同济大学的故事具有全国意义，同济大学的概论课教师在教学中使用同济大学的故事作为教学案例，能使概论课教学彰显同济大学特色，能大幅度提高概论课教学的亲和力，对其他高校的概论课教师提高概论课教学的亲和力也具有很强的借鉴意义。

目录 >>>

第一篇 毛泽东思想

第一篇

毛泽东思想

第一章

毛泽东思想及其历史地位

案例一
继往开来的毛泽东 [1]

案例描述

1921 年 7 月，毛泽东作为 13 位代表之一参加了中国共产党成立大会。建党之时，毛泽东就提出了一些独到的思想。在组织上，注重建立一个由志同道合者组成的、纯洁的政治组织，强调必须寻觅"真同志"；在思想上，强调思想的统一性，明确提出要以马克思主义为根本指导思想，以"唯物史观为吾党的哲学依据"。

在中国共产党创建初期和第一次国内革命战争时期，中国共产党人力求以马克思列宁主义为指导，探索中国革命的规律，在中国社会性质以及中国革命性质、任务、对象、动力等一系列基本问题上进行了理论思考和研究，并取得了一些理论成果。李大钊、毛泽东、周恩来、瞿秋白等党的早期领导人都是这方面的典型代表。尤其是毛泽东在这个时期发表了《中国社会各阶级的分析》《湖南农民运动考察报告》等文章，深刻阐述了中国革命的一系列重要问题，

---

[1] 对应课程：毛泽东思想和中国特色社会主义理论体系概论；对应章节：第一章第一节。

提出了新民主主义革命的基本思想，这些基本思想为毛泽东思想的初步形成奠定了基础。

第一次国内革命战争失败后，毛泽东领导了秋收起义，上井冈山开辟革命根据地，随后转战赣南闽西探索中国革命道路，在此过程中提出了"马克思主义同中国实际情况相结合"的根本原则。1930 年 5 月，毛泽东第一次在《反对本本主义》一文中指出："马克思主义的'本本'是要学习的，但是必须同我国的实际情况相结合。"当时，党的许多干部和红军战士不太理解，之后经过第五次反"围剿"失败、红军长征，大家才逐步认识了这一真理。

1932 年 4 月毛泽东率领红军攻下福建省的一个大城市漳州时，他就将位于这座城市的福建省立第三中学所收藏的一批马克思主义理论书籍搜集起来。根据回忆，这些书籍中有恩格斯的《反杜林论》和列宁的《社会民主党在民主革命中的两个策略》《共产主义运动中的"左派"幼稚病》等。不久之后，毛泽东被解除了在红军中的领导职务，在遭受打击的同时也有了闲下来读书的时间。1957 年，他曾经回忆当时读书的情形："我就埋头读马列著作，差不多整天看，读了这本，又看那本，有时还交替着看，扎扎实实下功夫，硬是读了两年书。"长征途中，即使生病躺在担架上，毛泽东也仍然手不释卷，不停地读马列著作。

中共中央和中央红军到达陕北后有了相对安定的国内局势和相对稳定的生活工作环境，这为毛泽东集中精力总结党的历史经验，对中国革命斗争进行深入理论思考和理论概括提供了可能。在这一时期，他先后撰写了《论反对日本帝国主义的策略》《中国革命战争的战略问题》《实践论》《矛盾论》等一系列闪耀着马克思主义理论光辉的重要著作，深刻揭示了指导中国革命和革命战争的基本规律、基本战略和策略，阐明了党的思想路线、政治路线、组织路线和军事路线。

1938 年 10 月，毛泽东在党的六届六中全会上作了题为《论新阶段》的政治报告，第一次向全党提出了"马克思主义中国化"的战略任务，并对什么是马克思主义中国化、马克思主义为什么必须中国化作了精辟的论述。

之后，毛泽东相继发表了《〈共产党人〉发刊词》《中国革命和中国共产党》《新民主主义论》等重要著作。在这些著作中，毛泽东在中国第一次旗帜鲜明地提出和系统地阐明了新民主主义的完整理论，第一次深刻地提出"统一战线，武装斗争，党的建设，是中国共产党在中国革命中战胜敌人的三个法宝，三个主要的法宝"。这标志着马克思主义同中国革命实践相结合的毛泽东思想已经日渐成熟。

1944 年底，同济大学学生万孝信等按照中共中央南方局青年组的指示，成立秘密小组，开展"勤业、勤学、勤交友"的活动，组织部分进步同学学习毛泽东的《新民主主义论》等著作，传阅《新华日报》等进步报刊。

1941 年 3 月，党的理论工作者张如心在《共产党》杂志第 16 期发表的《论布尔什维克的教育家》一文中首次正式使用了"毛泽东同志的思想"这一提法，对毛泽东的理论和策略进行了概括。1942 年 2 月 18 日，张如心在《解放日报》上第一次对"毛泽东主义"做了阐释。"毛泽东主义"的概念一经登报，马上流播开来。7 月 1 日，中共中央晋察冀分局机关报《晋察冀日报》发表了由主编邓拓撰写的社论《纪念七一，全党学习和掌握毛泽东主义》，文中多次使用"毛泽东主义"一词，并号召全体共产党员要"深入学习掌握毛泽东主义，真正灵活地把毛泽东主义的理论与策略，应用到一时一地的每一个具体问题中去"。毛泽东本人并不赞同"毛泽东主义"的提法，他于 1943 年 4 月 22 日写信给时任中宣部代部长凯丰，声称自己的思想还未成熟，现在还不是鼓吹的时候，"要鼓吹只宜以某些片断去鼓吹（例如整风文件中的几件）"。由于毛泽东本人的反对，"毛泽东主义"的提法并没有广为流传。

1943 年 7 月 5 日，时任中共中央政治局委员、总政治部主任王稼祥在《解放日报》上发表了《中国共产党与中国民族解放的道路》一文。文章第一次科学地、准确地阐述了"毛泽东思想"的概念。一时间，"毛泽东思想"这一概念得到了全党同志的接受和赞同。

随着全党对毛泽东的思想就是中国化的马克思主义这一认识渐渐达成共识，对毛泽东以及毛泽东理论的宣传不仅有增无减，而且与此同时，"毛泽东思想"这一概念也进一步规范化和系统化。在党的会议上首次提出"毛泽东思想"这一概念是 1945 年 4 月 20 日召开的党的六届七中全会第八次会议。经过深入讨论和反复修改，集中全党的智慧，这次会议通过的《关于若干历史问题的决议》明确指出："党在奋斗的过程中产生了自己的领袖毛泽东同志，形成了中国化的马克思列宁主义的思想体系——毛泽东思想。"

据不完全统计，包括复旦大学、同济大学在内，全国目前仍有超过 20 所高校保存有毛泽东塑像，同济大学校园内的毛泽东像已经成为标志性的建筑。这些横跨了约半个世纪，散落在中国各大高校里的雕塑，成为大学校园里的一个图腾。

思考讨论题

1. 根据上述案例内容阐述毛泽东思想形成与发展的过程。
2. 请结合案例的背景分析毛泽东思想形成与发展的历史条件。

案例解析

1. 毛泽东思想的形成

第一次国内革命战争时期，《中国社会各阶级的分析》与《湖南农民运动考察报告》分析了中国社会各阶级在革命中的地位和作用，提出了新民主主义革命的基本思想。土地革命战争时期，《中国的红色政权为什么能够存在？》《井冈山的斗争》《星星之火，可以燎原》《反对本本主义》提出并阐述了农村包围城市、武装夺取政权的思想。

2. 毛泽东思想的成熟

遵义会议后，《实践论》《矛盾论》《〈共产党人〉发刊词》《中国革命和中国共产党》《新民主主义论》《论联合政府》等著作系统总结了党领导中国革命特别是全民族抗日战争以来的历史经验，系统分析了党内"左"的和右的错误的思想根源，阐述了新民主主义革命的对象、动力、领导力量、性质和前途，提出了新民主主义革命的总路线，指明了新民主主义革命的具体目标，详细论述了统一战线、武装斗争和党的建设的基本规律和内在联系。1945年党的七大将毛泽东思想写入党章，确立为党必须长期坚持的指导思想。

3. 毛泽东思想的继续发展

解放战争时期和中华人民共和国成立以后，《在中国共产党第七届中央委员会第二次全体会议上的报告》《论人民民主专政》《论十大关系》《关于正确处理人民内部矛盾的问题》等提出了人民民主专政理论、社会主义改造理论、关于严格区分和正确处理两类矛盾的学说，特别是正确处理人民内部矛盾的理论，回答了"在中国怎样建设社会主义"这一问题。

4. 毛泽东思想形成发展的历史条件

一方面，1917年俄国十月革命及1919年五四运动以后，马克思列宁主义在中国得到了广泛的传播，成为毛泽东思想形成的理论基础。1920年，陈望道翻译了《共产党宣言》。俄国十月革命的胜利，开辟了世界无产阶级社会主义革命的新时代，使中国反帝反封建的民主革命转变为新的世界无产阶级社会主义革命的一部分，给中国送来了马克思列宁主义，革命从此有了科学的指导思想。另一方面，二战后两大阵营的对立和斗争对中国产生了影响。面对西方国家对中国的威胁，中国被迫采取了"门户封锁"的政策。

5. 毛泽东思想形成和发展的主观条件

毛泽东深受湖湘文化的影响与熏陶，养成了忧国忧民、以天下为己任的性格。他有着强学、好学、永不知足的精神和非凡的领悟能力。他非常了解中国历史，批判地继承了中国传统文化的优秀遗产。

6. 毛泽东思想形成和发展的实践基础

主要有三点：一是中国共产党失败的惨痛教训和成功的宝贵经验；二是中国共产党领导人民进行革命和建设的成功实践；三是中国革命和建设经验的深刻总结。

教学反思

该教学案例的实施效果较好：通过结合同济大学校史，加深了学生对历史进程的了解，增强了课程对学生的吸引力，培养了学生的家国情怀。该教学案例的使用契合了当前的党史教育。

实施该教学案例需要改进之处：目前的案例分析在课堂上仍以教师讲授为主，在教学中对学生主体性的发挥有待提高。改进思路：今后要加强与学生的互动，在给出案例材料后，先采取提问方式给学生提供发言机会，然后由教师进行点评和补充，这样有利于调动学生的思维积极性和听课主动性。

案例二
同济大学的"实事求是"①

案例描述

在 1957 年的整风运动和反右派斗争中，学校教学、科研等各项工作受到了严重的影响。1958 年 5 月，党的八大二次会议提出"鼓足干劲、力争上游、多快好省地建设社会主义"的总路线，要求全国各行各业"大跃进"。随即，全国开始"大跃进"运动。5 月下旬，同济大学传达、学习总路线，决定"边整风，边跃进"。

当时，在全国的跃进中出现了严重的主观主义、脱离实际和浮夸作假现象。1958 年 10 月，毛泽东逐步察觉到"大跃进"的一些问题。11 月，中央在郑州会议上对当时已认识到的错误进行纠正。随之，全国开始纠"左"。

1960 年 2 月，同济大学党委提出"争取 1960 年更大更好更全面地跃进"。学校召开"跃进大会"，号召进一步大搞教育革命，各单位纷纷拟定跃进目标。马列主义教研室党总支提出苦战 100 小时，在"五一"前完成 35 万字的马克思主义政治经济学教科书，3 天内改变教学方法的任务。

1960 年上半年，同济大学承担国家科学技术委员会、建筑工程部和上海市的重大科学研究项目 25 项，承担关键科研任务 33 项，其中包括上海歌剧院、吴淞和南市二条街、军委实验大楼、南京长江大桥、广西邕江桥、自动混凝土拌和机建设与研发等，这些任务十分繁重，且相关科研项目都是比较尖端复杂的问题。当时条件非常艰苦，为完成这些项目，学校成立了 2 个专题组，调整建立了 8 个研究所、30 个研究室和 8 个新技术小组，抽调了 140 余名专职科研人员，并积极联系了校外协作单位。由于领导重视及科研人员的艰苦奋斗，学校较好地完成了任务。

至 1960 年上半年，同济大学逐步建成全国范围内最大的以土建为中心的多科性理工大学，拥有 7 个系（建工、城建、路桥、建材、机电、勘测、数

① 对应课程：毛泽东思想和中国特色社会主义理论体系概论；对应章节：第一章第二节。

理），31 个专业，5 个专修科，1 个预科。学生从 1957 年 2 月的 3909 人增至 7699 人。1960 年 10 月，同济大学被列为全国 32 所重点院校之一。

从 1966 年 1 月起，"同济大学改为由高等教育部直接领导"。总结同济大学自中华人民共和国成立以来 17 年的情况发现，尽管受到不少干扰，但是各项工作还是有了较大的进展。

☞ 思考讨论题

1. 什么是毛泽东思想活的灵魂？

2. 结合案例，分析如何理解实事求是的内涵？

☞ 案例解析

毛泽东思想活的灵魂是贯穿其本身的立场、观点和方法，它们有三个基本方面，即实事求是、群众路线、独立自主。

同济大学在"大跃进"期间，在党的政策领导下也进行了教育的跃进，虽然从后来同济大学有较高水平的科研成果来看，不少学科的科研是在这个时期开始探索的，得到了一定程度的发展，但是忽略实际一味冒进就产生了群众运动中干劲与科学结合不够、工作方法简单化、脱离群众等问题，以及在教育改革、"双百方针"、知识分子政策、把知识分子作为改造对象、工作简单包办等方面的问题，同时还有在思想认识上严重的片面性。随着后来党的指导思想的修正和转变，在实事求是方针的指导下，学校进行了进一步的调整。在教学方面，坚持以教学为主的原则，积极稳定教学秩序；对教学计划中某些课程要求过高、教学大纲内容过多过深、教学环节脱节及作业和测验过分集中等状况进行了调整；加强了基础理论、基本知识的课程教学及基本技能的训练；继续调整专业设置。总体来说，同济大学继承了严谨求实的学风，同济大学教师中也产生了一批精英。

毛泽东实事求是思想路线的科学内涵：一切从实际出发，理论联系实际，实践是检验真理的标准。实事求是是毛泽东思想的世界观和方法论，在毛泽东思想的活的灵魂中占据核心地位，是毛泽东思想的精髓，是中国共产党最根本的思想方法和工作方法，是党的生命线和一切工作的准则，是党领导革命与建设事业不断前进的根本保证。1961年1月13日，毛泽东在中央工作会议上着重提出了调查研究的问题。毛泽东倡导大兴调查研究之风，有效地纠正了当时已经认识到的错误，对恢复党实事求是的优良传统、制定比较符合实际情况的政策起了关键作用。毛泽东同志说："'实事'就是客观存在着的一切事物，'是'就是客观事物的内部联系，即规律性，'求'就是我们去研究。"毛泽东同志还把实事求是形象地比喻为"有的放矢"。我们要坚持用马克思主义的"矢"去射中国革命、建设、改革的"的"。

坚持实事求是就要深入实际了解事物的本来面貌，要透过现象看本质，从零乱的现象中发现事物内部存在的必然联系，从客观事物存在和发展的规律出发，在实践中按照客观规律办事。坚持实事求是不是一劳永逸的，在一个时间一个地点做到了实事求是，并不等于在另外的时间另外的地点也能做到实事求是；在一个时间一个地点坚持实事求是得出的结论、取得的经验，并不等于在变化了的另外的时间另外的地点也能够适用。我们要自觉坚定实事求是的信念、提高实事求是的本领，时时处处把实事求是牢记于心，付之于行。

新形势下，我们要坚持和运用好毛泽东思想活的灵魂，把我们党建设好，把中国特色社会主义伟大事业继续推向前进。

教学反思

该教学案例的实施效果较好：结合同济大学校史对学校历史与革命进程相关案例进行梳理与分析，增强了学生对校史及党史的了解，培养了学生的爱国爱校情怀，契合了高校"三全育人"的目标，切实增强了青年学生的爱党爱国情怀。

实施该教学案例需要改进之处：目前的案例分析对学生的阅读理解能力及历史基础知识有一定要求。改进思路：今后要结合学生的实际情况，在给出案例材料后，要先交代历史背景知识，进一步采取讨论交流的方式，给学生充分的时间进行思考和整理，然后由教师进行点评和补充，这样有利于加深学生对知识的理解和掌握。

案例三

毛主席像"永远要保留下去"①

案例描述

《关于建国以来党的若干历史问题的决议》指出："如果没有毛泽东同志多次从危机中挽救中国革命，如果没有以他为首的党中央给全党、全国各族人民和人民军队指明坚定正确的政治方向，我们党和人民可能还要在黑暗中摸索更长时间。"

在中国共产党紧张起草《关于建国以来党的若干历史问题的决议》之时，全世界都以极大的兴趣或者说疑问关注着中国如何评价毛泽东。

1980年8月21日和23日，邓小平在中南海连续两次接受了意大利女记者奥琳娅娜·法拉奇的采访。法拉奇提问："天安门上的毛主席像，是否要永远保留下去？"邓小平的回答也很干脆："永远要保留下去……我们永远把他作为我们党和国家的缔造者来纪念。"

时至今日，毛泽东雕塑仍坐落在同济大学的校园里，背后就是图书馆。20世纪80年代由于师生的需要，图书馆又加盖了上面十层的新图书馆，当时设计施工的难度很大，因为在盖新图书馆时老图书馆还要继续正常使用，于是先在中间建起了两个巨大的混凝土柱，以柱为轴建起了新图书馆。从毛泽东像正前方望去，新图书馆看起来就像是悬空的。

思考讨论题

结合案例分析毛泽东思想的历史地位。

---

① 对应课程：毛泽东思想和中国特色社会主义理论体系概论；对应章节：第一章第三节。

👉 **案例解析**

毛泽东思想是以毛泽东为主要代表的中国共产党人，从中国实际出发，应用马克思列宁主义普遍原理解决中国革命问题的科学成果。因此，毛泽东思想正如他自己在发言时所说的，"这不是我一个人的思想"，而是以毛泽东为代表的中国共产党人集体智慧的结晶。首先，毛泽东思想是党和人民革命斗争经验的科学总结。革命的理论是对人民革命实践经验的概括和总结，毛泽东思想也是这样。党在长期的革命斗争中积累起来的丰富而独特的经验，是形成和发展毛泽东思想最深厚的基础。其次，毛泽东思想凝结着党的许多卓越领导人的心血。毛泽东思想不仅是毛泽东的创造，也是党的许多卓越领导人的集体创造，正如马克思主义不单是马克思一个人的创造，其中也包含了恩格斯的重大贡献一样。最后，毛泽东思想还包括党中央的正确文件、指示和决议，这些都是包括毛泽东在内的党的领导人的集体智慧的结晶，是全党的宝贵精神财富。

第一，毛泽东思想是马克思主义中国化的第一个重大理论成果。毛泽东是马克思主义中国化的伟大开拓者，是毛泽东思想的主要创立者。他第一个明确提出"马克思主义中国化"的科学命题和重大任务，深刻论证了马克思主义中国化的必要性和重要性，系统阐述了马克思主义中国化的科学内涵和正确途径，开辟了马克思主义在中国发展的宽广道路，从而为党领导的革命和建设事业奠定了坚实的思想理论基础。毛泽东思想是马克思主义中国化第一次历史性飞跃的理论成果，为中国特色社会主义理论体系的形成奠定了理论基础，理论通俗化的风格为新时期党的理论创新、进一步推进马克思主义大众化具有重要的启迪作用，所确立的马克思主义中国化的奋斗方向、基本原则和基本方法，指导着我们党不断推进马克思主义中国化，不断开辟马克思主义中国化新境界。

第二，毛泽东思想是中国革命和建设的科学指南。毛泽东思想是被实践证明了的关于中国革命和建设的正确的理论原则和经验总结。党领导全国人民，找到了一条新民主主义革命的正确道路，完成了反对帝国主义、封建主义、官僚资本主义的任务，结束了中国半殖民地半封建社会的历史，成立了中华人民共和国；找到了一条从新民主主义向社会主义过渡的道路，确立了社会主义基本制度，实现了中国历史上最深刻最伟大的社会变革；领导我们建立起独立的比较完整的工业体系和国民经济体系，为社会主义现代化建设奠定了重要的物质技术基础，为在中国这样的东方大国进行社会主义建设积累了重要经验。毛泽东思想关于社会主义建设的基本思想观点，目前仍具有重要的现实指导作用。

第三，毛泽东思想是中国共产党和中国人民宝贵的精神财富。毛泽东同志毕生最突出最伟大的贡献，就是领导我们党和人民找到了新民主主义革命的正确道路，完成了反帝反封建的任务，成立了中华人民共和国，确立了社会主义基本制度，取得了社会主义建设的基础性成就，并为我们探索建设中国特色社会主义的道路积累了经验、提供了条件，为我们党和人民事业顺利发展、为中华民族阔步赶上时代发展潮流创造了根本前提，奠定了坚实的理论和实践基础。

教学反思

该教学案例的实施效果较好：教学案例的展开充分发挥了师生双方在教学中的主动性和创造性，教学内容激发了学生的学习兴趣，培养了学生自主学习的意识和习惯，为学生创造了良好的自主学习情境。

实施该教学案例需要改进之处：教学中要考虑到学生已有的经验和知识储备。改进思路对于学生在接受新知识时会出现的情况做好应对准备，制定有效的策略与措施。

第二章

新民主主义革命理论

案例一

五四运动前后的同济大学 ①

案例描述

　　1917～1927年，正是中国从旧民主主义革命向新民主主义革命转变以及第一次国共合作的历史时期。在这一时期，同济大学学生空前觉醒，走出书斋，积极投身于五四运动、五卅运动的革命洪流。在五四运动爆发之前，新文化运动的潮流开始涌入同济大学校园，《新青年》杂志受到不少学生的欢迎。1918年6月，王光祈、李大钊等在北平发起筹建"少年中国学会"，同济大学学生魏时珍、宗白华参加筹备工作，并担任《少年中国》月刊的主要撰稿人。在五四运动中，1919年5月6日，同济大学和复旦大学等33所大中学校的学生联名致电北京政府和北京各报，声援北京爱国学生，抗议军阀政府暴行。当时，同济大学学生积极参加上海各界人士举行的国民大会，参加上海学生联合会的工作，且通电北京大学并转北京各校，再次表明惩办国贼、声援北京爱国学生的严正立场。5月8日，同济大学学生会成立，取名自觉会。6月初，创

---

① 对应课程：毛泽东思想和中国特色社会主义理论体系概论；对应章节：第二章第一节。

办《自觉周报》，宣传爱国自强精神。1924年初，第一次国共合作，毛泽东、恽代英等共产党人在上海协助国民党改组和建立基层组织。3月，国民党上海市第六区党部第三区分部（同济分部）成立，同济大学工科学生丁立俱为负责人。在此期间，恽代英、肖楚女、沈雁冰等到同济大学讲演，分析政治形势，宣传第一次国内革命战争。同时，同济分部在吴淞镇举办平民夜校，同济大学十多名学生担任夜校教师，帮助工人、贫民提高政治文化水平。1925年5月30日，上海发生了"五卅惨案"，同济大学全校学生参加了全市反帝示威，遭到英帝国主义镇压，机师科学生尹景伊英勇牺牲。在中国共产党的倡导下，6月4日，上海工商学联合会成立，同济大学学生何志明为参加联合会的学界代表之一。同济大学学生参加"三罢"斗争，编写《五卅血》刊物，通电全国，促进广大学生团结反帝，为扩大爱国统一战线出力。1926年，段祺瑞政府在北平制造了"三一八"惨案。同济大学学生声援北京爱国学生，谴责帝国主义和北洋军阀。上海中外反动派竭力拉拢高校领导阻止学生运动。

1917年俄国十月革命的胜利，极大地鼓舞和启发了李大钊。他逐步地站到马克思主义立场上来，成为中国最早接受马克思主义的人。

1918年1月，李大钊任北京大学图书馆主任，随后还兼任经济学教授。他一到北京大学就加入了陈独秀主办的《新青年》编辑部，一边研究理论、写文章，一边到师生和职工群众中从事革命活动。1918年7月，他在《言治》季刊上发表了《法俄革命之比较观》，明确指出俄国十月革命是"立于社会主义上之革命"。11月15日，北京大学在天安门前举办演讲大会，李大钊发表了《庶民的胜利》这篇著名的演说。接着，他又发表了著名的论文《布尔什维主义的胜利》。在这两篇文章中，他针对那种把第一次世界大战中协约国战胜同盟国说成公理战胜强权的错误论调，指出这次胜利是劳工主义的胜利，是庶民的胜利。他宣称，人民是推动历史的主力，而一切历史的残余——皇帝、贵族、官僚、军国主义和资本主义，都要被群众的革命巨流彻底摧毁，"试看将来的环球，必是赤旗的世界！"

☞ 思考讨论题

1. 马克思主义为什么能够在20世纪一二十年代的中国得到广泛的传播？

2. 马克思主义凭借什么吸引了中国的先进知识分子？

3.通过分析本案例，谈谈中国的先进知识分子在五四运动前后为马克思主义的传播做出了哪些贡献。

案例解析

本案例反映的是五四运动前后李大钊为国家、为民族追求真理，宣传马克思列宁主义，探索国家出路的事迹。对于19世纪40年代至20世纪初的中国人民来说，他们所能够提出的救国方案就是学习西方，走资本主义道路。当时中国人学习西方不仅十分热情和十分虔诚，而且是逐步深入和相当全面的。然而，中国人学习西方的努力都以失败告终，中国并没有由此变成一个富强的资本主义国家，而是变成了一个积贫积弱的半殖民地半封建社会。马克思主义是无产阶级的世界观和社会革命论，因而无产阶级把马克思主义当作自己的精神武器。中国的先进分子是在1917年俄国十月革命之后接受马克思主义的。以李大钊为代表的中国先进知识分子，从十月革命的胜利中领悟到了马克思主义的真理和威慑力，认识到应该以俄为师，于是开始接受马克思主义，并热情地歌颂和宣传马克思主义。随着马克思主义在中国的传播及其同工人运动的初步结合，以及一批接受马克思主义的先进分子的涌现，成立共产党的条件日趋成熟，1921年在上海召开了中国共产党第一次全国代表大会。1922年中国共产党民主革命纲领的制定和1924年1月国共第一次合作，实现了由旧民主主义革命到新民主主义革命的转变。

教学反思

该教学案例的实施效果较好：运用生动的案例故事来吸引学生，将同济大学在新民主主义革命中发生的相关革命历史事件作为案例进行分析，并结合新民主主义革命的发展历程，调动了学生的学习积极性，从而增强了课堂教学效果。

实施该教学案例需要改进之处：教师还需要设置课堂练习以巩固教学成果，检查学生做课堂练习的情况，若多数学生能在规定的时间里正确完成规定的题目，则说明教学目标基本达成。

案例二
从同济大学出发 赏红色建筑 学百年党史 ①

案例描述

习近平总书记指出："上海是我们党的诞生地，党成立后党中央机关长期驻扎上海。我多次瞻仰党的一大会址，每次都有很深的感触。上海要把这些丰富的红色资源作为主题教育的生动教材，引导广大党员、干部深入学习党史、新中国史、改革开放史，让初心薪火相传，把使命勇担在肩，切实在实现'两个一百年'奋斗目标、实现中华民族伟大复兴的中国梦进程中奋勇争先、走在前列。"

为了响应习近平总书记的号召，利用好上海红色景观资源，同济大学研究生第四、第十一、第十二、第十四党支部在2019～2020年联合制作完成了上海杨浦区、虹口区及黄浦区的革命景观地图册，在红色建筑、景观调研方面具有扎实的专业知识背景和丰富的工作经验。2021年，各支部希望在原有资料的基础上，突出同济大学特色，发挥学科专长，形成受众更广、覆盖面更大的成果，为建党百年献礼。

项目拟从同济大学地铁站出发，对地铁10号线沿线红色建筑进行调研考察，深挖内容。最终设计2条以党史线索展开的路线，并以微视频的形式对路线中的红色建筑景观进行导览与讲解。相关地铁站有国权路站、同济大学站、海伦路站、四川北路站、天潼路站、南京东路站、豫园站、一大会址·新天地站、交通大学站、宋园路站。本次预调研旨在从列表中筛选出一批具有丰富党史故事且从对应地铁站到目的地途中可以感受上海特殊城市风貌的红色建筑景观。

陈望道旧居代表了马克思主义在中国的传播，展区中"宣言中译 信仰之源"主要展示《共产党宣言》的诞生、中译和影响，彰显了上海这一红色起源地的精神与传承。

---

① 对应课程：毛泽东思想和中国特色社会主义理论体系概论；对应章节：第二章第一节。

同济大学的爱国学生运动在我国人民革命史册上留下了光辉的篇章。同济大学"一二·九"纪念园就是为了纪念在"反迫害，争民主"的学生运动中牺牲的爱国学生和民主革命时期献身的同济英烈而建立的。

鲁迅在来到上海、居住在如今的鲁迅旧居期间，拥护中国共产党提出的抗日民族统一战线的方针，提出"民族革命战争的大众文学"的口号，发起并组织成立了中国左翼作家联盟（简称"左联"），并负责"左联"领导工作。

20世纪20年代，为了总结国共合作一年来的经验，加强对革命运动的领导，回答党所面临的许多新问题，中国共产党第四次全国代表大会于上海一栋石库门住宅内秘密举行。会址原为坐西朝东的砖木结构假三层石库门民居，其毁于1932年"一·二八"淞沪抗战。2011年，上海虹口区委、区政府在市委、市政府的支持下，择址筹建了中共四大纪念馆。

上海总商会为了缅怀在"一·二八"淞沪抗战中牺牲的四名上海市商会童子军战士，树立了抗战童子军四烈士纪念碑。童子军为救国卫民置个人生死于度外，表现了为民族自卫而献身的崇高精神。

上海解放前夕，新新公司（现为第一食品商店）党支部为迎接解放，特派数名地下党员控制、掌握设在公司五楼的"凯旋电台"的关键技术。1949年5月27日凌晨，播音员向全市人民宣告"上海解放了"的胜利消息，发出人民之音第一声。永安公司（现为永安百货／老永安公司）则是上海解放时南京路第一面五星红旗升起的地方，成为南京路一大人文景观。

中国共产党第一次全国代表大会在上海召开，标志着中国共产党的正式成立，它犹如一轮红日在东方冉冉升起，照亮了中国革命的前程。毛泽东说："中国产生了共产党，这是开天辟地的大事件。"自从有了中国共产党，中国革命的面目就焕然一新了。

中国共产党第二次全国代表大会第一次明确地提出了反帝反封建的民主革命纲领，指明了中国人民革命斗争的方向，表明了共产党已经接受了列宁关于殖民地革命的理论，并将这一理论与中国的革命实际初步结合起来，为党确立新民主主义革命的基本思想奠定了基础。

中国社会主义青年团中央机关旧址的前身是1920年8月22日俞秀松等8名青年发起成立的中国第一个社会主义青年团——上海社会主义青年团。上海社会主义青年团的创建，对各地社会主义青年团的建立起了发动和指导的核心作用。还有《新青年》编辑部、中华职业教育社、《中国青年》编辑部等出版部门，正是这些杂志、出版物等反对旧伦理、旧文学，倡导新道德、新文学，并向民众传播马克思主义，为中国共产党后续的成立与发展奠定了重要基础。

中国共产党代表团驻沪办事处（周公馆）是抗日战争胜利后国共谈判期间中国共产党代表团在上海设立的办事机构，受当时国民党的限制，办事处对外称周恩来的寓所，简称周公馆。周恩来、董必武等曾多次在此会见各界人士并举行中外记者招待会，阐述我党对和平民主的一贯主张，揭露国民党政府假和谈、真内战的阴谋。

上海孙中山故居是孙中山和其夫人宋庆龄在上海的住所，很多重要事件都在这座建筑中发生。例如，1922 年 8 月 25 日，孙中山在寓所会见共产国际代表马林，就远东局势和中国革命、改组国民党以及国共合作等问题进行会谈；8 月底，孙中山在寓所会见中国共产党代表李大钊，就振兴国民党以振兴中国等问题进行了长时间的交谈。而在宋庆龄纪念馆，可以了解革命先辈是如何跟随历史的脚步不断前进的，从伟大的革命民主主义者到伟大的共产主义者，宋庆龄女士从思想到行动高度一致，把自己的一生同中国共产党领导的伟大事业融为一体。

2021 年是同济大学杰出校友、革命诗人殷夫牺牲 90 周年，此年 6 月 11 日是殷夫诞辰 111 周年，同济大学分别以一台原创话剧《铸诗成剑》、一场纪念座谈会、一本新书《先驱诗人殷夫》深切缅怀、致敬殷夫烈士，学习并弘扬他崇高的革命精神。这也是同济大学庆祝建党百年、不断推进党史学习教育走深走实的又一重要主题活动。

2021 年 6 月 10 日晚，同济大学师生自编自导自演的原创话剧《铸诗成剑》在四平路校区大礼堂成功首演，上海市委宣传部副部长、市委党史学习教育领导小组办公室常务副主任徐炯，上海戏剧学院院长黄昌勇，上海市委党史研究室、中国左翼作家联盟会址纪念馆相关负责人，同济大学党委书记方守恩等校领导与同济大学部分师生，在现场观看了演出。同济大学艺术与传媒学院师生担纲演出，历时约两小时。该剧以同济大学殷夫班学员暑期探访殷夫烈士故乡为引子，将这位无产阶级优秀诗人短暂而壮丽的革命人生艺术地再现于舞台。

2021 年 6 月 11 日，同济大学举行纪念殷夫牺牲 90 周年、诞辰 111 周年座谈会暨话剧《铸诗成剑》主创人员交流分享会，由同济大学出版社出版的《先驱诗人殷夫》一书首发。会上，同济大学党委副书记吴广明表示，在即将迎来中国共产党成立 100 周年、全党上下都在深入开展党史学习教育之际，献演原创话剧、召开此次纪念座谈会、发布新书，深切缅怀革命诗人、杰出校友殷夫烈士的光辉事迹，追思学习革命先烈的崇高精神，具有重大意义。我们要铭记先烈遗志，坚定理想信念；挖掘红色资源，创作精品育人；赓续红色基因，培育时代新人。上海市委党史研究室、龙华烈士纪念馆、中国左翼作家联盟会址纪念馆的负责人和专家出席了座谈会，《铸诗成剑》主创团队交流了创作心得，新书《先驱诗人殷夫》的作者严有宏分享了创作经历和感悟。

思考讨论题

结合案例分析新民主主义革命形成的依据。

案例解析

1. 近代中国国情和中国革命的时代特征

一方面，近代中国是半殖民地半封建社会。帝国主义的侵略虽然在一定程度上加速了封建社会自给自足的自然经济的解体，客观上为中国资本主义的发展创造了一定条件，但是并不能使中国发展成为资本主义国家。帝国主义列强通过政治的、经济的和文化的侵略使中国半殖民地化，近代中国社会的主要矛盾是帝国主义和中华民族的矛盾、封建主义和人民大众的矛盾，近代中国革命的根本任务是推翻帝国主义、封建主义和官僚资本主义的统治。另一方面，以俄国十月革命的胜利为标志，中国资产阶级民主革命的时代背景发生了根本转换；以五四运动的爆发为标志，中国资产阶级民主革命进入新民主主义革命的崭新阶段。中国无产阶级开始以独立的政治力量登上历史舞台，马克思主义逐步成为中国革命的指导思想。

2. 新民主主义革命理论的实践基础

第一，旧民主主义革命的失败呼唤新的革命理论。鸦片战争后，太平天国运动、戊戌变法、义和团运动、辛亥革命虽然都对推动中国社会走向进步产生了一定的影响，但是这些斗争和探索最终都失败了。旧民主主义革命的理论和道路并不适合中国革命的现实国情，无法为近代中国革命提供正确的理论指南和实践指导，无法指引近代中国革命取得胜利。不触动封建根基的自强运动和改良主义，旧式的农民战争、资产阶级革命派领导的民主革命，以及照搬西方资本主义的其他种种方案，都不能完成反帝反封建的革命任务，都不能为中国找到真正的出路。第二，新民主主义革命的艰辛探索奠定了革命理论形成的实践基础，新民主主义革命理论是在总结革命斗争实践经验教训的基础上形成的，新民主主义革命实践是新民主主义革命理论形成的实践基础和智慧源泉。第三，第一次国内革命战争时期，中国共产党提出了彻底的反帝反封建的革命纲领、建立统一战线、坚持无产阶级领导权和农民同盟军等新民主主义革命的基本思想。党的一大开始把马克思主义与中国革命的具体实际相结合。党的二大提出了彻底的反帝反封建的革命纲领。党的三大提出了建立国共合作统一战线的思想。党的四大第一次明确提出坚持无产阶级领导权和农民同盟军的思想。到1926年前后，党逐步形成了新民主主义革命的基本思想。土地革命战争前中期，我党初步形成了农村包围城市、武装夺取政权的新民主主义革命道路理论，提出了实事求是、群众路线、独立自主的基本思想。土地革命战争后期和抗日战争时期，新民主主义革命的基本问题、新民主主义革命的三大法宝、新民主主义基本纲领、人民军队建设、革命根据地建设和党的建设等方面的思想得到展开。解放战争时期，我党完整表述了新民主主义革命的总路线，提出了从新民主主义向社会主义转变的思想，系统论述了人民民主专政的思想。

教学反思

该教学案例的实施效果较好：通过结合与同济大学相关的建筑会址、红色地点的历史故事，并将其运用到课堂中，加深了学生对历史进程的了解，增强了教学吸引力，培养了学生的爱国爱校情怀。该教学案例的使用契合了当前的党史教育。

实施该教学案例需要改进之处：目前在课堂上教学方式较为单一。改进思路：在教学中可以通过播放相关影视、新媒体素材等方式提高学生学习的主动性，然后由教师进行点评和补充，增强与学生的互动性。

案例三
同济大学与德国 ①

案例描述

1905 年，清朝光绪皇帝发布了教育政策的敕令，学部派人去欧美各大国考察教育制度，清政府代表在德国受到官方接待。同年，德国外交部、普鲁士文化部就在上海开办德国医科学校一事达成共识。同济德文医学堂的建成和发展，赢得了中德两国政府和有识之士的赞赏。清政府先后派亲德派皇室成员荫方及江北镇台王士杰等人来校视察，上海道署等还奏请奖赏了建校和出资赞助的德国人士。

1911 年孙中山领导辛亥革命，学堂加强对学生的"管束"。当时全校 73 名学生中，有 19 人离校，周宗琦、朱家骅等 4 人参加革命军。

1906 年，清政府开始推行兴办实科学堂的教育政策。

1914 年，第一次世界大战爆发。11 月，英国、日本联军侵占青岛，德国人开设的青岛特别高等专门学校（1909 年创办）被迫停办。

在第一次世界大战中，德意志帝国是同盟国的盟主。由于这场世界大战以同盟国的失败而告终，从 1917 年 3 月下旬起，同济大学结束了德国人办学的阶段，进入了中国人接办的新时期。1917 年，第一次世界大战进入第四个年头。2 月 3 日，美国宣布与德国断绝外交关系，第二天要求中国采取对德一致行动，中德断交在即。由于时局变化，德国人撤离，由德国人主办的同济大学面临存亡。同济大学师生注视着时局的变化，关切着学校的前途，并积极联络，向江苏省省长公署和教育部请求维持学校。3 月 3 日，北京政府国务会议议定应维持学校，如邦交中断，可由华人董事会接收。3 月 14 日，中国政府正式对德国宣战并与之绝交。随之，同济大学的命运发生了意想不到的变化。3 月 17 日（星期六）下午，上海法租界当局以同济德文医学堂是德国的产业，以防止德国人利用该校制造武器为借口，悍然出兵包围同济大学，封闭学校，

---

① 对应课程：毛泽东思想和中国特色社会主义理论体系概论；对应章节：第二章第二节。

强令师生集中于风雨操场，限师生于当晚 7 时前一律离校。在蒙蒙细雨中，学生无奈整理行装被迫离校。上述事件当时被称为"三一七"事件。"三一七"事件发生后，同济大学师生一面向教育部紧急呼吁，一面赶到江苏省省长公署交涉，要求通过外交途径收回同济大学。同时，社会各界纷纷声援、支持同济大学。经唐绍仪（曾任山东大学堂管理总办、中华民国国务总理）的介绍，上海金星人寿保险公司、南洋兄弟烟草公司和中华书局共同负担同济大学学生的食宿费用。此时，教育部打算将同济大学医科划归宝隆医院，德文科分到济南、天津、汉口三地，工科附设于上海工业专门学校。对此，同济大学师生竭力反对，提出学校由国人主持，并提出了迁入吴淞中国公学旧址（租借）的方案（得力于张嘉森先生的介绍）。在同济大学学生和社会舆论的多次要求和催促下，教育部特派沈彭年佥事和江苏省省长公署代表卢绍刘科长专程来沪，商洽改归华人自办，并处理同济大学复校事宜。当时，经外交部交涉，法国公使同意将校舍及封存的仪器、图书交还同济大学，但由于法租界不准聘用德籍教员，同济大学也无法在原址办下去。经沈彭年、沈恩孚等人与各方面积极磋商，教育部批准了同济大学迁往吴淞的方案。从 3 月 31 日起，在上述金星、南洋两公司的帮助下，408 名学生迁入吴淞中国公学旧址，70 余人迁往吴淞海军学校，医预科 70 余人迁往宝隆医院附近租用的民房。"三一七"事件之后，由华人组成的校董会成为学校最高领导机构。

思考讨论题

结合材料分析新民主主义革命总路线的内容。

案例解析

新民主主义革命的总路线包括革命的对象、革命的动力、革命的领导力量、革命的性质和前途。

1. 新民主主义革命的对象

分清敌友，这是革命的首要问题。近代中国社会的性质和主要矛盾，决定了谁是中国革命的主要敌人。帝国主义是中国人民第一个和最凶恶的敌人，是近代中国贫困落后和一切灾祸的总根源。推翻帝国主义的压迫是中国走向富强和独立的前提。同济大学由于是中德合办，被上海法租界以同济德文医学堂是德国的产业为由，悍然出兵包围同济大学，封闭学校，可见当时的一致反帝行为。封建主义是中国革命的重要对象。封建制度是帝国主义统治中国和封建军阀实行专制统治的社会基础，是中国社会进步的主要障碍。同济大学在发展办校过程中也受到了封建制度的政策影响。官僚资本主义是新民主主义革命的对象。官僚资本主义依靠帝国主义，勾结封建势力，利用国家政权力量对广大劳动人民进行残酷剥削，对民族工商业巧取豪夺，严重束缚了生产力的发展。

2. 新民主主义革命的动力

新民主主义革命的动力包括无产阶级、农民阶级、城市小资产阶级和民族资产阶级。无产阶级不但是伴随着中国民族工业的产生、发展而产生的，而且是伴随着外国资本主义在中国直接经营企业而产生的。农民问题是中国革命的基本问题，新民主主义革命实质上就是党领导下的农民革命，中国革命战争实质上就是党领导下的农民战争。工人阶级只有与农民阶级结成巩固的联盟，才能形成强大的力量，才能完成反帝反封建的革命任务。工人阶级对农民的领导，是实现革命领导权的基础。没有工人阶级及其政党的领导，农民的革命动力作用就无法得到充分发挥。城市小资产阶级同样受帝国主义、封建主义和官僚资本主义的压迫，是无产阶级的可靠同盟者，同样是中国革命的动力。民族资产阶级具有两面性，对民族资产阶级要实行既团结又斗争的政策。

3. 新民主主义革命的领导力量

无产阶级的领导权是中国革命的中心问题，也是新民主主义革命理论的核心问题。无产阶级领导是中国革命取得胜利的根本保证。

4. 新民主主义革命的性质和前途

近代中国半殖民地半封建社会的性质和中国革命的历史任务决定了中国革命的性质不是无产阶级社会主义革命，而是资产阶级民主主义革命。新民主主义革命是世界无产阶级社会主义革命的一部分，领导阶级是无产阶级，指导思想是马克思主义，前途是社会主义。

教学反思

该教学案例的实施效果较好：通过联系相关案例并进行分析，提高了学生分析问题、解决问题的能力。学生对此次案例内容十分感兴趣，并形成了深刻的印象。

实施该教学案例需要改进之处：目前课堂教学时间把控难度较大。改进思路：实行弹性教学，在课堂上未能充分进行的环节可以移至课下作为延伸练习，之后要预留出学生活动的时间。

案例四
同济学生的抗日爱国运动 ①

案例描述

随着国内局势风云变幻，第一次国共合作时期成立的国民党区分部分化瓦解。同济区分部的领导权落入右派手中。在第一次国内革命战争洪流中高涨起来的同济学生运动暂时转入低潮。然而，随着殷夫等革命斗士进入同济学习和同济学生的觉醒，革命的火种又重新燃起。1930年3月，朱觉等党员被捕，同济地下党组织遭到严重破坏，革命活动被迫中断。1931年9月18日，日本军队悍然进攻我国东北，蒋介石采取"绝对不抵抗"方针，东北三省很快沦陷。1931年"九一八"事变后，胡庶华被推选为上海市抗日救国会常务委员，积极参加领导全市抗日救国活动。与此同时，同济学生也建立了抗日救国会，先后多次参加上海学生赴南京示威活动，强烈要求国民党停止内战、一致抗日。1932年1月28日，集结于上海的日军进攻上海，驻淞沪十九路军奋起抗战，爆发了"一·二八"事变。在"一·二八"事变中，日军飞机狂轰滥炸，吴淞地区许多工厂、学校毁于一旦。

与此同时，同济学生抗日爱国运动日益发展。1935年12月9日，北平学生声势浩大的抗日救亡示威游行及与军警的斗争，揭开了全国"一二·九"运

---

① 对应课程：毛泽东思想和中国特色社会主义理论体系概论；对应章节：第二章第三节。

动的序幕。同济学生致电声援北平学生和各界人士，积极参加上海抗日爱国运动。12 月 24 日，同济大学、复旦大学等校学生冲破反动当局的重重阻挠，乘两列火车赴京（当时指南京）。途中，同济大学等校学生乘坐的火车司机溜走，同济大学几名学生便自行驾驶，之后火车在昆山被拆除的路轨阻挡。一路上，他们宣传"停止内战，一致抗日"的政治主张。

1939 年 7 月 7 日，华北联合大学举行开学典礼，校长成仿吾请毛泽东给师生们作报告。毛泽东饶有趣味地引用了《封神演义》中的一段故事，勉励同学们奔赴抗日前线。他说，"当年姜子牙下昆仑山，元始天尊送给了他杏黄旗、四不像、打神鞭三样法宝。现在你们出发上前线，我也送你们三样法宝，这就是统一战线、武装斗争、党的建设"。会场上顿时热闹起来，笑声一片。这就是"三大法宝"的最早由来。

思考讨论题

试述中国革命统一战线、武装斗争与党的建设"三大法宝"之间的关系。

案例解析

统一战线问题、武装斗争问题、党的建设问题是我们党在中国革命中的三个基本问题，正确地理解了这三个问题及其相互关系，就等于正确地领导了中国革命。而在党的历史中，凭借我们丰富的经验，即失败和成功、后退和前进、缩小和发展的深刻的丰富经验，我们已经能够对这三个问题得出正确的结论了。也就是说，我们已经能够既正确地处理统一战线问题，又正确地处理武装斗争问题，还能正确地处理党的建设问题。多年的经验已使我们懂得了：统一战线、武装斗争、党的建设是中国共产党在中国革命中战胜敌人的三大法宝。这是中国共产党的伟大成绩，也是中国革命的伟大成绩。

统一战线、武装斗争、党的建设是中国革命的三大法宝，也是中国革命取得胜利的主要经验，这是毛泽东在《〈共产党人〉发刊词》一文提出的。毛泽东认为这三者是密切联系，缺一不可的。

统一战线、武装斗争是战胜敌人的两个基本武器。党的组织则是掌握统一战线和武装斗争这两个武器以实行对敌冲锋陷阵的英勇战士。统一战线是实行武装斗争的统一战线，武装斗争是在革命的统一战线基础上的武装斗争。

统一战线和武装斗争都离不开党的领导。党的建设不仅关系到中国共产党自身的发展、壮大，还决定着统一战线和武装斗争的成败。

教学反思

该教学案例的实施效果较好：在教学过程中，学生的反应十分积极，学生的主动性被充分调动，学生的兴趣得到激发。同时，学生也进行了深入思考。

实施该教学案例需要改进之处：案例对学生的基础知识和相关知识储备要求较高。改进思路：在给出案例材料前，先采取提问方式或者回顾方式为学生参与课堂奠定良好的基础，这样有利于调动学生的思维积极性和听课主动性，有利于学生对学习内容进行吸收。

第三章

社会主义改造理论

案例一

社会主义改造中的同济大学 ①

案例描述

　　1949年5月27日，上海解放。那一天，上海市的每一个角落都飘扬着五星红旗。5月30日，中国人民解放军上海市军事管制委员会（以下简称"军管会"）发出复课复业的号召。全校师生员工迅速回学校清扫整理，校园面貌焕然一新。6月4日，上海军管会主任陈毅写信给同济大学教授会，称"上海市的解放与文化界教授们的若干次爱国英勇斗争是分不开的，尚望共同努力，建设新民主主义新中国"。

　　在中华人民共和国成立以前，我国经济十分落后。在国民经济中，旧式农业和手工业占90%，现代工业只占10%。钢铁工业由于国民党撤离大陆时的破坏，1949年全国只生产了15.8万吨钢，人均占有钢产量0.29千克。到中华人民共和国成立时，只有少数几个城市有一些机械工厂，但都是小厂，只能生产一些皮带车床等简单机电产品。

---

① 对应课程：毛泽东思想和中国特色社会主义理论体系概论；对应章节：第三章第一节。

能源工业也处于十分落后的状态。1949 年，全国年发电量为 43 亿千瓦·时，平均每人每年仅有 8.6 千瓦·时；全国年煤炭产量为 0.32 亿吨；全国原油产量仅有 12 万吨。交通运输被严重破坏。虽已修筑铁路 2.1 万余公里，但到中华人民共和国成立时，几乎没有一条可以全线通车。公路虽已修约 13 万公里，但能通车的不到 80%。上海海运的总吨位只有 14.5 万吨。

中华人民共和国成立初期，全国共有拖拉机 401 台，化肥的年产量不到 3 万吨，大约 10 个农业人口才有一头耕畜，粮食平均亩产只有 68 千克。教育非常落后。全国 80% 以上的人是文盲，小学学龄儿童入学率只有 20% 左右。

当时遗留下来的自然科学基础十分薄弱，科技人员数量很少，学科门类不全，密切结合生产和新兴的学科部门几乎完全空缺。

☞ 思考讨论题

如何理解"新民主主义社会"的概念？

☞ 案例解析

解放初期，社会政治、经济、思想、文化等各个领域都发生着深刻的变革。同济大学被上海军管会接管后，立即着手恢复学校秩序，并进行了初步的改革。在当时形势下，国家不得不发动群众进行一系列政治运动，打击敌人，教育人民。同济大学根据上级的部署，一面抓教学，一面抓运动。从 1949 年下半年起，学校先后开展新民主主义教育、改造学习运动、时事学习、爱国主义教育和阶级教育，不断提高师生员工对新制度和党的方针政策的认识。

新民主主义社会是一个过渡性质的社会，新民主主义革命胜利后不具备建立社会主义的基本条件。仅从以上数字我们可以看出，新民主主义革命胜利后，国民党反动派留给我们的是一个一穷二白、满目疮痍的烂摊子。在这样的基础上，根本不具备建立社会主义社会的基本条件。新民主主义革命胜利后，我们必须经过一个相当长的历史时期，为社会主义社会的建立创造经济、政治、文化等各方面的条件。

教学反思

该教学案例的实施效果较好：发挥了学生作为学习活动主体的作用，以学生为中心，设计恰当的案例，引导学生独立思考。

实施该教学案例需要改进之处：案例教学的形式是以教师讲授为主，在教学中学生主动参与的热情还有待提高。改进思路：今后可以运用情境教学法，做好更充足的准备工作，这样有利于激发学生主动参与、积极探究的热情。

案例二
公私合营前后的北京同仁堂 ①

案例描述

工商界人士听到改造资本主义工商业的消息时，心情是极其矛盾和复杂的。1953 年，正是各家企业想大干一场的时候，国家提出把私营企业改造为社会主义企业，具体来说就是要实行公私合营，这对人们的震动很大，他们思想上还没有准备。

1953 年，北京市地方工业局选择了同仁堂首先进行公私合营。同仁堂到这时已存在了几百年。它始建于清康熙八年（1669 年）。北平解放前夕，北平同仁堂有职工 190 多人，年产值约 16 万元，年零售额约 30 万元，设备陈旧，管理落后。1949 年北平解放时，同仁堂由乐氏十三世乐松生经营，他同时是天津达仁堂管理处总负责人。1950 年抗美援朝开始，同仁堂向国家捐献 99 000 元。

同仁堂一直受到党和政府的重视和关怀，当公私合营的消息传来时，其对乐氏家族产生了很大的震动，他们对经营了几百年的老铺将要失去所有权、经营权和企业利润分配权感到十分痛惜。乐松生经过反复考虑，认识到这是大势

① 对应课程：毛泽东思想和中国特色社会主义理论体系概论；对应章节：第三章第二节。

所趋、人心所向，历史潮流不可违背，而且合营后自己仍任经理，生活待遇也不错，因此决定同仁堂带头公私合营。

公私合营后，企业发生了很大的变化。例如，同仁堂虽然是个大药店，但是以往的经营管理方式陈旧，存在生产计划性不强、物资储存分散、领取手续不清、库存积压产品过多等问题。公私合营后，经营管理得到改善，建立起各种规章制度，增加设备，改进技术，自行设计了粉碎机、汽锅等，还改进了生产包装。销售额也不断上升，门市部抓药从每天几十服增加到每天 200 多服。经理乐松生高兴地说："别家的流水逐日下降，咱们的流水逐日上升，原来担心合营工作会影响生产，没想到合营后业务发展这么快，这下可放心了。"

1955 年，毛泽东、周恩来在中南海接见了乐松生，询问了他生活、工作的情况，鼓励他为医药事业多做贡献。同年，他当选为北京市人大代表、市政协委员，出任北京市副市长。1956 年 1 月 13 日，北京国药业全行业公私合营，乐松生手捧大红喜报代表北京市工商界人士向毛泽东报喜。

......

1956 年 12 月 18 日，国务院任命李国豪、杨钦、吴之翰为同济大学副校长。同年 12 月 26 日，根据高等教育部、城市建设部和建筑工程部的联合通知，同济大学即日起由高等教育部领导转由城市建设部和建筑工程部共同领导。1956 年 9 月，中国共产党召开第八次全国代表大会，提出党和国家当前的主要任务就是集中力量进行经济建设，把我国尽快地从落后的农业国变为先进的工业国。随即，同济大学投入了学习、贯彻党的八大精神的行动之中。

👉 思考讨论题

中国共产党对资本主义工商业改造的意义是什么？

👉 案例解析

从案例中可看出，民族资产阶级接受改造中经历了疑惧、兴奋、较量和服从的过程。最终，中国共产党采取的和平赎买政策得到了民族资本家的拥护。以毛泽东为代表的中国共产党创造性地开辟了一条适合中国特点的对资本主义工商业改造的道路，并积累了丰富的经验。首先，采取和平赎买的方式，国家有偿地将私营企业改变为国营企业，将资本主义私有制改变为社会主义公有制。赎买的具体方式不是由国家支付一笔巨额补偿资金，而是让资本家在一定年限内从企业经营所得中获取一部分利润。其次，采取从低级到高级的国家资本主义的过渡形式。实行初级形式的国家资本主义，实行个别企业的公私合营，实行全行业的公私合营。最后，把资本主义工商业者改造成为自食其力的社会主义劳动者。在资本主义工商业的社会主义改造中，国家对资方在职人员和资方代理人采取"包下来"的政策，根据"量才使用，适当照顾"的原则，进行全面的人事安排。

1956 年，全国私营工业户数的 99% 和私营商业户数的 82% 分别纳入了公私合营或合作社的轨道，这标志着国家对资本主义工商业的社会主义改造已基本完成，实现了马克思和列宁曾经设想的对资产阶级的和平赎买。

教学反思

该教学案例的实施效果较好：在教学过程中营造了轻松、和谐的课堂气氛，使学生积极主动参与到整个课堂教学过程中。

实施该教学案例需要改进之处：学生的认知水平及对教材的理解能力还需提高。改进思路：教师做好充分的导入，给出案例材料后，给学生留出充足的交流、讨论的时间，然后由教师进行点评和补充，加深学生对于课堂知识的理解。

案例三
社会主义制度在中国的确立 ①

案例描述

1940 年 1 月，毛泽东在《新民主主义论》中集中论述了新民主主义国家的国体和政体问题。他明确指出，"现在所要建立的中华民主共和国，只能是在无产阶级领导下的一切反帝反封建的人们联合专政的民主共和国"，"没有适当形式的政权机关，就不能代表国家。中国现在可以采取全国人民代表大会、省人民代表大会、县人民代表大会、区人民代表大会直到乡人民代表大会的系统，并由各级代表大会选举政府"。毛泽东把民主集中制这一党的组织原则运用到国家政权机关的建设中，在确立人民代表大会制的政权组织形式的同时，也确立了国家政权的民主集中制的组织领导原则。他强调指出，建立各革命阶级的联合专政，实行民主集中制的制度，这就是新民主主义的政治，"只有民主集中制的政府，才能充分地发挥一切革命人民的意志，也才能最有力量地去反对革命的敌人"，"如果没有真正的民主制度，就不能达到这个目的，就叫作政体和国体不相适应"。1948 年 9 月，中央政治局会议在讨论中华人民共和国采用什么样的政体时，毛泽东明确指出，"我们采用民主集中制，而不采用资产阶级议会制"，"不必搞资产阶级的议会制和三权鼎立等"。毛泽东不仅强调了政权组织应实行民主集中制，而且论述了民主与集中的辩证关系。他指出："新民主主义的政权组织，应该采取民主集中制，由各级人民代表大会决定大政方针，选举政府。它是民主的，又是集中的，就是说，在民主基础上的集中，在集中指导下的民主。只有这个制度，才既能表现广泛的民主，使各级人民代表大会有高度的权力，又能集中处理国事，使各级政府能集中地处理被各级人民代表大会所委托的一切事务，并保障人民的一切必要的民主活动。"毛泽东的新民主主义理论为中华人民共和国政权的建设、人民代表大会制度的确立奠定了理论基础。

---

① 对应课程：毛泽东思想和中国特色社会主义理论体系概论；对应章节：第三章第三节。

1952 年 7 月，华东教育部决定，在同济大学成立校舍修建事务处，由同济大学承担上海市部分学校的校舍设计与施工管理工作。院系调整后，学校将所有教师编成 28 个教研室和教学小组，并迅速制订了初步的教学计划。当时，教材是个大问题。以往教材陈腐，而且有许多外国教材，与祖国建设的实际需要及本校调整后的专业设置极不适应。因此，学校大抓教材建设，除用苏联教本外，发动教师自己编写讲义或摘译苏联有关资料。1952 学年第一学期，同济大学有 5 门课程用苏联教本，新编讲义 93 种，翻译苏联教材 3 种。当时有的系师资不足，许多课开不出，只得请有关方面派人兼课，后来学校采取措施，逐步解决了这一问题。经过一学期的努力，学校教学工作初步走上了正轨。

1954 年 9 月，我国制定并颁布了《中华人民共和国宪法》，在政治制度上保证了社会主义制度的确立。

👉 思考讨论题

如何认识社会主义制度在中国的确立？

👉 案例解析

通过案例我们发现，中华人民共和国成立时确定的政治制度尽管还有许多不够完备之处，但是并不能因此否定这些制度的合理性和毛泽东在开创中国政治发展道路过程中所做出的巨大贡献。改革开放后，毛泽东创立的政治制度得到了坚持、发展和完善，显示出旺盛的生命力和极大的优越性。实践证明，新民主主义革命的胜利、社会主义基本制度的建立，为当代中国一切发展进步奠定了根本政治前提和制度基础。

无产阶级夺取政权后，必须建立与坚持无产阶级专政。中国社会的历史条件和具体情况决定了中国的新民主主义革命是无产阶级领导的，人民大众的，反对帝国主义、封建主义和官僚资本主义的革命。因此，中国的无产阶级在夺取政权和建立政权过程中，不仅存在着工人阶级同农民阶级的联盟，还存在着工人阶级同民族资产阶级的联盟。中国新民主主义革命所要建立的国家政权只能是人民民主专政。人民民主专政这种国家制度的实质，就是社会上绝大多数人享有管理国家和社会的一切权利，就是人民当家作主。中华人民共和国的成立，标志着革命根据地的人民民主专政变成了全国的人民民主专政。

教学反思

该教学案例的实施效果较好：通过案例的讲解，学生能够深刻明白与全面理解中华人民共和国成立时确定的政治制度尽管还有许多不够完备之处，但是并不能因此否定这些制度的合理性。

实施该教学案例需要改进之处：不同层次学生的需求不同，课堂上的提问和讨论需进一步提高针对性。改进思路：从学生角度来说，要面向全体、关注个别，课堂设计与实施要循序渐进，更有层次性，满足不同层次学生的需求。

第四章

社会主义建设道路初步探索的理论成果

案例一

响应号召 开展整风 ①

案例描述

　　1957年初，同济大学召开第一次党代表大会，就贯彻党的八大精神、提高教学质量与科学水平、加强政治思想教育等作出了安排。同时，学校组织学习了毛泽东《关于正确处理人民内部矛盾的问题》的重要讲话；进行了第一次科学评奖，成立了同济大学科普委员会；对1952年以来的教学改革进行了总结，对教学科研工作作出了布置。校园呈现新的气象。

　　1957年4月27日，中共中央发出《关于整风运动的指示》。随之，全国开展整风运动。4月底，同济大学开始整风。5月24日，学校党委召开全体党员大会，党委副书记刘准作整风动员报告，指出这次整风的重点对象是党总支书记和党员科长以上干部。6月1日，根据上级指示，全校党员开始整风。6月初，校党委认为前一阶段"放"得不够，同时校团委青年教师工作部对学校"鸣放"工作提出批评，认为党委"言路不广""不够放手"。因此，校党委通

---

　　① 对应课程：毛泽东思想和中国特色社会主义理论体系概论；对应章节：第四章第一节。

过召开全体职员大会、老教师大会、青年教师大会和校内广播，号召全校师生员工进一步"大鸣大放"。在一个月内，学校党委、党总支、党支部召开了80多次民主党派、教师、职工座谈会，参加人数达1200人次，教职员工就学校党组织的官僚主义、命令主义、教条主义、以党代政、民主问题等提出大量善意的、有益的批评意见和建议。同时，也有一些对党的领导和社会主义制度的过激言辞。

当时，社会上出现了一些反党反社会主义的言论，极少数资产阶级右派分子趁共产党整风之机，向党和新生的社会主义制度发动进攻。1957年6月8日，中共中央发出了《关于组织力量准备反击右派分子进攻的指示》，同一天《人民日报》发表了《这是为什么？》的社论，全国反右派斗争就此开始。6月18日，市委教育卫生工作部发出反驳右派言论的通知，随即全市各高校积极行动起来。同济大学1475名学生给全国高校同学写了决心书。6月28日，学校召开全体师生员工大会，党委副书记刘准提出继续开展整风，并进行反右派斗争。从此，同济大学开始了反右派斗争。8月初，4000余人参加了反右派斗争的学习。

9月19日，校党委在校刊上公布了《关于贯彻社会主义思想教育方案》。该方案提出把社会主义思想教育与整风运动和反右派斗争密切结合起来，经过一段时间的揭发、批判、排查，一大批对党坦诚、敢于讲真话的同志被打成了"右派分子"。当时全国反右派斗争被严重扩大化，同济大学也是如此。至1958年上半年，全校237名干部、教师、职员和学生被错划为"右派"。

11月，校整风委员会根据"鸣放"提出的7个方面的问题，即党群关系、民主生活、政治思想工作、教学与科研领导、勤俭办学方针、社会主义思想教育和劳动纪律教育，分别成立7个小组，拟定初步改进意见。

由此，同济大学整风运动转入整改阶段。11月19日，校党委公布《关于改善党的领导的方案（草案）》。随后，学校陆续公布了有关党的领导、教学、科研、后勤等10多个改革方案（草案）。12月7日，党委书记薛尚实代表党委就"鸣放"阶段提出的661条意见和建议向全体教职工作检查报告。这期间，部分党政专职干部开始与学生同吃同住，校党委就干部下放参加农业和工业劳动进行动员，随后，百名干部分批参加农业和工业劳动。

思考讨论题

1. 请结合上述案例分析《关于正确处理人民内部矛盾的问题》提出的现实背景。

2. 学习《关于正确处理人民内部矛盾的问题》，并结合所学知识，指出社会主义时期人民内部矛盾与敌我矛盾的性质及相互关系。

3. 请结合上述案例分析整风运动的内容及意义。

案例解析

《关于正确处理人民内部矛盾的问题》提出于 1957 年 2 月，我国社会主义改造的任务完成以后，国内的社会矛盾和阶级关系发生重大变化，无产阶级同资产阶级之间的矛盾已经基本解决，大量人民内部矛盾逐步成为国家政治生活中居于主导地位的矛盾。

苏共二十大后的波匈事件掀起了帝国主义反苏反共反社会主义的浪潮，同时由于我国社会主义改造和建设中出现了一些失误，少数干部存在着官僚主义作风，严重脱离群众，引起了部分群众的不满。1956 年秋冬，有一些农村、工厂、学校还出现了"闹事"的情况。面对这些新问题、新矛盾，许多党员和干部思想上缺乏准备，也缺乏处理这些问题和矛盾的经验。这表明，在全党和全国工作重心由革命转向建设时，面临着如何认识和处理社会主义社会矛盾的问题。

社会主义社会是否存在矛盾，存在什么性质的矛盾，如何正确认识和解决这些矛盾，这是全面建设社会主义面临的重大问题。只有正确回答和解决这些问题，才能把社会主义事业推向前进。在此背景下，毛泽东等党和国家领导人深刻吸取苏联的经验教训，认真分析和研究中国社会主义建设的新情况、新问题，在广泛调研的基础上，形成了关于社会主义社会矛盾的学说。党在八大前后，特别是毛泽东在 1957 年 2 月所作的《关于正确处理人民内部矛盾的问题》的重要讲话中，系统论述了社会主义社会矛盾的理论。同济大学随之组织学习了毛泽东《关于正确处理人民内部矛盾的问题》的重要讲话，深刻领会讲话精神。

毛泽东指出，矛盾是普遍存在的，社会主义社会同样充满着矛盾，正是这些矛盾推动着社会主义社会不断地向前发展。

毛泽东强调，在我们面前有两类社会矛盾，这就是敌我矛盾和人民内部矛盾，这是两类性质完全不同的矛盾。敌我矛盾是人民同反抗社会主义革命、敌视和破坏社会主义建设的社会势力和社会集团的矛盾，这是根本利益对立基础上的矛盾，因而是对抗性的矛盾。人民内部矛盾包括工人阶级内部的矛盾，农民阶级内部的矛盾，知识分子内部的矛盾，工农两个阶级之间的矛盾，工人、农民同知识分子之间的矛盾，工人阶级和其他劳动人民同民族资产阶级的矛盾，也包括政府和人民群众之间的矛盾，民主同集中之间的矛盾，领导同被领导之间的矛盾，国家机关某些工作人员的官僚主义作风同群众之间的矛盾等。一般来说，人民内部矛盾是在人民根本利益一致基础上的矛盾，因而是非对抗性的矛盾。毛泽东还特别指出，在我国，由于民族资产阶级有两面性，工人阶级同民族资产阶级的矛盾属于人民内部的矛盾。毛泽东提醒人们注意两类不同性质的矛盾的转化问题，认为两类不同性质的矛盾的存在是客观的，但不是固定不变的，在一定的条件下，两类不同性质的矛盾可以相互转化。一般情况下，人民内部矛盾不是对抗性的，但如果处理不当，也可能发生对抗。反之，有些本来是对抗性的矛盾，如果处理得当，则可以转化为非对抗性的矛盾。因此，必须严格区分和正确处理两类不同性质的矛盾，特别是要正确处理已经居于主导地位的人民内部矛盾。这对于发展社会主义事业具有极为重要的意义。

1957年4月27日，中共中央正式印发《关于整风运动的指示》，整风运动全面展开。这次整风运动，主题是"正确处理人民内部矛盾"。按照党中央要求，这应该是一次既严肃认真又和风细雨的思想教育运动，应该是一次恰如其分的批评和自我批评的运动。这场运动采取开门整风的形式。各级党组织纷纷召开座谈会和小组会，听取党内外群众的意见迅速在全社会形成一个"鸣放"的高潮。以毛泽东同志为核心的党的第一代中央领导集体真诚地希望通过这种方式，听到各方面的批评意见，改进党的作风，密切党和群众的联系。

同济大学响应中央要求，在全校范围内积极开展整风运动，就学校党组织的官僚主义、命令主义、教条主义、以党代政、民主问题等提出大量有益的批评意见和建议，但同时也有一些过激的言辞。

教学反思

该教学案例的实施效果较好：一是社会主义建设道路的初步探索阶段距离学生较为久远，通过该教学案例的运用，使该陌生的阶段具体化了，增强了对授课学生的吸引力。二是案例分析部分通过梳理同济大学的发展改革情况对社会主义建设道路的初步探索阶段的背景、内容、意义进行了历史逻辑的分析，增强了授课的逻辑性。三是通过该教学案例的运用，达到了结合教学内容向学生宣传党的指导思想和党的路线、方针、政策的目的。四是案例分析部分突出了社会主义社会的矛盾问题和整风运动，有利于帮助学生认识新时代我国社会的主要矛盾和新时代的党建工作。五是该教学案例的使用契合了当前的党史教育。

实施该教学案例需要改进之处：目前的案例分析在课堂上仍以教师讲授为主，学生主体性的发挥有待提高。改进思路：今后要加强与学生的互动，在给出案例材料后，先采取提问方式，给学生提供发言机会，然后由教师进行点评和补充，这样有利于调动学生的思维积极性和听课的主动性。

案例二
俞鸿儒——跟随大师的脚步 ①

案例描述

在 2015 中国力学大会上，87 岁的中国科学院院士、中科院力学所研究员、空气动力学家俞鸿儒获颁首届"钱学森力学奖"。"钱学森力学奖"是为纪念我国载人航天奠基人、中国力学学会创始人之一钱学森而设立，每四年评选一次。获此殊荣，他感到高兴："我是搞实验科学的，不是研究理论的，这个奖能够颁给做实验的人，我觉得这是一个重大的进步。"他的高兴还缘于："我以

---

① 对应课程：毛泽东思想和中国特色社会主义理论体系概论；对应章节：第四章第一节。

前就跟着钱学森先生、跟着郭永怀先生学，拿到这个奖好像与他们关系又紧密了一点。"

1. 跟着大师"向科学进军"

俞鸿儒是中国近代力学事业的奠基人之一郭永怀先生的学生，而当年"替"郭永怀招收研究生的，正是"三钱"中的"两钱"——钱伟长和钱学森。1956 年中国科学院公开招考研究生时，郭永怀还没有回国。两位钱先生在知道他要回国的情况下，特意帮他招收学生。俞鸿儒就是在那时报考了钱伟长的研究生，和其他四名学生成为郭永怀回国后的第一批弟子。

1956 年也成了俞鸿儒人生的转折点。那一年党中央提出"向科学进军"的口号，每个人都要制订"向科学进军"的计划。当时在大连大学（后改为大连工学院，现为大连理工大学）留校任教的俞鸿儒被要求写类似"投身某学科研究"的"进军计划"，并被告知"几年后就能提升副教授、教授"。俞鸿儒不写，"这哪是向科学进军？我看是向个人名利进军"。

他也迷茫：什么是科学研究？应该怎么做研究？那时钱学森刚回国不久，俞鸿儒很仰慕他的学问和爱国精神。他想，能不能到他那里去做？刚好当时报考中国科学院没有单位限制，于是俞鸿儒第三次走进考场（他分别于 1946 年和 1949 年考上同济大学和大连大学），迎来了人生的重大转折。

俞鸿儒回忆说，钱学森和导师郭永怀的办公室在一起，跟钱学森有很多接触，包括当时钱学森、郭永怀两人去拜访一些名家，他也随从，逐渐地成了他们的助手。"我自己觉得选不好该干什么，他们让我干什么我都干。"

近水楼台，俞鸿儒受钱学森、郭永怀两人影响颇多。他至今记得，郭永怀第一次和他们谈话时很严肃，说国家的科学事业需要很多人做铺路石，他也是。郭永怀希望他们也要有这种思想准备。"我意识到，先生并不要求我们成为飞黄腾达的'龙'，而是叮嘱我们做脚踏实地的'牛'。"俞鸿儒说。

为研究超声速飞行，1958 年郭永怀在力学所成立激波管组，并指定俞鸿儒为组长。在郭永怀的支持下，俞鸿儒提出研究氢氧燃烧驱动激波管。这是当时已被国际上基本弃用的一种实验方法，因为其虽然费用低廉、驱动能力强，但是试验气流品质低，容易出事故。俞鸿儒坚持认为，国际流行的方法价格昂贵，技术复杂，还是氢氧燃烧驱动更适合中国国情，并认为其缺点可以改正，虽然怎么改一时也说不清，但是他相信应该能找到解决办法。

郭永怀坚定地支持俞鸿儒放手去做。由于不清楚原因，俞鸿儒在试验中多次发生事故，最严重的一次竟把临时搭建的实验室给炸毁了。然而，俞鸿儒不但没有被责难，反而受到安慰和鼓励。后来力学所索性一次性申购了许多水泥和木材，实验室炸坏了就立刻重建。这让俞鸿儒至今难以忘怀："实验室炸一次表扬一次，哪有人有这种魄力？"最终俞鸿儒弄清了事故原因并采取了防范措施，他创立的氢氧燃烧驱动方法沿用至今，40多年来再未发生过严重事故。他对记者说，当时做这些试验，虽然自己冒着风险，但是导师郭永怀等人冒的风险更大："要不是他们保护我，我这个事干不成。"

2. 创新"不是钱的事儿"

在郭永怀等人的影响下，俞鸿儒还习得了一项"技能"：花小钱办大事。"这个事我自己觉得很好"，他告诉记者，这么多年他最大的收获就是"学会选题，学会用很少的钱做事"。

1960年前后的三年困难时期，许多科研项目被取消，俞鸿儒的项目虽然得以保留，但是经费极少。郭永怀多次对他说："钱少亦能工作，应该学会用最省钱的方法解决困难问题的能力，那才是真本领。"

有一年，俞鸿儒建成了一个大设备——高性能的大型激波风洞，本以为导师会表扬他，谁知一向和气待人的郭永怀看到后却很生气："你究竟从哪里弄来这么多钱？"原来，当时北京大学也加工了一台激波风洞，那台设备虽然规模和性能比他这台差得多，但是仅加工费就达80万元。在郭永怀看来，俞鸿儒的设备少说也得值百万元。俞鸿儒赶紧向导师解释，汇报了他如何回收利用废置设备，如何寻找便宜又能保证质量的加工厂，如何仅用8万元就搭建起了这台高性能的激波风洞。郭永怀听后才如释重负，问他："能否把试验区再延长？"俞鸿儒这才意识到，郭先生此前的那番话不仅是针对当时困难环境的权宜之计，更是认识到科研工作者不应该把精力耗费在"找钱"上，应该尽可能采用简单巧妙的方法解决问题，这才是做好研究工作的有效途径。

50多年来，俞鸿儒一直坚持这种作风：以尽可能低的费用，研制出尽可能高性能的气动实验装置。这其中就包括著名的JF12风洞。JF12风洞是国际首座可复现高超声速飞行条件的长试验时间激波风洞，它的建成共花费约4600万元。由于采用了由俞鸿儒等人独创的爆轰驱动技术，该风洞的费用比国外同类风洞低了很多。JF12风洞项目组负责人姜宗林曾说："如果没有这些创新，4个亿也未见搞得出来。"

"科学研究最关键的是人，是创新，而不是钱。有创新，再少经费也能用自己的办法做出世界上独一无二的工作。没有创新，用再多钱仿制国外再多的先进技术也是赝品，做不出真正有价值的科学成果。"俞鸿儒言真意切地说。

有一次，财政部一位负责人问俞鸿儒，为什么现在的科研经费越来越高？俞鸿儒半开玩笑半认真地说："这都是你们自找的。你们给科研人员的工资不够，然后告诉大家说国家会拨付科研经费。大家都要生存要发展，当然要多拿一点经费。这样一来，找经费的人越来越多，正经干活的人反而越来越少。"

3. 科研评价就像"买古董"

说起来，俞鸿儒的研究领域，还真是费钱的，有人将其描述为"在地面上造天空"。

俞鸿儒最早在国内开展激波管研究。他于 1958 年成功研制了中国第一台能够模拟气体超声速流动的激波管；20 世纪 60 年代末，他以极低费用建成了中国第一个性能达到国际水平的 JF8 激波风洞，并在多个飞行器的研制过程中协助解决了各种疑难问题，为中国人造卫星、战略导弹等的成功研制做出了不可磨灭的贡献；2012 年，在他和同事独创的爆轰驱动技术基础上构思出来的 JF12 风洞在北京怀柔建成，被国际上誉为"超级巨龙"。

"风洞需要气流速度很大、流量很大、能量很大，而且要加热到很高温度，是很费钱的东西。"俞鸿儒说，"但绝不能以钱来作为衡量科研价值的标准，未必花钱更多的就更有价值。"

"有的事情就是需要时间，比如基础研究，烧钱也没用。"俞鸿儒说，我国基础科学领域落后的原因复杂，有历史的、文化的，不是投入大就能解决得了的，"我们不要太浪费"。

"科研项目的评估，就像买古董，只有识货的人才能分清什么是真正有价值的。如果跟着外国人走，仿得再像，也永远落后于别人。"俞鸿儒说，要想真正加强国内的自主创新能力，需要人们集体观念的转变和体制的改进，这不是任何人凭一己之力可以完成的。

——文 / 赵广立，转载自《中国科学报》2015 年 11 月 6 日

思考讨论题

1. 请结合案例分析我国在社会主义建设道路初步探索阶段的成功经验。

2. 请结合案例分析我国在社会主义建设道路初步探索阶段的失误，以及应如何看待这些失误。

3. 通过本案例的学习，要学习俞鸿儒同志什么样的精神品质？

案例解析

案例展现了社会主义建设道路初步探索阶段同济人在艰苦条件下从事科学研究的情况，反映了以毛泽东同志为核心的党的第一代中央领导集体，对中国自己的社会主义建设道路进行了艰辛探索，提出了许多具有独创性的见解。

以毛泽东同志为代表的中国共产党人对适合中国国情的社会主义建设道路的思考，是同借鉴苏联的经验相联系的。1955年底，毛泽东同志在中国共产党内率先提出了以苏联经验为鉴戒，探索适合中国情况的社会主义建设道路的重大问题。1956年4月，毛泽东同志发表《论十大关系》的重要讲话，正式提出了探索中国社会主义建设道路的任务。1956年9月召开的党的八大正确分析了三大改造完成后国内形势和主要矛盾的变化，提出了党在今后的根本任务，并制定了党在经济、政治、组织等方面的方针和政策，取得了探索社会主义建设道路的重要成果。党的八大确认："我们国家的主要矛盾已经是人民对于建立先进的工业国的要求同落后的农业国的现实之间的矛盾，已经是人民对于经济文化迅速发展的需要同当前经济文化不能满足人民需要的状况之间的矛盾。"因此，"党和全国人民当前的主要任务，就是要集中力量来解决这个矛盾，把我国尽快地从落后的农业国变为先进的工业国"。

随后，中国共产党人又从经济建设、政治体制改革、民主政治建设、思想文化建设等方面，进一步探索中国社会主义建设道路问题。其中，1957年2月毛泽东发表《关于正确处理人民内部矛盾的问题》的重要讲话，提出了社会主义社会矛盾学说，取得了探索中国自己的社会主义建设道路的新成果。以毛泽东同志为核心的党的第一代中央领导集体，对中国自己的社会主义建设道路进行了艰辛探索，提出了许多具有独创性的见解，大大丰富了科学社会主义的理论，推进了毛泽东思想的发展，是中国共产党和中国人民宝贵的精神财富。

案例展现了由于社会主义建设过程中犯了"左"的错误，导致国家出现经济困难时期，科学研究在非常艰苦的条件下进行。20 世纪 50 年代中期，由于缺乏经验以及受当时所处的国内外形势所限，我国曾经照搬苏联的模式建设社会主义。1956 年，以毛泽东同志为核心的党的第一代中央领导集体已经觉察到一些问题，提出要以苏联经验为鉴戒，总结我国的经验，试图走出一条中国式的社会主义建设道路。但后来由于"左"倾思想的发展，在理论和实践上都犯了错误，例如：在社会主义制度建立以后仍然坚持"以阶级斗争为纲"，把发展生产力的任务推到次要地位；脱离生产力抽象谈论社会主义，盲目追求社会主义所有制形式的大、公、纯；把许多只适合某种特殊历史条件下的东西，当作"社会主义原则"加以固守；把许多在社会主义条件下有利于生产力发展和生产的商品化、社会化、现代化的东西，当作"资本主义复辟"加以反对。而"文化大革命"又把这一切"左"的做法推向极端，"四人帮"别有用心地鼓吹"宁要社会主义的草，不要资本主义的苗"之类的论调，将社会主义与贫穷联系在一起，严重地歪曲了科学社会主义，损害了社会主义在人民群众心目中的形象，干扰了国民经济的发展，使我国与世界发达国家在经济上的差距进一步拉大。

总结苏联领导人及毛泽东同志在社会发展阶段理论上脱离实际的错误认识，从中可得出这样的启示：社会主义初级阶段不仅是不可超越的，而且对经济发展水平比较落后的社会主义国家来讲，这个阶段还必然是一个长期的历史过程；各国必须从本国国情出发，从社会主义的目标、任务出发，正确认识所处的发展阶段，制定适合本国国情的路线、方针和政策，为实现向共产主义的过渡准备充分的条件，绝不可急躁冒进。急于超阶段过渡只能是欲速则不达，甚至会南辕北辙。

通过案例学习，我们能够感受到俞鸿儒同志勤奋、能吃苦、创新的精神品质。在艰苦的社会主义道路初步探索阶段，他坚持科学研究，在经费极度紧张的情况下，练就了用极少的钱做更多的事的能力，在钱学森和郭永怀的影响下，推动我国科技创新不断向前迈进，同时引导人们正视科技创新的价值，明白科技创新在于推动国家发展、造福人类，而不在于科研经费。

教学反思

　　该教学案例的实施效果较好：一是通过具体的人物案例分析，可以对该阶段的整体发展进行映射。二是案例分析部分通过分析同济大学著名校友俞鸿儒同志在极度艰苦的条件下从事科学研究并能正视科学研究价值的事迹，帮助学生进一步认识社会主义道路初步探索时期的社会现实状况，提升了课程的趣味性和对学生的吸引力。三是案例分析部分突出了社会主义建设道路初步探索阶段的理论成果和经验教训，有助于向学生说明我国之所以能取得今天的成就，根本原因在于在历经艰辛之后成功找到了一条适合中国国情的中国特色社会主义建设道路。四是本次案例教学可以为党史教育提供素材。

　　实施该教学案例需要改进之处：该阶段的案例分析主要对俞鸿儒同志勤奋、能吃苦、创新的精神品质进行了充分展现，但是依旧存在对普通群众的现实关照不够的问题，智慧教学没有得到充分利用。改进思路：可以组织学生观看反映"大跃进"历史的相关视频，从"大跃进"带来的后果等历史现实追述我国历史上"大跃进"是在什么样的背景下产生的，从而了解我国社会主义建设道路探索的艰辛历程；可以通过对当时年代的普通人的现实生活的照应，对一个时期进行历史总结。

案例三
同济大学的"大跃进"①

案例描述

　　在"超英赶美""人有多大胆，地有多大产"的全国"大跃进"的形势影

---

　　① 对应课程：毛泽东思想和中国特色社会主义理论体系概论；对应章节：第四章第二节。

响下，同济大学也很快"热"了起来。1958年6月，学校和各系召开跃进大会，号召大家破除迷信，解放思想，进行教育"大跃进"。7月，学校根据总路线精神制定了《同济大学1958—1962年教学与科学研究发展规划纲要（草案）》并上报了教育部。该规划提出把学校"建设成为以土木、建筑为中心的规模宏大的综合性的理工大学"；至1962年，"专业达48个"，"学生人数达12000人"。8月始，全校到处都呈现跃进的气氛。同济大学跃进主要表现在三个方面：一是开展"教育大革命"；二是科研跃进；三是大炼钢铁。

8月11日，学校传达全国教育工作会议精神，要求认真贯彻党的"教育为无产阶级政治服务，教育与生产劳动相结合"的教育方针。从此时至年底，全校开展了"教育大革命"，广大师生纷纷走出课堂，分期分批到上海及江、浙、皖、赣、闽5省份27个大中城市参加生产劳动。其中，除公益劳动外，大部分结合专业进行。在此期间，建工系300余名师生去戚墅堰机车厂工地，铁路、桥梁专业的师生分赴沪宁线及杭宣线工地。9月，学校举办教育与生产劳动相结合展览会。11月，300名师生参加农业劳动。自1958年起，师生参加"三秋""三夏"成为制度。寒假，学校修订了27种教育计划和224种教学大纲。

当时，校党委认为同济大学既是学校，又是工厂，也是研究所；这里的人既是学生（教师），又是工人，也是研究员。为此，从1958年8月开始，学校将现有的专业（除建筑系外）学习年限由5年缩短为4年，学年由2学期改为3学期，把假期、劳动、理论教学的比例定为1：4：7。

在"大跃进"高潮中，学校学科建设和规模也来了一个跃进。学校增设了建筑材料及制品、水工及地质基础、建筑机电及设备、数学物理及工程力学4个系，增设了水文地质及工程地质、地基基础、陆地水文学、河川结构及水电站水工建筑、工程测量、硅酸盐工艺学、建筑机械及设备、建筑供电、应用数学、应用物理、工程力学11个专业，专业从11个增至21个。学生从1957年的3909人增至5662人。当时高校招生要求贯彻党的阶级路线，增加工农学生的比例，因此1958年同济大学2000名新生中工农家庭出身的学生占50%，并招收了一批工农干部开办工民建、道路、给水排水和城市规划老干部特别班。同时，学校进行了"体育跃进"。11月，学校达到了上海市高等教育局规定的"四红"（一级劳卫制、二级劳卫制、等级运动员、普通射击手）的要求。

这一时期，函授教育也出现"大跃进"。增设了供热煤气及通风、公路与城市道路两个专业；创办了单课函授，开设21门课程；在杭州、南京、合肥、济南等函授生较多的地区建立了函授站。科研工作也出现了跃进局面。广大师生纷纷走出校门，深入工厂、农村搜集资料寻找课题，有的与工程技术人员、工人一起大搞技术革新，有的把任务带回来进行试验。6月底至8月的两个月，近600名教师和1000多名学生参加了科技活动，科研项目从103项增至435项。

1958年9月，学校响应国家"大炼钢铁"的号召，办起了炼钢厂。10月，炼钢厂开始投产，至年底共炼出295吨"钢"（其实是一堆废铁）。

在1958～1960年上半年的"大跃进"期间，学校出现了瞎指挥、浮夸、虚假现象，很多工作脱离了当时学校师资力量设备条件和基本建设可能提供的条件，因而学校的教学、科研等多项工作受到严重影响。但这一时期，学校工作还是取得了较大的发展。在学科建设方面，学校重建了理科、机电科，增设了机、电、数、理方面的专业；本科专业从11个增至21个，后又增至31个；成立了4个系及土建设计院。在打基础、建队伍、摸方向等方面，学校做了一些符合教育发展规律的工作。从后来同济大学有较高水平的科研成果来看，不少学科的科研是在这个时期开始探索的，如结构的振动与稳定、薄壳结构、塔桅结构、混凝土强度理论、路基路面及道路材料、地基基础、地下建筑工程、废水处理、废渣利用、超声波应用、建筑声学等。

1960年9月，党中央提出了对国民经济进行"调整、巩固、充实、提高"的八字方针。随之，全国的形势开始好转，过热的空气逐步降下来。

随着国家形势的变化，同济大学贯彻"八字方针"进行了一系列的纠"左"和调整工作。

首先，在思想上纠"左"。1960年下半年，学校根据中央和上海市委的部署，开展"三反"（反官僚主义、反贪污、反浪费）整风运动。起初，以增产节约入手。1960年11月，上海市委指示整风运动以反官僚主义为重点，以反"五风"即浮夸风、"共产风"、命令风、特殊风、瞎指挥风为主要内容，随之，同济大学党委以解决官僚主义为中心开始整风。党委在党内揭露问题的基础上号召民主党派、党外人士提意见。1961年上半年，党委在中央"缺点是九个指头与一个指头的问题"精神的指导下，检查出了政治思想工作一般化群众运动中干劲与科学结合不够、工作方法简单化、脱离群众等问题，在教育改革、"双百"方针、知识分子政策、把知识分子作为改造对象、工作简单包办等方面的问题，以及思想认识上严重的片面性。6月，党委分别召开了老教师、民主党派和中老年教师座谈会，承认错误，作出检查，向"拔白旗"中受到批判的老教师赔礼道歉，并恢复了他们的职务。

其次，学校根据"八字方针"进行了实际的工作调整。一是教学方面，坚持以教学为主的原则，积极稳定教学秩序。对教学计划中某些课程要求过高、教学大纲内容过多过深、教学环节脱节和作业及测验过分集中等状况进行了调整，加强了基础理论、基本知识的课程教学及基本技能的训练。二是科研方面，针对"大跃进"过程中存在的"战线过长、队伍过大、任务过重、力量分散、方向未定、制度不全"等问题，进行了调整和改进。三是师资培养方面，学校制定了《师资培养规划》《在职研究生试行办法》，在重视教师普遍进修提高的同时，挑选了一批中青年教师作为骨干师资，采取在职读研、当助手等方式进行有计划的重点培养。

👉 思考讨论题

1. 上述案例内容与我国哪一发展阶段相符？
2. 上述案例体现了社会主义建设中的什么问题？如何才能避免这种问题？
3. 社会主义建设道路初步探索的理论成果和经验教训有何现实指导意义？

👉 案例解析

上述案例内容是我国社会主义建设道路的初步探索阶段，社会主义建设的规律是需要在实践中认识和把握的。在社会主义建设的初期探索中，以毛泽东同志为代表的中国共产党人，通过调查研究初步认识和把握了社会主义建设的规律。正确认识和处理社会主义建设中的重大关系是把握社会主义建设规律的重要表现，《论十大关系》就是对这种规律探索和把握的重要认识成果。正确认识和处理社会主义社会的主要矛盾是把握社会主义建设规律的重要前提，《关于正确处理人民内部矛盾的问题》就是对社会主义社会主要矛盾探索和把握的重要认识成果。然而，由于长期受"左"的思想影响，对社会主义初步探索的成果并没有很好地在实践中贯彻落实，社会主义建设中的许多重大关系和主要矛盾并没有处理好，致使我们的社会主义建设出现重大曲折。

同济大学在中共中央的指导下开展工作，在社会主义建设道路的初步探索阶段，同济大学的学校和学科建设取得一定成就，但同时不可避免地存在一些失误，出现"跃进"问题。

上述案例体现了社会主义建设中长期犯的"左"的错误，在社会主义建设问题上，"左"主要表现为违背建设的规律，急躁冒进。

在这一阶段，同济大学在开展"教育大革命"、科研跃进、大炼钢铁等方面也出现了瞎指挥、浮夸、虚假现象，很多工作脱离了当时学校师资力量设备条件和基本建设可能提供的条件。

从1956年开始，以毛泽东同志为核心的第一代中央领导集体勇于摆脱苏联模式，对适合中国国情的社会主义建设道路进行了大胆探索，在探索中表现出的巨大勇气和开拓创新的精神以及在探索中积累的经验和教训，为中国特色社会主义理论的形成奠定了重要的思想基础。中国快速发展的根本原因在于成功地找到了一条适合中国国情的中国特色社会主义建设道路。

在党中央的指导下，同济大学也结合自身发展实际，在学校发展中出现"左"的错误时，根据"八字方针"及时调整，在教学、科研、师资培养方面不断改革，取得了长足发展。而同济大学取得长足发展的根本原因在于成功找到了一条适合同济校情的同济道路。

教学反思

该教学案例的实施效果较好：一是通过对"左"倾错误的分析、判断，以同济大学的做法为实际案例，生动形象地描绘了社会主义道路初期的艰辛。二是通过分析同济大学在社会主义建设初期学校改革发展过程中所犯的"左"的错误并根据"八字方针"进行及时调整，揭示了我国在社会主义建设初期存在的问题、所犯的错误以及取得的经验教训，具有较强的逻辑性。三是通过该教学案例的运用，使学生进一步了解了该阶段我国的发展现状，并有了更深刻的认知。四是该案例分析部分突出表现了社会主义初期阶段我国艰辛探索的过程，经历过挫折、错误与失败，最终掌握了成功的密钥。五是该教学案例的使用契合了当前的党史教育。

实施该教学案例需要改进之处：古今对比较少，通过社会实践感知历史发展对现今生活的影响等类似活动的举例相对缺乏，缺乏站在学生角度思考知识吸收的问题。改进思路：新的社会主义建设道路课程倡导以社会实践活动为课程改革的突破口，激发学生的主动性和创新意识，促进学生主动学习；丰富学生获得知识和技能的过程，使其学会通过联系社会生活实际形成科学价值观。

案例㈣
道路探索 50 年 ①

☞ 案例描述

中国共产党作为执政党，在领导中国人民进行社会主义建设的半个多世纪的风雨历程中，一刻也没有停止对适合中国国情的社会主义建设道路的探索，即使是在发生严重失误的岁月里也是如此。那些成功与挫折错综交织的复杂情况，正是我们刚踏上社会主义建设道路时艰难探索的写照。如今，在风雨锤炼中成熟起来的中国共产党已带领全国人民走上中国特色社会主义建设的康庄大道。

1. 探索中的理论和实践成果

1956 年社会主义制度确立以后，我们党面临的第一个重大课题是如何摆脱苏联模式而找到一条适合中国国情的社会主义建设道路。此前，在毫无经验可循、只有苏联模式可供借鉴的情况下，许多体制只能模仿苏联。然而在实践中，毛泽东逐渐发现苏联模式的一些弊端，提出搞社会主义建设不能照搬苏联模式，要找出在中国这块大地上建设社会主义的具体道路。这条道路又在哪里呢？没有现成答案，只能靠实践摸索。于是，党的八大前后党中央和毛泽东带领全党在许多领域进行探索，所取得的丰富思想成果集中体现在毛泽东 1956 年 4 月 25 日的《论十大关系》讲话和同年 9 月党的八大精神之中，其主旨是，把党的工作重点从阶级斗争转移到发展生产力上来，以苏为鉴，探索在中国建设社会主义的道路。《论十大关系》提出了政治、经济、文化方面的许多重要

---

① 对应课程：毛泽东思想和中国特色社会主义理论体系概论；对应章节：第四章第二节。

思想，这也是中国探索自己的建设道路的开始。这种探索持续到"文化大革命"之前。

在经济方面，毛泽东针对苏联、东欧一些国家片面发展重工业而忽视农业、轻工业造成的市场货物不够、货币不稳定、粮食产量长期低下等教训，从中国农业大国的基本国情出发，创造性地提出了中国工业化道路，即以农业为基础，以工业为主导，以农轻重为序安排国民经济，以此为发展国民经济的总方针，实现由农业国向工业国的过渡。把发展农业放在重要位置，是中国工业化道路的重要内容和特点。毛泽东提出中国一定要建立自己独立完整的工业体系和国民经济体系，实现经济独立以保障政治独立，并为此提出独立自主、自力更生的原则和自力更生为主、争取外援为辅的方针。毛泽东还创造性地提出了社会主义四个现代化的总任务及两步走的战略步骤。毛泽东在1954年9月第一届全国人民代表大会第一次会议开幕词中最早提出这一思想，以后几经完善，最终于1964年12月由周恩来在第三届全国人民代表大会第一次会议上正式宣布。毛泽东还提出过对经济体制进行改革的思想。同时，在坚持独立自主、自力更生、不损害国家主权条件下，我们要努力打破封锁、争取外援，学习外国一切有益的东西，吸收外国资金和科学技术，借鉴外国的先进管理经验等。

在政治方面，毛泽东针对苏联肃反扩大化的教训，提出要在国家制度上进行改革，扩大人民代表大会的权力并吸收西方资本主义民主的某些形式和方法。

1956年，毛泽东提出我们党发展文化科学的根本方针是"百花齐放、百家争鸣"，并说"这是一个基本性的同时也是长期性的方针，不是一个暂时性的方针"。毛泽东在对中国社会主义道路的探索中还提出过其他一些正确思想，如我国正处在"不发达的社会主义阶段"、要搞一点商品经济、要正确认识社会主义社会的矛盾等，其中有些虽未贯彻实行，但对以后改革开放政策的提出仍具有一定的借鉴意义。遗憾的是，此后发生的"左"的错误，使他提出的许多重要思想和原则并没有很好地贯彻执行。

尽管由于时代条件的局限和实践经验的不足，毛泽东最终并没能从根本上完全突破苏联模式，但是他在当时的国际环境下率先提出突破苏联模式并付诸实施是需要巨大勇气和智慧的。这种实事求是、勇于打破传统、开拓创新的探索精神，为党的十一届三中全会后冲破长期"左"的禁锢奠定了重要的思想基础。

2. 新时期的新探索

党的十一届三中全会后，邓小平带领全党认真总结我国社会主义建设中的经验教训，运用马克思主义基本理论解决实践中不断涌现的新问题，同时又对20世纪80年代末90年代初国际社会主义实践出现的严重曲折进行深入思考，思考的内容就集中在什么是社会主义、怎样建设社会主义这个根本问题上。这是邓小平理论产生的深刻历史背景。邓小平理论科学回答了在中国这样一个经济文化比较落后的国家如何建设、巩固和发展社会主义的一系列基本问题。邓小平讲了许多马恩列斯和毛泽东没有说过的"新话"，在什么是社会主义、怎样建设社会主义的一系列重大理论问题上实现突破，创造性地发展了马克思主义。他第一次提出了社会主义本质论，第一次提出了社会主义初级阶段论，第一次提出了改革是解放生产力、发展生产力的第二次革命，第一次提出了科学技术是第一生产力，第一次提出了和平和发展是当代世界主题的理论，第一次提出了"一国两制"的理论等，从而逐步找到了一条适合我国国情的社会主义现代化建设道路，为我国社会主义建设提供了正确的理论指导。这是我党思想理论上的重大成果，是马克思主义与中国具体实际相结合的又一次巨大飞跃。

党的十三届四中全会以来，以江泽民同志为核心的党的第三代中央领导集体，高举邓小平理论伟大旗帜，准确把握时代特征，科学判断我党所处的历史方位，围绕建设中国特色社会主义这个主题，集中全党智慧，以马克思主义的巨大理论勇气进行理论创新，逐步形成了"三个代表"重要思想这一系统科学理论。它进一步回答了什么是社会主义、怎样建设社会主义的问题，创造性地回答了建设一个什么样的党、怎样建设党的问题。"三个代表"重要思想把发展先进生产力、先进文化、实现最广大人民的根本利益同坚持党的先进性联系在一起，上升到党的性质和宗旨的高度，上升到党的指导思想高度，构成了一个完整的体系，这是对辩证唯物主义、历史唯物主义的创造性运用和发展。党的十六大把"三个代表"重要思想同马列主义、毛泽东思想、邓小平理论一道确立为党必须长期坚持的指导思想，实现了我们党指导思想上的又一次与时俱进。以胡锦涛同志为总书记的党中央在党的十六届三中全会上，围绕全面建设小康社会的根本任务，提出坚持以人为本，树立全面、协调、可持续的发展观，促进经济社会和人的全面发展。这一科学发展观的提出，是在新形势下对实践中的新经验的科学总结和概括，是马克思主义与中国具体实际相结合的新成果，是我们党对社会主义现代化建设规律认识的进一步深化，是我们党执政理念的新飞跃。

思考讨论题

1. 请结合案例分析《论十大关系》对我国社会主义建设有何意义，以及如何把握当前社会主义建设中要处理好的重大关系。

2. "路漫漫其修远兮，吾将上下而求索。"虽经历曲折和失误、疑虑和困惑、分歧和争论，但是中国共产党最终还是找到了一条适合中国国情的、有中国特色的社会主义建设道路。这一求索的成功说明了什么？

3. 探索是要付出代价的，在改革开放以前，以毛泽东同志为核心的党的第一代中央领导集体在突破苏联模式的探索中发生了诸多失误，应如何看待这些失误？

案例解析

社会主义建设的规律是需要在实践中认识和把握的。在社会主义建设的初期探索中，以毛泽东同志为代表的中国共产党人，通过调查研究初步认识和把握了社会主义建设的规律，其中正确认识和处理社会主义建设中的重大关系是把握社会主义建设规律的重要表现，而《论十大关系》就是对这种规律探索和把握的重要认识成果。由于长期受"左"的思想影响，对社会主义初步探索的成果并没有很好地在实践中贯彻落实，社会主义建设中的许多重大关系并没有处理好，致使我国的社会主义建设出现重大曲折。

党的第一代中央领导集体的探索是非常值得珍惜的，探索中取得的成功经验、获得的正确认识和失误的沉痛教训都是我们党的财富。改革开放后，我们总结了社会主义建设中的经验教训，逐渐摸索出了一条中国特色社会主义道路，对社会主义建设规律的认识逐步深化，基本正确地认识到社会主义建设中的重大关系。1995年，江泽民在党的十四届五中全会闭幕时发表了《正确处理社会主义现代化建设中的若干重大关系》的讲话。江泽民在这篇讲话中提出，在推进社会主义现代化建设的过程中，必须处理好各种关系，特别是若干带有全局性的重大关系。他提出应该处理好十二个重大问题，即十二大关系：改革、发展、稳定的关系，速度和效益的关系，经济建设和人口、资源、环境的关系，第一、第二、第三产业的关系，东部地区和中西部地区的关系，市场机制和宏观调控的关系，公有制经济和其他经济成分的关系，收入分配中国家、企业和个人的关系，扩大对外开放和坚持自力更生的关系，中央和地方的关系，国防建设和经济建设的关系，物质文明建设和精神文明建设的关系等。对这十二大关系的论述几乎都是建立在过去经验基础之上的。有的是对过去正确经验的坚持和发展，有的是对过去错误做法的总结和纠正。

第一条重大关系，即改革、发展、稳定的关系，既是总揽全局的、首要的、基本的关系，也是正确处理其他重大关系必须把握的重要原则。第二条到第五条重大关系是关于发展的问题，也就是在现代化建设中如何发展生产力的问题，强调了发展的质量和发展的协调。第六条到第十条重大关系，是关于依靠改革和完善社会主义生产关系、促进实现社会主义现代化的问题。第十一条、第十二条重大关系是关于现代化建设的重要保障问题。

社会主义建设中需要处理的重大关系会随着实践的发展而发展，这种发展既有对旧问题的新认识，也有新提出的重大关系。前者比如原来要处理的农轻重的关系，现在发展到要处理好第一、第二、第三产业的关系；原来要处理好的沿海工业和内地工业的关系，现在发展到要处理好东部地区和中西部地区的关系等。后者如改革、发展、稳定的关系，人口资源环境的关系，市场机制和宏观调控的关系，物质文明建设和精神文明建设的关系等。

党的十四届五中全会已过去二十多年，除了江泽民讲话中提到的十二大关系以外，当前社会主义建设中还有许多其他的关系需要正确认识和处理，比如经济建设与社会建设的关系，中国特色社会主义道路、理论体系与制度的关系，科学发展与社会和谐的关系，物质文明、政治文明、精神文明与生态文明的关系，社会主义事业与党的建设的关系等。

20世纪末，应邀担任法国《巴黎竞赛画报》周刊《2000年专栏》主笔的法国前总统吉斯卡尔·德斯坦这样写道："作为《2000年专栏》的开篇，我将从中国写起。中国是一个国土辽阔、拥有多种风情、喧闹而富有神秘色彩的国家。21世纪未来的一大部分将在这里编织。"的确，伴随着21世纪太阳的冉冉升起，一个生机勃勃的中国正在东方崛起，而中国快速发展的根本原因在于成功地找到了一条适合中国国情的中国特色社会主义建设道路。

从1956年开始，以毛泽东同志为核心的党的第一代中央领导集体勇于摆脱苏联模式，对适合中国国情的社会主义建设道路进行了大胆探索，在探索中表现出的巨大勇气和开拓创新的精神以及在探索中积累的经验和教训，为中国特色社会主义理论的形成奠定了重要的思想基础。

在党的十一届三中全会以后，以邓小平同志为核心的党的第二代中央领导集体和以江泽民同志为核心的党的第三代中央领导集体继往开来、与时俱进，创造性地解决了什么是社会主义、怎样建设社会主义以及建设什么样的党、怎样建设党等重大理论和实践问题，终于走出一条适合中国国情的中国特色社会主义道路。而以胡锦涛同志为总书记的党中央领导集体继续深化对社会主义建设规律的认识，提出的科学发展观是执政理念的新飞跃，使适合中国国情的中国特色社会主义建设道路更加广阔。进入新时代，以习近平同志为主要代表的中国共产党人以巨大的政治勇气和强烈的责任担当提出一系列新理念、新思想、新战略，从理论和实践结合上系统回答了新时代坚持和发展什么样的中国特色社会主义、怎样坚持和发展中国特色社会主义这个重大时代课题，创立了习近平新时代中国特色社会主义思想。回望历史，我们欣喜庆幸；展望未来，我们自豪奋进。

在改革开放以前，以毛泽东同志为核心的党的第一代中央领导集体在突破苏联模式的探索中曾犯了"左"的错误。而"左"在不同时期、不同问题上有不同的表现。例如，党的十四大认为，改革开放后右的表现主要是否定四项基本原则，搞资产阶级自由化，甚至制造政治动乱。"左"的表现主要是否定改革开放，认为和平演变的主要危险来自经济领域，甚至用"阶级斗争为纲"的思想影响和冲击经济建设这个中心。在社会主义建设问题上，"左"主要表现为违背建设的规律，急躁冒进。从1957年起的20年间出现的错误，主要都是"左"。

为什么会犯"左"的错误呢？党的十四大认为，在我们党的历史上，"左"的思想根深蒂固。"左"带有革命色彩，拿大帽子吓唬人，好像越"左"越革命。在社会主义建设问题上，为什么长期以来会犯"左"的错误呢？

第一，对社会主义建设缺乏经验，一时难以掌握社会主义建设的规律。人们对于规律的认识总是通过反复的实践，在不断吸取失败的教训中总结出来的。在革命问题上，我们是经过多次胜利和多次失败的经验教训才总结出新民主主义革命的规律。在社会主义建设问题上，我们也是经受了严重的挫折才找到了社会主义建设规律。犯错误难以避免。

第二，全党主要是党的领导同志滋长了骄傲自满情绪，夸大了主观能动性。1956年在成功领导完成社会主义改造任务后，毛泽东、中央和地方不少领导滋生了骄傲情绪。同时，在新的社会制度下人民群众的劳动热情高涨，特别是在1957年冬季兴修农田水利建设运动中，人民群众的积极性深深地感染了毛泽东和中央领导同志，这进一步推动了中央和地方领导采取冒进措施。认为人民群众的主观努力具有无穷的力量，"人定胜天""人有多大胆，地有多大产"，以及"不怕做不到，就怕想不到"的口号响彻中华大地。

第三，生产指标的确定没有经过认真调查，没有做到实事求是。比如1958年钢产量指标，不是根据中国的实际情况，通过调查炼钢企业的生产能力和可供扩大再生产的生产潜力等因素制定的，而是根据政治需要倒推出来的。因为要十年到十五年超过英国，所以倒推测算了我国的钢产量生产目标，加之我们决定将赶上英国的时间逐步缩短，我国的钢产量指标就被逐步提高。社会主义建设指标没有任何科学性可言，完全是主观意志的产物。

党的十一届六中全会通过的《关于建国以来党的若干历史问题的决议》指出："由于对社会主义建设经验不足，对经济发展规律和中国经济基本情况认识不足，更由于毛泽东同志、中央和地方不少领导同志在胜利面前滋长了骄傲自满情绪，急于求成，夸大了主观意志和主观努力的作用，没有经过认真的调查研究和试点，就在总路线提出后轻率地发动了'大跃进'运动和农村人民公社化运动，使得以高指标、瞎指挥、浮夸风和'共产风'为主要标志的'左'倾错误严重地泛滥开来。"

除了上述几乎共识的原因以外，社会主义建设中长期出现"左"的错误还源于近代以来中国人民的文化心理因素。这可能是更深层次的原因。近代以来，我们受到外国的侵略，落后就要挨打，实现中华民族的振兴成为中国人的梦想。一代又一代中国人总想早一点摆脱落后的状况，实现民族的繁荣昌盛。这种梦想反映在文化心理上，就是希望快些、再快些。在革命问题上，希望早日取得革命的成功，甚至提出民主革命和社会主义革命"毕其功于一役"。在社会主义建设问题上，总想快一点发展工业化，早日实现国家的昌盛。这种总想快一点的文化心理，主要是对外来压迫或威胁的一种本能反应。中华人民共和国成立后，我们实行"一边倒"的外交政策，倒向社会主义苏联。以美国、英国为代表的帝国主义对我实施围堵、遏制、封锁，我们要争气打破封锁，力求超过它们。而对于苏联，我们并不总想着赶超它，因为它是"老大哥"。这种力争早日"超越"的想法在大办钢铁问题上表现得更为明显。定钢产量目标是为了"超英赶美"，依据是赶超的时间，原来说是到十五年，后又说三到五年是可能的，于是钢产量目标快速飙升。这种总想快一些的想法如果脱离了革命和建设的规律，就会犯超越社会实际的"左"的错误。

教学反思

该教学案例的实施效果较好：一是该教学案例充分展现了社会主义建设初期探索中出现的各种认识上的问题，通过一系列的反思呈现，给学生传达了正确的历史价值观。二是该教学案例记述了毛泽东《论十大关系》的产生过程，通过本案例的教学，使学生了解《论十大关系》是以毛泽东同志为核心的党的第一代中央领导集体探索社会主义建设道路的著名理论成果，体会社会主义建设初期探索的艰辛。三是该教学案例记述了我国在社会主义建设道路初步探索阶段所犯的"左"的错误，通过该教学案例的运用，使学生了解了我国的生产建设曾因没有掌握社会主义建设规律而充满了主观性和盲目性，认识到我国社会主义建设道路探索的曲折与艰辛。四是"大跃进"的影响充斥在社会的各个层面，通过对该阶段冒进思想的充分解读，使学生对现实生活中可能产生的冒进错误形成正确判断。五是案例分析部分是基于党史教育进行的，是对党史教育的鲜明补充。

实施该教学案例需要改进之处：该阶段的案例分析主要论述了"大跃进"的问题和原因，在提出应对措施方面涉及较少，并且在"大跃进"问题出现之后人们进行了怎样的反思也没有做出具体的回应。改进思路：可以组织学生阅读《论十大关系》，使其深刻理解我国社会主义建设道路初步探索阶段的理论成果；可以针对历史问题的出现开展辩论赛，讨论现今对冒进问题应该如何应对；可以组织学生观看反映社会主义建设道路初步探索阶段的影视作品，帮助学生认识和理解社会主义建设道路探寻之艰难；可以适当介绍世界其他社会主义国家的探索过程及经验教训，指出其对于我国社会主义建设的借鉴意义。

第二篇

邓小平理论、"三个代表"重要思想、科学发展观

第五章

邓小平理论

案例一

解放思想 恢复德教 [①]

案例描述

1978 年 5 月，全国开展了关于真理标准问题的大讨论，对此同济人表现出极大的热情。10 月 7 日至 10 日，校党委用 4 天时间就"实践是检验真理的唯一标准"问题组织党委领导成员、各党总支书记、部处负责人及马列主义教研室部分教师进行学习讨论。后来，党委还举办了中层以上干部"真理标准"补课学习班。通过讨论，大家进一步解放了思想。

1978 年 12 月，党的十一届三中全会胜利召开，确立了解放思想、实事求是的思想路线，作出了全党工作重点转移到社会主义现代化建设上来的决策。党的十一届三中全会的决策和此后改革开放的一系列方针政策，为同济大学新一轮的发展提供了条件和机遇。

1979 年 1 月 5 日，党委召开全校教职员工大会，汇报清查情况，宣布学校揭批"四人帮"的群众运动胜利完成，将学校工作的着重点转移到教学、科

---

① 对应课程：毛泽东思想和中国特色社会主义理论体系概论；对应章节：第五章第一节。

研上来。随即，运动办公室撤销。

在粉碎"四人帮"以后，由于同济大学与德国的历史渊源及同济大学在德国的影响，德国科教界人士来同济大学访问的次数日益增多。1978 年 9 ～ 10 月，时任国务院副总理方毅在接待德国外宾时谈及了同济大学对德联系及恢复德语教学传统的问题。同时，李国豪校长上任后，决心恢复同济大学注重实际、严谨求实及与德国保持联系的传统，于是提出了恢复同济大学德语教学传统和恢复同济大学为综合性大学的设想。后来，这一设想成了学校党政的共识，形成了"两个转变"，即向恢复对德联系和德语教学传统转变、由土木为主的单科性大学向以理工为主的多科性大学转变的办学方针。11 月初，同济大学向教育部呈送了《关于恢复用德语教学传统的请示报告》。11 月 16 日，方毅副总理在同济大学的"请示报告"上批示："请刘西尧同志研办，此事我已面告过，应抓紧进行。德方也愿意同我合作大力支持。"随即，校党委根据方毅的指示精神，提出了"与西德建立联系，将我校建成以理工为主的新型大学"的方案。11 月 22 日、12 月 6 日，翁智远副校长等两次专程向教育部作了汇报。12 月 21 日，同济大学向上海市革命委员会和教育部呈送了《关于与西德建立联系将我校建成以理工为主的新型大学的报告》，12 月 28 日上海市教卫办主任王一平批示"同意"。1979 年 1 月，邓小平、方毅、余秋里、耿飚、王震、谷牧、康世恩、陈慕华 8 位副总理批示同意了 1 月 26 日教育部给国务院的《关于同济大学与西德建立联系并恢复使用德语教学的报告》。报告中指出，同济大学拟参照西德大学的系科设置，并结合我国实际情况，有步骤地增设新专业，特别是理、工科中的新技术和德语专业，如应用数学、应用物理、应用化学、工程力学、计算机技术、热质传递与流体力学、信息专业等，逐步将同济大学办成具有特色的多科性综合大学。

在中央和上海市政府的大力支持下，同济大学坚决贯彻党的十一届三中全会精神，不失时机地把学校工作的重点转移到教学和科研上来，开始了恢复德语教学传统、由单一的土建类工科大学向理工结合的多科性综合大学的转变，进入了同济大学新的发展时期。

思考讨论题

1. 为什么《实践是检验真理的唯一标准》这篇文章只是引用和阐述了马克思

主义基本原理和一般常识，但它的发表却引起了轩然大波？

2. 请联系案例并结合实际谈谈《实践是检验真理的唯一标准》这篇文章是如何影响中国改革的全过程的。

3. 解放思想是中国特色社会主义的一大法宝，联系实际谈谈坚持解放思想具有怎样的必要性和重大意义。

案例解析

　　同济大学恢复德文教学传统、建设综合性大学是在全国开展关于真理标准问题的大讨论的背景下进行的。1978年，一篇题为《实践是检验真理的唯一标准》的文章引发了一场关于真理标准问题的全国性大讨论。虽然文章引用和阐述的只是马克思主义的基本原理和一般常识，但是这不是一般的学术文章，而是一篇现实性和针对性都极强的理论文章。就其内容而言，这场讨论不过是重申了马克思主义哲学的一个基本常识，即真理不是自封的，也不是谁认定的，一种认识、一种理论或根据这种认识和理论制定的路线、方针、政策是不是正确，归根结底要由实践来检验。然而，这篇文章在一个特殊的"时间节点"上发表出来就变得极不寻常了，即在虽粉碎了"四人帮"但"文化大革命"长达十年的动乱遗留下来的政治思想、组织和经济上的混乱还极其严重这样一个特殊历史条件下发生的，当时我们党正处在急需解决如何认识过去、总结过去，认识未来、规划未来，把中国引向何方等重大问题的关键时刻，人民期盼着改变危难局面、开辟新的征程，历史呼唤着解放思想、拨乱反正，而"两个凡是"的错误方针却极力阻碍党和人民反思过去，继续维护党在一段时间里指导思想上严重偏离科学社会主义的错误和在实践中造成的严重后果。它的发表，无异于在平静的水面上投下一块巨石，引发了一场关于真理标准问题的大讨论。这场大讨论对重新确立党的思想路线，对重大历史关头实现伟大转折，对推动我国改革开放和社会主义现代化建设的历史进程，不仅具有重大的理论意义，而且具有特别重大的政治意义。

　　邓小平曾说："关于真理标准问题的争论，的确是个思想路线问题，是个政治问题，是个关系到党和国家的前途和命运的问题。"真理标准问题的大讨论极大地促进了人们的思想解放。正是在关于真理标准问题的大讨论中，党的实事求是的思想路线被重新确立起来，这为改革开放政策的提出和实施，为党和国家建设的伟大转折奠定了坚实的思想基础。

联系我国实行改革开放40多年的实际，联系波澜壮阔的改革开放和社会主义现代化建设的历程，联系我们党在这场新的伟大革命中不断开辟马克思主义理论新境界的历程，我们更加深切地体会到真理标准问题大讨论的深远意义和影响。40多年来，我们始终坚持真理标准问题大讨论中恢复并丰富发展了的解放思想、实事求是的思想路线，始终保持真理标准问题大讨论中表现出来的为了人民的利益无所畏惧的理论勇气和政治勇气，一切从我国仍处于社会主义初级阶段这个最大的实际出发，从最广大人民的根本利益出发，否定错误的理论，抛弃不合时宜的观念，不断打破阻碍生产力发展和社会前进的束缚，遵循实践、认识、再实践、再认识，循环往复以至无穷的马克思主义的认识论，不断探索什么是社会主义、怎样建设社会主义，建设什么样的党、怎样建设党，实现什么样的发展、怎样发展，新时代坚持和发展什么样的中国特色社会主义、怎样坚持和发展中国特色社会主义等重大理论和实际问题，在新的伟大实践中不断推进理论创新，形成了包括邓小平理论、"三个代表"重要思想以及科学发展观和习近平新时代中国特色社会主义等重大战略思想在内的中国特色社会主义理论体系。这一理论体系坚持和发展了马克思列宁主义、毛泽东思想，是党最宝贵的政治和精神财富，是全国各族人民团结奋斗的共同思想基础。40多年来，正是由于理论上的与时俱进，我们党才能够保持并不断增强对改革发展各项任务指导的正确性和权威性，调动和汇聚蕴藏在亿万人民中的积极因素和创造活力，成功地应对各种严峻考验，使中国人民的面貌、社会主义中国的面貌、中国共产党的面貌发生了历史性变化。党的理论越来越符合世情、国情、党情的变化，越来越符合时代的潮流和人民的要求，这是中国特色社会主义过去取得胜利的可靠保证，也是今后顺利发展的最大希望所在。今天我们面临的问题很多、困难不少，改革、发展、稳定的任务繁重。贯彻落实党的历史会议精神，珍惜、坚持并不断发展中国特色社会主义理论体系，去夺取党和人民事业的新胜利，就是我们对真理标准问题大讨论的最好纪念。

同时，同济大学也始终坚持实事求是，发挥自身特色，加强与德国大学的联系，增加德语教学，实现了向多科性、综合性大学的转变，推动学校发展再上新台阶。

深入解放思想，推动科学发展，是新的历史起点上的改革与实践。实践充分证明，思想越解放，改革开放就越深入，发展才会又好又快。有些人觉得，解放思想大讨论活动已进行多次，怀疑是否还有继续"解放"的必要。而事实是，思想是行动的先导，解放思想绝非一劳永逸。解放思想是党的思想路线的本质要求，是发展中国特色社会主义的一大法宝。在新时期，我们一定要用好这个法宝，而要用好它，就必须正确认识它。首先，要认识到解放思想不能和实事求是相脱离，两者是统一的整体。邓小平说得很清楚："解放思想，就是使思想和实际相符合，使主观和客观相符合，就是实事求是。"江泽民进一步指出："解放思想与实事求是是统一的，应一以贯之。不解放思想，教条主义盛行，不可能做到实事求是；离开实事求是，脱离实际，脱离亿万群众的创造性实践，不是真正的思想解放。"胡锦涛也反复强调："解放思想，是党的思想路线的本质要求，是我们应对前进道路上各种新情况新问题、不断开创事业新局面的一大法宝，必须坚定不移地加以坚持。"可见，解放思想绝不是脱离实际的空想。只要符合客观实际的要求，无论是破还是立，都是思想解放的表现。我们既要有摧毁旧事物的勇气，也要有创造和发展新事物的勇气，两者都是解放思想所必需的。其次，要认识到解放思想不能和解决问题相脱离，两者也是统一的整体。现在，解放思想是一个热门话题，各行各业的人都在谈论，但关键是要把功夫用在研究新情况、解决新问题上。因为口头上谈论解放思想易，而扎扎实实地解决实际问题难，而且不解决实际问题的解放思想，又怎能算得上是真正的解放思想呢？深入实际，调查研究，获得真知，是马克思主义认识论的本质体现，是党的思想路线的必然要求，也是解放思想的必由之路。解放思想对于我们党之所以特别重要，是因为通过解放思想，能够切实推进工作，真正解决问题，更好地为人民服务。离开这个基点，所谓的解放思想，就成了一句毫无意义的空话。

教学反思

该教学案例的实施效果较好。一是该案例介绍了在全国开展关于真理标准问题大讨论的背景下，同济大学解放思想，恢复德语教学传统，促进学校综合发展的历史。通过该案例教学，使学生认识到解放思想是发展中国特色社会主义的一大法宝，党和政府要更好地为人民服务，学校要取得长足发展，在工作上就要不断解放思想，开拓创新。二是该案例强调了"实践是检验真理的唯一标准"的重要性，有助于学生了解党的实事求是思想路线重新确立的历史背景，进而体会真正贯彻实事求是路线的重要性。三是通过该教学案例的运用，达到了结合教学内容向学生宣传党的指导思想和党的路线、方针、政策的目的。四是该教学案例的使用契合了当前的党史教育。

实施该教学案例需要改进之处：目前的案例分析与运用在课堂上仍以教师讲授为主，教学方式比较单一，教学内容还不够丰富。改进思路：可以适当拓展，向学生讲清楚关于真理标准问题大讨论的重大政治意义和深远历史意义，使学生更深刻地体会到坚持党的正确思想路线的重要性；可以组织学生观看反映关于真理标准问题大讨论的相关视频，使其更加立体、深刻地了解党的思想路线重新确立的历史过程。

案例三
深化改革 加快步伐 ①

👉 案例描述

1992 年初，邓小平视察武汉、深圳、珠海、上海等地，针对当时还严重存在的"左"的思想发表了极为重要的讲话。这番讲话引发了人们思想观念的又一次大解放。2 月 28 日，中共中央将邓小平南方谈话作为中央文件发向全党，立即在党内外、国内外引起了强烈的反响和巨大的震动。在这样的形势下，同济大学加快了改革的步伐。

1991 年底，国家计委、国家教委和财政部联合提出"211 工程"建设计划。1993 年，中共中央、国务院在《中国教育改革和发展纲要》中决定实施"211 工程"建设项目，即面向 21 世纪重点建设 100 所左右的高等学校和一批重点学科。1993 年 7 月，国家教委发布了《关于重点建设一批高等学校和重点学科的若干意见》。1995 年，经国务院批准，国家计委、国家教委和财政部发布了《"211 工程"总体建设规划》，并设专项资金实施"211 工程"建设。

---

① 对应课程：毛泽东思想和中国特色社会主义理论体系概论；对应章节：第五章第一节。

当时，同济大学处境严峻。1992 年 7 月，学校决定"全力争取早日进入'211 工程'，把同济大学办成一流名牌大学"。随之，学校做了动员和部署。1993 年 3 月初，学校成立"211 工程"工作领导小组，副校长吴启迪任组长。5 月 11 日，校党委书记王建云在校电视台做动员。很快，早日"进入'211 工程'，把同济大学办成国内一流、国际著名大学"成了广大师生谈论的话题，成了全校上下决心为之奋斗的共同目标。

1993 年 8 月 30 日至 9 月 1 日，学校在常熟召开同济大学改革与发展研讨会，拟定了《同济大学进入"211 工程"改革与发展规划纲要》。此后，学校成立了由 100 多位专家教授组成的专家咨询委员会，多次召开中层干部会和专题研讨会，1995 年 9 月形成了《同济大学"211 工程"整体建设规划》和《同济大学重点学科及学科建设规划》。

当时同济大学"211 工程"整体建设目标：到 2010 年，把同济大学建设成为一所以工科为主、理工结合、兼有经济管理和人文社会学科的社会主义大学，综合实力和整体水平居全国重点大学前列，优势学科达到世界一流水平，成为高层次人才培养、高水平科学研究和高科技成果转化的重要基地，特别是在土木建筑学科领域具有领先优势，并享有更高的声誉。为实现此目标，分两步走：第一步，从 1995 年到 2000 年，集中主要精力发展人才培养规模，深化管理体制和运行机制的改革；以巩固基础、提高质量和效益为主攻方向，建设和发展一批重点学科、学科群和先进的科研教学基地；调整师资结构，使一批优秀中青年学术带头人在国内外学术界享有盛誉，使学校得到持续、快速、协调的发展，教育质量、科研水平、管理水平及综合实力处于国内重点大学前列。第二步，从 2001 年到 2010 年，加快建设步伐，集局部优势为整体优势，使研究生与全日制学生总数的比例及博士生与硕士生的比例均达到 1：3，成为高层次人才培养、高水平科学研究和高科技成果转化的重要基地；优势学科达到世界一流水平，土木建筑学科领域享有更高的国际声誉。

学校自决定争取进入"211 工程"之日起，就朝着确定的目标，以崭新的面貌开展各项工作。

☞ 思考讨论题

1. 结合案例谈谈邓小平南方谈话提出了哪些重要论断。

2. 结合所学知识谈谈邓小平是如何概括社会主义本质的。

3. 联系案例和所学知识谈谈为什么我国社会主义初级阶段具有长期性，以及社会主义初级阶段理论对我国现代化建设有何意义。

案例解析

1992 年初，同济大学在邓小平南方谈话的指导下加快了改革步伐，步履不停地改革规划，争取早日进入"211 工程"。邓小平南方谈话主要阐释了社会主义本质问题。他指出，现实社会主义的实践说明，如果没有生产力的高度发展和巨大增长，单纯依靠改变生产关系是不能体现社会主义本质的。正是基于这一认识，邓小平首先从否定的角度明确指出过去所坚持的许多认识和一些流行的观点不属于社会主义的内涵，从而明确阐述了什么不是社会主义，以此为基础，再来揭示社会主义的本质。同时，邓小平通过对社会主义根本任务和根本原则的把握，逐渐揭示社会主义的本质。最终，邓小平在南方谈话中提出了社会主义的本质："社会主义的本质，是解放生产力，发展生产力，消灭剥削，消除两极分化，最终达到共同富裕。"

邓小平在新的历史条件下，通过对中国和世界社会主义发展中实践经验教训的总结，从成熟社会主义和现实社会主义、全过程社会主义与初级阶段的社会主义、什么是社会主义与怎样建设社会主义等方面统一的角度，对社会主义本质做了新的概括，从而发展和创新了马克思恩格斯关于社会主义本质问题的理论。

邓小平关于社会主义本质的概括，既包括了社会主义社会的生产力问题，又包括了以社会主义生产关系为基础的社会关系问题，是一个有机的整体。

首先，突出强调解放和发展生产力在社会主义发展中的重要地位。这是社会主义本质理论的一个十分明显和突出的特点。一是突出强调解放和发展生产力在社会主义发展中的重要地位，是邓小平在科学社会主义理论与社会主义建设实践内在统一的基础上认识社会主义的一个创造。二是突出强调解放和发展生产力在社会主义发展中的重要地位，是邓小平以唯物史观为指导，在认真总结社会主义建设的历史经验，科学把握我国国情和时代特征的基础上提炼出来的。三是邓小平强调解放和发展生产力，纠正了忽视生产力发展的错误观念，反映了我国社会主义初级阶段发展生产力的迫切要求，明确了社会主义基本制度建立后还要通过改革进一步解放生产力的任务。

其次，突出强调消灭剥削，消除两极分化，最终达到共同富裕的发展目标，并从生产力和生产关系两个方面阐明了实现这个目标的途径。它的具体含义包括：一是强调实现共同富裕是社会主义的根本目标。社会主义社会发展生产力与资本主义社会发展生产力的目的根本不同。马克思主义认为，共产主义的最终目的是实现人的自由而全面的发展。邓小平社会主义本质论认为，中国原来是经济十分落后的国家，至今还处于并将长期处于社会主义初级阶段，不可能比较快地创造出实现人的自由而全面发展的条件。邓小平从中国的具体国情出发，把实现共同富裕作为社会主义的根本目标，体现了马克思主义同当代中国实际的结合。实现共同富裕，是走向人的自由而全面发展所必经的阶段。二是强调消灭剥削，消除两极分化，是实现共同富裕的手段。解放和发展生产力，要体现在人民生活的"富裕"上。要实现共同富裕，除了要解决如何解放和发展生产力，不断增加社会物质财富的问题外，从生产关系方面来说，还有一个消灭剥削，消除两极分化，使社会生产力发展的成果为全体人民所享有的问题。而这又是在存在和坚持社会主义公有制和按劳分配为主体的条件下才能实现。消灭剥削，消除两极分化，则是要使这种富裕成为"共同富裕"。因此，邓小平一再强调，一个公有制占主体，一个共同富裕，这是我们必须坚持的社会主义的根本原则。邓小平特别强调："社会主义与资本主义不同的特点就是共同富裕，不搞两极分化。"

社会主义初级阶段理论指导同济大学有规划、根据自身实际情况进行发展改革，加入"211工程"。正确认识我国社会主义所处的历史阶段，以及我们党制定正确的路线、方针、政策原则，也是同济大学制定发展规划的基础和前提。1987年，邓小平在党的十三大上提出了社会主义初级阶段的重大论断，实现了党对社会主义和中国国情认识上的一次飞跃。改革开放以来，我们党从中国处于社会主义初级阶段的基本国情出发，制定了一系列正确的路线、方针、政策，领导全国人民艰苦奋斗，取得了举世瞩目的发展成就。那么，在改革开放40多年后的今天，我们应如何正确判断中国发展的历史坐标？

正确把握这一历史起点，要特别注意"纵向看"和"横向比"的问题。所谓"纵向看"，是指中国改革开放40多年来所奠定的纵向历史起点。所谓"横向比"，即是世界工业化多年来所标示出的横向历史坐标。从中国改革开放40多年来所奠定的纵向历史起点看，我国经济社会发展目前正进入中华人民共和国成立以来最好、最重要的战略机遇期和黄金发展期。从世界工业化多年来所标示的横向历史坐标看，必须清醒地看到我国经济发展的国际坐标位，即仍处于世界工业化的中早期阶段。

"中国速度"背后存在的种种隐忧、资源环境方面暴露的严重问题以及一系列有待解决的社会矛盾的凸显，无疑暴露了中国发展的另一个侧面。客观地说，多年前我们党对我国社会主义所处历史阶段的定位直至今日仍然适用。从时间坐标看，我国仍处于并将长期处于社会主义初级阶段；从空间坐标看，我国在世界上仍然是一个发展中国家。这就是当前我国的基本国情。今天要想回答和解决建设中国特色社会主义的一系列重大问题，不能脱离初级阶段这个最大的实际。

新世纪新阶段，我国的发展站在了新的历史起点上，机遇前所未有，挑战前所未有。"黄金发展期"和"矛盾凸显期"同时并存的新形势、新情况，对党的执政能力是一个新的考验。在这样的背景下，我们决不能掉以轻心，必须对中国特色社会主义建设的长期性、紧迫性、复杂性、艰巨性有充分的思想准备。

我国将长期处于社会主义初级阶段是从实际出发总结经验教训得出的科学结论，而不是从一般原则、从社会主义社会发展一般进程得出的逻辑结论。

教学反思

该教学案例的实施效果较好：一是该教学案例介绍了同济大学在党的指导下改革规划、加入"211工程"的历程，通过该教学案例的运用，使学生了解了邓小平南方谈话是如何引领中国发展方向，推动中国发展的。二是该教学案例结合邓小平南方谈话进行分析，对我们抓住机遇，继往开来，拓宽中国特色社会主义视野具有重大的现实意义。三是通过该教学案例的运用，达到了结合教学内容向学生宣传党的指导思想和党的路线、方针、政策的目的。四是该教学案例体现了在社会主义初级阶段理论的指导下同济大学根据自身发展实际规划改革的过程，有助于学生了解社会主义初级阶段理论的形成和发展过程，进而体会我们党提出社会主义初级阶段理论的必要性和重要意义。五是该教学案例的使用契合了当前的党史教育。

实施该教学案例需要改进之处：目前的案例分析与运用在课堂上仍以教师讲授为主，在教学中对学生主体性的发挥有待提高。改进思路：可以组织学生观看邓小平南方谈话的相关影视剧、纪录片，从中了解邓小平南方谈话的历史背景、主要内容、重大意义；可以通过插播关于社会主义本质和社会主义初级阶段理论的文献资料，增强教学的真实性与实效性。

案例三
黄思勤——在深圳燃烧激情 ①

👉 案例描述

多年前，深圳还是一个边陲小渔村，人口不足 3 万人。从 1980 年开始，小渔村成为我国改革开放的排头兵，国内外投资者、创业者纷纷涌入，黄思勤就是这个大潮中的一员。

1962 年，黄思勤在同济大学工业与民用建筑专业毕业，被分配到北京一机部第八设计院，从此就把整个生命与设计事业捆绑到了一起。1979 年，黄思勤已担任该院副院长，负责全院生产技术工作。当时机械部各设计院的任务量不足，国务院又提出设计院要走社会化道路，形势有些逼人。正在寻找出路之际，黄思勤看到一条消息，国家拟对深圳、珠海、汕头、厦门实行开放政策，并报道了蛇口工业区的一位办公室主任，这个人 20 多岁，年轻有为，放手工作，还能自己开车，直接与客商洽谈商务，办事效率奇高。这样的信息如一股春风吹得黄思勤神清气爽，无限神往。

黄思勤和老院长商量了一下，决定到改革开放前沿阵地广东去考察一番，看看能不能在那里找到机会。1979 年底，他们先后到了广州珠海、汕头，听

---

① 对应课程：毛泽东思想和中国特色社会主义理论体系概论；对应章节：第五章第二节。

到、看到了许多新鲜事物，实在鼓舞人心，并认为设计院在深圳应该会有很多机会。他们原计划还要去深圳考察的，最终未能成行。

1980年2月，刚过完春节，黄思勤带了另一位同志来到深圳。黄思勤说："下了火车，第一感觉是到处破破烂烂，既不像城市，也不像农村。那个火车站，也是十分陈旧。从火车站出来，见到一条小小的建设路，沿马路一侧，盖了一排茅草棚，叫卖着许多小商小品，港人大包小包地从香港过来，倒是十分热闹。"

那时的深圳，没有高楼大厦，老街也是低低矮矮的小破房，大片土地长满了野草，一望无际。这些荒地上却有不少的推土机、挖土机，倒像是深圳改革开放的号角。黄思勤被这种气氛所感染，意识到这里正在热火朝天地搞建设，是民建专业人员理想的战场，是可以有大作为的，于是当即决定，组织6～7人小分队，在深圳驻扎了下来。

要在这块未开垦的处女地上建立特区，万事要从基础设施开始，设计工作理所当然要先行。当时深圳只有一个宝安设计室，包括勘察一共才28人，无法满足客观需要，而其他设计院尚在犹豫、观望。

就在这样的形势下，黄思勤遇到了一件意想不到的事。当时黄思勤带领的小分队借用了蛇口工业区深圳办事处，那里是住宿兼办公办事处，隔壁是新园招待所，两者相互连通。而新园招待所是当时深圳市领导的住宿和办公场地。有一天下午，当时深圳市罗副书记路过办事处，与黄思勤随便聊起来说，现在深圳的设计任务十分繁重，本地设计室不能胜任，而其他设计院还在观望。当时黄思勤不假思索地说："我们机械部有10多个设计院，设计人员6000多人，可以拉一批人过来，把你们的设计院带起来。"令黄思勤没有想到的是，第二天罗副书记又来了，他说："你的建议常委会上研究了，完全同意，争取下个月就开始工作。"这下让黄思勤慌了手脚，他当时只是随口说说而已，还没有向上级领导汇报。于是，他立即飞去北京，向机械部设计总院和有关领导汇报了深圳市领导的决定。经过认真研究，领导当即拍板表示对深圳的工作给予支持，这样也可以让自己的设计队伍得到很好的锻炼。于是，黄思勤从一机部各院抽调了60名设计人员来到深圳。由于机械部带了头，别的设计院也行动了，武汉钢铁设计院、七机部七院等也派了队伍来。就这样，在罗副书记的支持下，由黄思勤牵头，成立了深圳市联合设计公司。成立大会是在草地上临时搭起的草棚里举行的，"黄市长、罗副书记、建委主任、特区报总编等重量级人物都来了。第二天香港的《东方日报》《文汇报》《大公报》《天天日报》等都报道了深圳市联合设计公司成立的消息"。黄思勤说，深圳市联合设计公司是适应深圳发展而成立的，也称得上深圳发展史一个标志性事件。

深圳市联合设计公司成立后，首先承担了罗湖区和上步区（后改为福田区）37 平方公里起步区的规划和市政配套。由港商投资、卖给香港人的罗湖区的金城大厦、友谊大厦、德兴大厦、联成大厦等都是联合设计公司承担设计的。联合设计公司为深圳市的建设迈开了第一步，也带动了内陆许多设计院纷纷南下进驻深圳，使深圳市的设计市场空前活跃，形成了百舸争流的生动局面。

位于蔡屋围的深圳金融中心大厦，是全国最早以"金融中心"命名的建筑，也是当年深圳规模最大的建筑，面积 12.9 万平方米。1984 年，黄思勤率领的团队承接这个工程的时候只有 30 来名人员，从初步设计到出施工图纸等全过程只用了 3 个半月，可以说是创造了一个设计周期的深圳速度。对于当年的工作情景，黄思勤记忆犹新："工作条件很差，每人一块图板，没有电脑，没有空调，工程师们把床铺改装成上下两层，上层睡，下层放上图板，累了，困了，在上层睡会儿，醒了就下一层画图。在手臂上绑一条毛巾那是为了防止汗水弄湿图纸，就这样硬是把图纸用汽车拉去工地。在完成任务的那天，一个小伙子说，走路都踩不到点了，好像走在棉花上一样。"黄思勤感慨地说："改革开放让工程师焕发出了无法想象的巨大创造力。"

深圳市老火车站是 1929 年建的，规模小，建筑十分陈旧，每天只有十几对列车，不能适应改革开放的需要。深圳市和广深铁路公司决定原地重建，规模发展到每天 96 对列车，原有轨道要保留，火车站原有地下通道要保留，施工期间要保证火车正常通行。火车站是深圳市的门户、窗口，深圳市和广深铁路公司对火车站的改造寄予厚望，决定邀请三家实力比较雄厚的设计院进行设计招标，深圳建筑设计研究院也接到了邀请。已经担任院长的黄思勤认为这样的项目太具挑战性了，做好这样的项目不仅对队伍是一个很好的锻炼，能够提升设计院的整体水平，而且会产生很好的社会效益。于是，黄思勤进行全院总动员，要求人人都要为火车站设计出力，25 位建筑师人人都要做方案，别的专业都要为火车站做技术准备，汽车司机也参与做模型，炊事员也要为设计人员做消夜。"那个时候，每天都有 80 多人加班加点，经过多次调整、反复修改，画出了 3000 多张图纸，提前完成了三个方案。我们把三个模型放在会议室让全体职工参观评议。所有设计人员，甚至炊事员也感到十分得意，信心满满。"黄思勤说，"不久，特区报刊登了机械部深圳设计研究院中标方案，大家无比的兴奋。真是功夫不负有心人。"深圳火车站的设计，确实非常复杂，用地非常少，站前广场只有 25 米长，场地交通组织非常复杂，车站客流、宾馆客流、物流也非常繁杂，既要利用原有基础，又要把多种功能合理布置，确实是对建筑师们的严峻挑战；大跨度的候车室跨线布置，结构的课题也不少；大体量的候车室需要空调，在如何节约用电上，空调工作师利用电价分时计价的政策，大胆采用储冰系统等。后来，该项目获得了建设部科技进步奖，也极大地提升了机械部深圳设计研究院的技术水平。

1992 年，黄思勤院长任期已满，退出了领导岗位，他说："领导可以不当，但不能脱离建筑这个行业。同济大学已经把我培养成建筑行业的一员，大半辈子也一直在这个圈子里摸爬滚打，已经离不开这个行业了。"

黄思勤继续活跃在设计战线，四处招揽设计任务，还把设计市场扩展到广东惠州、浙江宁波、湖南长沙、贵州、河南等地，专业范围也从建筑设计扩展到城市规划设计。

黄思勤对母校怀着深深的感情。他说，在创业过程中，他一直得到了母校的支持和帮助，母校给设计院输送了一批批优秀的毕业生，还有许多德高望重的老师亲自出马帮助指导，其中有戴复东老师、朱锡金老师、王仲谷老师、赵居温老师、陆凤鸣老师等。黄思勤对母校和老师们的支持和帮助表示深切的敬意和感谢。

黄思勤十分热心校友工作，曾担任第二、第三届同济大学深圳校友会会长。他回忆起担任深圳校友会会长的情况："深圳市校友会第一届会长是黄世明，第二届会长是马怀龙。马怀龙是机电系的，他对校友会热情、积极、投入，活动能力又强，可惜不幸遭遇车祸身亡。在他的追悼会后，大家要我续任，我也不好推辞，只好担起来，后来又连任了第三届。当时，同济在深圳的校友，统计到的有 130 人。限于当时的条件，校友间联系不方便，搞一个校友通信录，费好大的劲，联系电话不断变化，硬是定不了稿。大家却是热情不减，盼望着校友们能够见见面。校友会理事们商定，一年组织一次活动，在特区报上刊登一条广告，大家都闻讯赶来，总有数百人到会。虽然是清茶一杯，但是大家热情很高，回忆在校时的情景，倾诉在深圳创业的乐趣和信心，憧憬事业的发展和追求。"

黄思勤也深情地回忆起自己担任会长期间得到母校多方关心："校领导多次来深圳，介绍母校发展壮大的情况，给我们极大的鼓舞，李国豪老校长多次来深圳和我们见面、座谈。大家深深地体会到，我们虽然离校已经多年，母校还总是牵挂着我们、关心着我们。"

从黄思勤的言谈来看，还没有脱离设计行业的打算。我们祝愿黄思勤身体健康，继续在设计行业中发挥作用，用母校传授给他的知识和智慧继续去追求自己的梦想。

——文／向雨航

👉 思考讨论题

1. 结合案例谈谈改革开放以来，我国经济、社会、生活等各个领域发生的变化，以及发生变化的原因。
2. 运用所学知识并结合实际谈谈对改革开放的认识。
3. 结合案例谈谈为什么改革开放是决定当代中国命运的关键抉择。

👉 案例解析

案例记述了同济大学优秀校友黄思勤选择深圳、建设深圳的人生经历，反映了改革开放40多年来深圳的发展变化，同时这也是我国改革开放40多年来社会发生巨变的一个缩影。40多年前，邓小平把中国引领上改革开放的伟大航程；40多年后，改革开放的英明抉择已经在中华大地上结出累累硕果。这场历史上从未有过的大改革大开放，极大地调动了亿万人民的积极性和创造性，使中国人民的面貌、社会主义中国的面貌、中国共产党的面貌发生了历史性变化。短短40多年里，中国经历了举世瞩目的历史大转折和事业大发展，由一个国民经济处于缓慢发展和停滞状态、农村2.5亿人生活在温饱线下的国家，变成了有强大市场活力的世界第二大经济体，国民经济持续快速健康发展，综合国力显著提升，国际影响力和民族凝聚力大大增强，社会政治稳定，人民生活总体上实现了由温饱到小康的历史性跨越。

第一，经济增长显著，经济实力大幅提升。第二，人民生活显著改善，生活水平明显提高。第三，与此同时，各项事业也都在不断进步。政治体制改革不断深化，各项政治制度取得重要进展；文化事业生机盎然，文化产业空前繁荣，国家文化软实力不断增强；覆盖城乡居民的社会保障体系初步形成，社会管理不断改进，社会大局保持稳定；面对资源环境约束加剧的严峻形势，确立了节约资源和保护环境的理念和基本国策，努力推进生态文明建设；国际地位不断提高，在国际事务中发挥着越来越重要的积极作用。改革开放使社会主义现代化进程大大加快，使中国人民走上了富裕安康的广阔道路，40多年的实践证明，改革开放是决定当代中国命运的关键抉择，是党和人民事业大踏步赶上时代潮流的重要法宝。

改革开放以来，我们取得一切成绩和进步的根本原因，归结起来就是开辟了中国特色社会主义道路，形成了中国特色社会主义理论体系。

改革开放是一场新的伟大革命，是社会主义制度的自我完善和发展。一是改革开放不是对原有经济体制的细枝末节的修补，而是对其进行根本性的变革。它要从根本上改变束缚我国生产力发展的经济体制，建立充满生机和活力的社会主义新经济体制，同时相应地改革政治体制和其他方面的体制。二是改革开放是一场新的伟大革命，但它不是一个阶级推翻另一个阶级意义上的革命，不是否定我们已经建立起来的社会主义基本制度，而是社会主义制度的自我完善和发展。三是改革开放是强国富民之路，社会进步之路，是体制创新之路，是政治昌明之路。我们党关于改革开放的理论已成为科学社会主义宝库的辉煌篇章。胡锦涛在党的十七大报告中强调："改革开放是决定当代中国命运的关键抉择，是发展中国特色社会主义、实现中华民族伟大复兴的必由之路；只有社会主义才能救中国，只有改革开放才能发展中国、发展社会主义、发展马克思主义。"40年多后的今天，我们依然要坚持改革开放。党的十八大报告强调："必须坚持推进改革开放。改革开放是坚持和发展中国特色社会主义的必由之路。要始终把改革创新精神贯彻到治国理政各个环节，坚持社会主义市场经济的改革方向，坚持对外开放的基本国策，不断推进理论创新、制度创新、科技创新、文化创新以及其他各方面创新，不断推进我国社会主义制度的自我完善和发展。"

2012年12月31日，习近平在中共中央政治局第二次集体学习时，从五个方面对改革开放做了进一步的阐述：一是改革开放是一场深刻革命，必须坚持正确方向，沿着正确道路推进。二是改革开放是前无古人的崭新事业，必须坚持正确的方法论，在不断实践探索中推进。三是改革开放是一个系统工程，必须坚持全面改革，在各项改革协同配合中推进。四是稳定是改革发展的前提，必须坚持改革、发展、稳定的统一。五是改革开放是亿万人民自己的事业，必须坚持尊重人民首创精神，坚持在党的领导下推进。

习近平特别强调，改革开放只有进行时没有完成时。没有改革开放，就没有中国的今天，也就没有中国的明天。改革开放是一项长期的、艰巨的、繁重的事业，必须一代又一代接力干下去，必须坚持社会主义市场经济的改革方向，坚持对外开放的基本国策，以更大的政治勇气和智慧，不失时机深化重要领域改革，朝着党的十八大指引的改革开放方向前进。

改革开放是发展中国特色社会主义的必由之路，是决定当代中国命运的关键抉择。1978年，党的十一届三中全会以巨大的政治勇气和理论勇气做出了把工作重心转移到经济建设上来，实行改革开放的重大决策。改革开放前，我国政治局面处于混乱状态，经济停滞不前甚至处于濒临崩溃边缘，人民饱受物资短缺之苦，生活长期得不到应有的改善。而世界范围内蓬勃兴起的新科技革命推动世界经济以更快的速度向前发展，我国经济实力、科技实力与国际先进水平的差距明显拉大。1978年，中国内地人均国民生产总值低于印度，只有日本的1/20、美国的1/30，科技发展水平落后于发达国家40年左右。与韩国、新加坡、中国的香港和台湾等一些新兴工业化国家和地区也有很大的差距。乱久思治，穷则思变，巨大的国际竞争压力也使党和人民产生了强烈的危机感和奋起直追的紧迫感。要赶上时代，实现我国经济社会快速发展，提高人民生活水平，在与资本主义竞争中赢得比较优势，改革是唯一的出路。党在科学分析国内国际发展的大趋势，准确把握时代主题和人民愿望的基础上，开启了改革开放的历史新时期。从那时起，改革开放成为当代中国最鲜明的特色。40多年来，党领导全国各族人民以一往无前的进取精神和波澜壮阔的创新实践，谱写了中华民族自强不息、顽强奋进的新的壮丽史诗。从农村到城市、从经济领域到其他各个领域，全面改革的进程势不可当地展开了；从沿海到沿江沿边，从东部到中西部，对外开放的大门毅然决然地打开了。改革开放的伟大实践，使中国人民的面貌、社会主义中国的面貌、中国共产党的面貌发生了历史性变化。

教学反思

该教学案例的实施效果较好：一是改革开放是一个长期过程，通过该教学案例的运用，能够使学生深切感受40多年改革开放为国民经济、社会生活带来的显著变化。二是案例分析部分通过分析同济大学著名校友黄思勤同志选择深圳、建设深圳的人生经历，透视改革开放40多年来深圳的发展变化，揭示改革开放40多年来中国经济社会取得的巨大发展成就，有助于引导学生认识中国实行改革开放的必要性，认识改革开放是决定当代中国命运的关键抉择，是发展中国特色社会主义、实现中华民族伟大复兴的必由之路。三是通过该教学案例的运用，达到了结合教学内容向学生宣传党的指导思想和党的路线、方针、政策的目的。四是该教学案例的使用契合了当前的党史教育。

实施该教学案例需要改进之处：目前的案例分析与运用在课堂上仍以教师讲授为主，教学方式比较单一。改进思路：改革开放在取得巨大成就的同时，也存在一些需要解决的问题，教师在教学中应引导学生实事求是地、从主流和积极方面来分析问题，同时可以为学生播放一些反映我国改革开放40多年来伟大成就的音像资料，如《复兴之路》等，也可以为学生介绍一些当今世界其他国家改革开放的举措和成就。

案例四
洪海灵——与深圳同行 [1]

案例描述

1978年春天，洪海灵从粤东山区一个偏远的农场以知青的身份进入同济大学城市规划专业学习，1982年毕业后分配到深圳这个中国改革开放的先锋城市，亲身经历了特区建设的风风雨雨，见证了特区日新月异的成就。

1982年1月，洪海灵接到赴香港招商局蛇口工业区报到的通知。蛇口工业区是1979年国务院批准的我国改革开放最早的试验区，但在当时几乎没人能说清楚这个"广东省深圳特区香港招商局蛇口工业区"是干什么的。1982年初的蛇口只是一个小渔村，比洪海灵想象的还荒凉：一望无际的荒滩林带、

---

[1] 对应课程：毛泽东思想和中国特色社会主义理论体系概论；对应章节：第五章第三节。

并不富饶的田地、灰蓝色的大海，与30公里外的"深圳市区"（现在的罗湖）每天只有两班长途汽车联系。有一次洪海灵到深圳办事，错过了班车，只好借住在同学吴时杰所在航天部深圳设计院单位的工棚里。

当时的蛇口工业区在从当地渔村征用的几栋两层小楼里成立了三大室（总工程师室、办公室、总会计师室）以及房地产公司和港务公司等。管理和专业技术人员来自香港和全国各地，包括一批1977级刚毕业的学生。洪海灵被分配到当时只有十几名职工的蛇口工业区房地产公司工作，也就是今天著名的上市公司——招商地产的前身。

洪海灵到蛇口的第一项工作是参与第三版《蛇口工业区总体规划》的修订与编制。项目组由6人组成，洪海灵是唯一的规划专业技术人员。由于蛇口工业区初期只是一个出口加工区，第一、第二版规划只有港口、工业厂房和宿舍的平面布局，城市配套设施考虑不多，用地面积也不足1平方公里。1982年1月，深圳市政府给蛇口工业区增加划拨2.14平方公里土地，之后即开始第三版总体规划的编制工作，蛇口从此成为一个具有综合城市功能的小镇。

从事蛇口工业区规划与在学校所学有很大差异。首先，进入工业区的企业、人口规模没有模型可推测，规划必须适应经济高速增长与市场千变万化的特点。其次，当时的蛇口是特区中的"特区"，有很大的自主权力，规划建设可自行审批，运作效率非常高，一张图纸很快会变成现实，因此容不得半点虚假和差错。洪海灵不得不努力学习其他知识，在当一个合格规划师的同时，力争成为能解决其他相关专业一般问题的工程师，甚至负责施工现场的管理工作。

新兴的社会主义市场经济浪潮对计划经济体制产生了强烈冲击，为使管理人员接受新的体制和观念，蛇口工业区成立了企业管理干部培训班。1983年底，洪海灵报考蛇口工业区企业管理干部第三期培训班，脱产进修学习了一年，这次进修培训是他继大学后又一次重要的经历。

1984年底，广东省委、省政府正式批准成立蛇口区管理局，仅设置了三个办公室：行政办、市政办、经贸办。洪海灵被任命为蛇口区管理局市政办公室的负责人，行使蛇口区建委的管理职能，直至1990年调离。在此期间，他主持了《蛇口镇经济发展规划》编制工作，组织编制了《蛇口镇总体规划》（具体编制工作委托中国城市规划设计研究院完成）。

由于蛇口规模适中，规划和管理层次少，各项规划的编制甚至规划实施基本是同一套人马，规划修编及时，紧扣经济社会发展需求，因此"条条"与

"块块"协调好，规划极具可实施性，实施效果也好。现在看来，当年的蛇口模式与现在新加坡裕廊工业区管理局有些相似。

1990年，洪海灵奉调进入深圳市政府，先后在市、区规划、建设管理和住宅开发部门工作。在这期间，他曾多次到欧美、日本等地区和国家考察。1996年，入选首批深圳市高级人才培训计划，被公派到国外进修，重点学习国外城市基础设施建设经验和城市政府基础建设的运作体制。这些国家和城市在发展过程中的经验和教训使洪海灵深受教育和启发。

1998年，洪海灵在南山区建设局局长任内组织了"深圳市南山中心区核心地段城市设计"招标工作。基于布里斯班与深圳是友好城市，且前者在城市规划实践方面也有许多成功的经验，他主动邀请布里斯班市政府组织专家前来投标。经专家投票，布里斯班城市综合设计院方案获选，这一方案在56公顷用地的核心地带规划了一个办公、酒店、商业、文化娱乐等多功能混合的紧凑区域，并有方便的步行道路和广场连接所有建筑，人车完全分流，为公共汽车、轨道交通的衔接预留了空间。紧贴核心的是高密度居住区及其配套设施，与核心区的功能形成互补。多年后的今天，该区域已经基本形成。由于它功能多样、规模合理、布局紧凑、交通方便并有很好的步行条件，该区域已经成为深圳市最富有魅力的中心之一。

1998年10月，洪海灵调任深圳市住宅局副局长，他在任期内组织了大型公共住宅区彩田村的规划设计方案修改及施工建设，该项目在2004年的大众住宅国际研讨会上被评为"中国大众住宅范例"。

2004年，深圳城市规划国土建设体制改革，洪海灵就任新成立的深圳市规划局副局长，分管全市建设用地。为摸清家底，2005年组织了题为《深圳城市建设用地现状调查与建设用地清理》的系列研究，此研究为制定用地政策、修编总体规划奠定了基础。

深圳在特定条件下快速城市化的过程中，有经验，也有教训。近年来，深圳致力于土地管理的规范化，努力提高土地使用效率，给被征地的农民按人口户数划定建设用地范围，制定工业、物流产业的用地标准，还编制了建设项目的年度用地计划。这些用地管理措施在一定时期内为保障产业发展、实现节约土地、抑制空间快速膨胀起到了一定的作用。从长远看，要实现土地资源的有效配置，应该尽可能通过市场的手段，而在产权不清的条件下，市场运作成本是很高的。

回顾26年的特区工作历程，洪海灵庆幸自己选择了城市规划专业，又赶上了改革开放和城市化高速发展的好时代。他珍惜规划师这个美好的职业，让他有机会为社会效力，实现自己的抱负。

洪海灵特别感谢母校教授给他专业技能，赋予他毫不松懈、不断进取的专业精神，使他能与深圳特区这个卓越的建设进程同行，也衷心感谢同济大学的校友们一路互相扶持、互相勉励，共塑人生的成长，共铸事业的辉煌。

——文字整理 / 韩靓

👉 思考讨论题

1. 联系案例谈谈经济特区在我国改革开放中的作用。

2. 结合实际谈谈深圳等经济特区取得巨大成就的根本原因是什么，从中可以得出什么启示。

3. 结合案例谈谈如何评价邓小平。

👉 案例解析

案例描绘了同济大学校友洪海灵在深圳经济特区扎根、奋斗的人生历程。作为经济特区的深圳，有许多发展机会，洪海灵抓住发展机遇，既在深圳实现了自己的人生价值，又凭借自己在同济大学所学的扎实专业知识促进了深圳的城市建设和城市发展，与深圳同行。

党中央、国务院在 1980 年 8 月批准设置深圳、珠海、汕头、厦门 4 个经济特区，并于 1984 年决定在 14 个沿海开放城市设立经济技术开发区。1988 年 4 月，又批准成立了海南经济特区。1990 年 4 月，决定进一步开发、开放上海浦东新区。总的看来，各个经济特区都取得了巨大成就，面貌发生了显著变化，在改革开放和现代化建设中发挥了重要作用。

深圳是我国最早成立的经济特区之一，各个方面都取得了举世瞩目的伟大成就，创造了世界工业化、城市化、现代化史上的罕见奇迹。深圳创造的物质财富、精神财富以及对全国做出的贡献，都是巨大的、惊人的。深圳经济特区不仅迅速地改变了自身面貌，而且充分发挥了辐射带动和示范作用，为全国改革开放和现代化建设积累了宝贵经验，为探索中国特色社会主义道路做出了重要贡献。

一是在体制改革中发挥了"试验田"作用。在计划、投融资、流通、劳动工资、土地管理、财税、金融和政府自身改革等各方面体制改革中，深圳走在前面，为全国推进改革提供了有益的经验和借鉴。二是在对外开放中发挥了重要的"窗口"作用。深圳利用毗邻香港的区位优势，积极吸收和利用外商投资，引进先进的技术和管理经验，发展加工贸易和中外合资合作及外商独资企业，成为我国对外开放、走向世界的重要窗口。三是在现代化建设中发挥了"示范区"作用。深圳坚持服务全国大局，发挥资金、技术、人才、信息、管理等方面的优势，大力开展与各地区的经济技术交流和合作，辐射和带动了内陆经济发展。四是对香港、澳门的顺利回归并保持繁荣稳定发挥了重要的促进作用。多年来，深圳、香港经济合作日益紧密，形成了经济互补、相互促进、共同发展的格局。深圳为香港、澳门的顺利回归和经济稳定发展做出了积极的贡献。

深圳的建设成就充分证明，改革开放是强国之路。开办和建设经济特区，是我们党把马克思主义基本原理与中国具体实际相结合的一次伟大创举和成功尝试。改革开放始终是特区的立身之本和发展动力。通过广泛吸收和借鉴发达国家在经营模式、管理方法等方面的经验，深圳实现了快速发展，在全国率先基本实现了现代化。深圳经济特区的成功实践，是我国改革开放以来实现历史性变革和取得伟大成就的一个精彩缩影，是中国特色社会主义具有强大生命力的生动反映。

深圳等经济特区取得巨大成就的重要原因是坚持改革开放，改革开放是党在新的时代条件下带领全国各族人民进行的新的伟大革命，是社会主义制度的自我完善和发展。事实证明，改革开放是决定当代中国命运的关键抉择，是党和人民事业大踏步赶上时代的重要法宝。

邓小平总结了明、清两朝长期闭关自守，把中国搞得贫穷落后、愚昧无知的教训，多次强调搞"四个现代化"，不开放不行。20世纪70年代，邓小平频繁出访，通过对发达国家日新月异的科学技术的切身感受，策划我国的对外开放政策。1979年4月，邓小平在听取广东省委汇报时，认为给广东某些特殊政策是个好主意，对外开放要找一个突破口，办好试验场。总要有人迈出第一步，才能开拓新路。当人们纷纷议论取个什么名称时，有的主张叫出口加工区，他脱口而出："就叫特区吧！过去陕甘宁边区就是特区嘛。"不久，深圳、珠海、厦门、汕头4个经济特区相继建立起来。邓小平满怀激情地鼓励特区："中央没有钱，可以给政策，从这里'杀出一条血路来'！"实践证明，经济特区在吸引外资、侨资，借鉴国外先进技术和管理经验，增加出口创汇等方面给全国做出了示范，产生了巨大的影响。正如邓小平后来所说："特区是个窗口，是技术的窗口，管理的窗口，知识的窗口，也是对外政策的窗口。"这个窗口的成功建立，在国内建设起了对外开放的决心和信心，使国外透过特区看到了中国发展的机遇和前景，对外开放迈开了可喜的一步。

1984年1月22日至2月17日，邓小平先后到深圳、珠海、厦门经济特区和上海考察，亲眼看到这几个对外开放的重点地区发展势头强劲，一派繁荣景象，心中十分高兴。同时，他也听到了一些议论，有人对特区前进中存在的问题加以责难，甚至把特区比作中华人民共和国成立之前的"租界"，还有人到深圳参观后说"出生入死几十年，一夜回到解放前"。邓小平回到北京后约了中央有关负责同志交谈，开门见山地提出："建立经济特区，实行改革开放政策，有个指导思想要明确，就是不是收，而是放。"他还说："可以考虑再开放几个港口城市，如大连、青岛。这些地方不叫特区，但可以实行特区的某些政策。我们还要开发海南岛，如果能把海南岛的经济迅速发展起来，那就是很大的胜利。"当年3月至4月，中央召开了沿海部分城市工作座谈会，着重研究港口城市开放问题。5月，中共中央、国务院批转《沿海部分城市座谈会纪要》，正式确定大连、秦皇岛、天津、烟台、青岛、连云港、南通、上海、宁波、温州、福州、广州、湛江、北海14个港口城市对外开放。1985年1月，中央召开长江三角洲、珠江三角洲、闽南三角地区座谈会，2月正式批准上述三个地区划为沿海经济开放区。随后，中央又相继开放内陆和沿边地区的城市，形成了多层次、全方位、点面结合的对外开放格局，有力推动了我国社会主义现代化建设。

改革开放是一场深刻的革命，前进的道路上不可能一帆风顺。1989年，国内发生了政治风波，国际上西方国家联手对华实施"制裁"，内有分歧，外有压力，中国的改革开放面临着复杂形势和严峻考验。有些人对改革开放政策产生了动摇。这是一个危险的倾向，如不及时纠正，十年改革开放的成果就可能付诸东流。邓小平在危急关头力挽狂澜，斩钉截铁地说："改革开放政策不变，几十年不变，一直要讲下去。国际和国内都很关心这个问题。要继续贯彻执行十一届三中全会以来的路线、方针、政策，连语言都不变。十三大政治报告是经党的代表大会通过的，一个字都不能动。"

改革开放是中国前所未有的壮举，既没有现成的模式可供选择，也无成功经验可供借鉴，只能"摸着石头过河"。正因如此，邓小平特别注重深入实际，调查研究，从群众中寻找灵感，在调研中发现问题、解决问题。他在

1978～1993 年，外出调研 18 次。从北国雪原到南疆热土，从东海之滨到新疆广袤土地，都留下了邓小平的足迹，许多重要决策是先后在多个省市调研中形成或提出的。在这一系列调研中，1992 年南方谈话达到了高潮。

1992 年 1 月 18 日至 2 月 21 日，邓小平不顾 88 岁高龄且疾病在身，以高度的政治责任感，先后到武昌、深圳、珠海、上海等地考察，35 天里行程 6 000 多公里，边走边讲，发表了一系列影响深远的谈话。针对苏东剧变后的复杂形势引起了一些人对马克思主义、社会主义信念的动摇，他指出："不要惊慌失措，不要认为马克思主义就消失了，没用了，失败了，哪有这回事！""我坚信，世界上赞成马克思主义的人会多起来的，因为马克思主义是科学。"这是致力于从根本上支持改革开放，因为改革开放是社会主义的自我完善，如果马克思主义、社会主义的信念动摇了，还谈何改革开放？坚信马克思主义正是为坚持改革开放奠定政治基础。

邓小平南方谈话的侧重点还是坚持改革开放不动摇，以不容置疑的语言告诫人们："要坚持党的十一届三中全会以来的路线、方针、政策，关键是坚持'一个中心、两个基本点'。不坚持社会主义，不改革开放，不发展经济，不改善人民生活，只能是死路一条。基本路线要管一百年，动摇不得。只有坚持这条路线，人民才会相信你，拥护你。谁要改变三中全会以来的路线、方针、政策，老百姓不答应，谁就会被打倒。"他在这次谈话中使用了"死路一条""会被打倒"等严厉语汇，过去是不多见的，急切之情溢于言表。邓小平深知改革开放的阻力和部分人对经济特区的责难，其中要害是姓"资"还是姓"社"的问题。他作为经济特区的倡导者，理直气壮地指出："特区姓'社'不姓'资'。""右可以葬送社会主义，'左'也可以葬送社会主义。中国要警惕右，但主要是防止'左'。"这就回答了多年来关于右和"左"哪个是主要危险的争议，批驳了"'左'比右好"的谬论，使人们的思想再一次得到解放，为坚持改革开放消除了思想障碍。

当前，面对新形势新任务，我们必须在新的历史起点上继续坚持全面深化改革和对外开放。全面深化改革的总目标是完善和发展中国特色社会主义制度，推进国家治理体系和治理能力现代化。全面深化改革必须坚持正确方向，正确处理若干重大关系。开放和改革密不可分，相辅相成。对外开放是必须长期坚持的基本国策，要坚持独立自主的原则，实施互利共赢的战略，全面提高对外开放水平，努力建设社会主义现代化强国。

邓小平同志是全党全军全国各族人民公认的享有崇高威望的卓越领导人，

伟大的马克思主义者,伟大的无产阶级革命家、政治家、军事家、外交家,久经考验的共产主义战士,中国社会主义改革开放和现代化建设的总设计师,中国特色社会主义道路的开创者,邓小平理论的主要创立者。

邓小平同志开创了中国特色社会主义,第一次比较系统地初步回答了在中国这样经济文化比较落后的国家如何建设社会主义、如何巩固和发展社会主义的一系列基本问题,用新的思想观点继承和发展了马克思主义,开拓了马克思主义新境界,把对社会主义的认识提高到新的科学水平。

教学反思

该教学案例的实施效果较好:一是设立经济特区是我国推进改革开放的重要手段,通过该教学案例的运用,有助于处于非经济特区的学生感受以深圳为代表的经济特区在改革开放 40 多年的发展中城市建设、人民生活所发生的巨大改变。二是案例分析部分通过分析同济大学著名校友洪海灵同志选择深圳、建设深圳的人生经历,揭示了以深圳为代表的经济特区取得巨大发展成就的原因,有助于启发学生思考以深圳为代表的经济特区的发展能够为我们今天的经济发展和社会建设提供哪些经验借鉴。三是该案例通过介绍以深圳为代表的经济特区的发展成就,体现了我国坚持改革开放的必要性和重要意义,有助于引导学生正确认识和评价邓小平。四是通过该教学案例的运用,达到了结合教学内容向学生宣传党的指导思想和党的路线、方针、政策的目的。五是该教学案例的使用契合了当前的党史教育。

实施该教学案例需要改进之处:目前的案例分析与运用在课堂上仍以教师讲授为主,教学方式比较单一。改进思路:可以在课前组织学生收集有关经济特区的视频并观看,使其了解特区设立前后的变化,领会经济特区在对外开放中的窗口作用、引领作用,更进一步理解"对外开放是中国的基本国策";可以在课堂上组织学生观看《历史转折中的邓小平》,使其了解邓小平、了解我国改革开放的背景及全过程。

第六章

"三个代表"重要思想

案例一

抓住两个鲜明主题——论实现全面小康与 "三个代表"重要思想的内在统一 ①

案例描述

　　全面贯彻"三个代表"重要思想和全面建设小康社会，是党的十六大的两个鲜明主题。把"三个代表"重要思想确立为党必须长期坚持的指导思想，是我们党指导思想的又一次与时俱进；把全面建设小康社会作为奋斗目标，是党领导人民进行社会主义现代化建设的又一次历史性跨越。这两个主题相互联系、内在统一，使党的指导思想在社会主义现代化建设的本质上得到了充分和集中的体现。

　　1. 实现全面小康体现了以"三个代表"为指导思想的新的发展观

　　党的十六大提出了全面建设小康社会的宏伟奋斗目标。它标志着我们党在"三个代表"重要思想指导下，形成了中国经济社会新的发展观。这一新的发

---

　① 对应课程：毛泽东思想和中国特色社会主义理论体系概论；对应章节：第六章第一节。

展观具体体现在以下三个方面：

第一，把提高人民生活水平作为根本出发点和落脚点，从而进一步明确了经济发展的目的，这是新发展观的核心内容。中国共产党要始终代表中国最广大人民的根本利益，就是党的理论、路线、纲领、方针、政策和各项工作必须坚持把人民的根本利益作为出发点和归宿。而最广大人民根本利益最直接的体现就是生活水平的不断提高。因此，在经济发展的指导思想上，就要把提高人民生活水平作为经济发展的根本出发点。坚持经济发展的这一原则，就要使人民生活水平提高的速度与经济发展的速度相协调，经济发展的最终成果要由人民生活水平的提高来体现和反映，从而使经济发展与党始终代表人民的根本利益紧紧地联系在一起。

第二，把发展作为党执政兴国的第一要务，从而进一步明确了经济发展是我们党一切工作的主题，这是新发展观体现的一个重要思想。这一思想把发展提升到党为什么要执政、如何执政兴国的高度来认识。发展是党在新的历史时期的主题，这一主题贯穿于"三个代表"重要思想的全部。抓住这一主题，就能够把党的先进性和发挥社会主义制度的优越性，落实到发展先进生产力、发展先进文化、实现最广大人民的根本利益上来，就能够从根本上把握住人民的愿望，把握住社会主义现代化建设的本质，使"三个代表"重要思想不断得到落实，使强国富民的要求不断得到实现。

第三，把创新作为发展的源泉，从而进一步明确了经济发展的动力，这是新发展观的一个重要特点。要实现经济的持续发展，必须解决好两方面问题：一是生产力发展自身的问题；二是经济发展的社会条件，即生产关系和上层建筑的问题。科学技术是第一生产力，是先进生产力的集中体现和主要标志。因此，解决好生产力自身发展的问题，就是要不断地实现科技进步。通过科技创新来推动生产力的发展，是现代经济发展的基本特征。只有在科学技术不断进步的基础上，经济发展才得以持续，才有强大的后劲。经济发展又是同生产关系和上层建筑的不断完善密切联系在一起的，要使生产关系和上层建筑的各个方面充分体现先进生产力的发展要求，必须坚持改革开放，不断对不符合先进生产力发展要求的生产关系、经济体制和上层建筑进行变革，使经济发展始终具有强大的动力。科学的本质是创新，改革的实质是体制创新，理论发展的关键也是创新。坚持理论创新、科技创新、体制创新，就能使我国的经济发展不断实现新的跨越。

2. 实现全面小康体现了以"三个代表"为指导思想的新的发展目标

党的十六大以"三个代表"重要思想为指导，提出了全面建设小康社会的目标。这一新的发展目标，是"三个代表"重要思想在实现现代化建设第三步战略目标时必经的承上启下的发展阶段的集中体现。

首先，全面小康是与我国加快推进社会主义现代化建设新的发展阶段相联系而体现出的新的目标。从 21 世纪开始，我国将进入完善社会主义市场经济体制和扩大对外开放的关键阶段，在这一新阶段，党要始终代表先进生产力的发展要求、代表先进文化的前进方向、代表最广大人民的根本利益，归根结底是要实现中国社会的全面进步，使人民群众的生活水平得到全面的提高。全面小康体现了"三个代表"这一党的指导思想与具体奋斗目标的有机结合，使党的指导思想具体化为体现人民根本利益的具有实际内容的各项目标。新的发展阶段、新的指导思想、新的发展目标，这三者有机结合、内在统一，反映了我国最广大人民的共同意愿，体现了当今世界和中国发展的时代精神，显示了马克思主义科学理论的强大力量，使人们从全面建设小康社会这一新的发展目标中，对"三个代表"重要思想有了更实际、更深刻的理解。

其次，全面小康的目标以其综合性体现了以"三个代表"重要思想为指导的新的发展目标。全面建设小康社会的目标，是中国特色社会主义经济、政治、文化全面发展的目标，是与加快推进现代化相统一的目标。全面小康以人民生活水平和生活质量的全面提高为目标，不仅在经济上要使人民过上更加富足的生活，而且在政治上要使社会主义民主更加完善，社会主义法制更加完备，文化上要使全民族的思想道德素质、科学文化素质和健康素质明显提高，生活环境上要使生态良好、人与自然和谐共处。这一综合性的目标，是党始终坚持"三个代表"的具体体现。党始终坚持"三个代表"，就是要使人民的物质生活、政治生活、精神生活得到全面提高，人得到全面发展，社会实现全面进步。或者说，物质文明、政治文明、精神文明是建立在先进生产力和先进文化发展基础之上的，人民群众享受物质文明、政治文明、精神文明，则是人民根本利益的具体实现。因此，经济更加发展、民主更加健全、科教更加进步、文化更加繁荣、社会更加和谐、人民生活更加殷实这一全面建设小康社会目标的实现，也就是党实践"三个代表"重要思想的生动体现。

3. 实现全面小康体现了以"三个代表"为指导思想的新的发展思路

在新世纪新阶段，实现全面建设小康社会的目标，必须以"三个代表"重要思想为根本指针，全面拓展我们的发展视野，形成新的发展思路。

第一，要在科学判断和全面把握国际形势发展变化的基础上，为现代化建设营造和平的国际环境和良好的周边环境。中国的发展离不开世界，在经济全球化和科技进步迅速发展的 21 世纪，中国的发展与世界的关系将更加密切，必须抓住和用好这一重要战略机遇期。这就要求我们站在世界的高度、用世界的眼光来审视中国的发展，在日益激烈的综合国力竞争中牢牢把握并加快我国发展的主动权。以"三个代表"重要思想为指针，就是要使我们的发展思路与世界的发展趋势相吻合，使我们全面建设小康社会的目标与世界的发展相同步。

第二，要在科学判断和全面把握我国将长期处于社会主义初级阶段基本国情的基础上，为现代化建设汇聚强大的力量。在改革开放和现代化建设新的实践中，我国社会生活和社会结构发生了深刻变化。针对这一变化，在对建设中国特色社会主义的依靠力量的认识上，要有新的思路。坚持贯彻"三个代表"重要思想，必须始终把包括知识分子在内的工人阶级、广大农民作为推动我国先进生产力发展和社会全面进步的根本力量，把社会变革中出现的新的社会阶层看作中国特色社会主义事业的建设者。只有这样，才能最广泛、最充分地调动一切积极因素，妥善处理好各种利益关系和社会矛盾，形成全体人民各尽其能、各得其所而又和谐相处的局面，使我们的发展始终具有不竭的动力。

第三，要在科学判断和全面把握我们党所处的历史方位和肩负的历史使命的基础上，把党的建设新的伟大工程同中国特色社会主义伟大事业紧密联系起来，使现代化建设始终具有坚强的领导核心。中国共产党在改革开放和发展社会主义市场经济条件下执政，对党的性质、宗旨、指导思想和任务的认识要有新的思路，要赋予其丰富的时代内容。"三个代表"重要思想的本质是立党为公、执政为民。这就要求党的一切工作都必须体现最广大人民的根本利益，从而把党的建设与现代化建设联系起来，把党的执政与人民的根本利益结合起来，通过不断推进党的建设新的伟大工程，使党在世界形势深刻变化的历史进程中始终走在时代前列，在应对国内外各种风险考验的历史进程中始终成为全国人民的主心骨。

全面建设小康社会的目标与"三个代表"重要思想的内在统一，要求我们以"三个代表"重要思想为根本指针，用新的发展观来指导经济发展，以实现新的发展目标为任务，形成新的发展思路。自觉用"三个代表"重要思想指导我们的思想和行动，就一定能够在建设中国特色社会主义的伟大实践中继续创造新的辉煌。

——顾钰民，同济大学文法学院教授

思考讨论题

1.联系案例说明为什么中国共产党必须始终代表中国先进生产力的发展要求，代表中国先进文化的前进方向，代表中国最广大人民的根本利益。

2.结合实际谈谈"三个代表"重要思想的历史地位和指导意义。

3.联系案例说明如何理解全面建设小康社会这个奋斗目标。

案例解析

20世纪90年代以来，历史上演了一幕又一幕惊天动地的话剧。以苏联为首的苏东社会主义国家产生于20世纪前期，未经百岁便在20世纪末期降下了红旗；中国在1989年春夏之交出现了政治风波，后来又有"法轮功"兴风作浪和一连串高级领导干部腐败案件的接连曝光。这些新问题、新情况不能不引起党的第三代中央领导集体，特别是江泽民的沉思和关注。以江泽民同志为核心的党的第三代中央领导集体，深刻分析世纪之交国内外形势的发展变化，正确把握党的历史方位，明确提出了"三个代表"重要思想，科学地回答了21世纪中国共产党应当建成一个什么样的党、如何建设党的问题，在邓小平理论的基础上进一步回答了什么是社会主义、怎样建设社会主义这样重大的时代焦点问题。要求中国共产党始终保持先进性，始终代表中国先进生产力的发展要求，始终代表中国先进文化的前进方向，始终代表中国最广大人民的根本利益，立党为公，执政为民。这是对我们党的建设现状及对国内外形势深刻分析后作出的战略性思考。

马克思主义理论能为人民心悦诚服，因为它从不凭借权力来压服人，而是以其科学性来打动人。中国共产党是在斗争中成长、在不断迎接挑战中发展前进的，百年历史已经充分证明中国共产党是一个伟大、光荣、正确的党。面对21世纪新的形势、新的挑战，以江泽民同志为核心的党的第三代中央领导集体高瞻远瞩，及时地提出了"三个代表"重要思想。"三个代表"重要思想对党的先进性赋予了新的含义，揭示了党的阶级性和先进性的辩证关系，系统地形成了执政党的建设理论。"三个代表"重要思想是对邓小平理论的重大发展，是对新时期"建设一个什么样的党和怎样建设党"的重大问题的科学回答。

"三个代表"重要思想作为中国共产党必须长期坚持的指导思想，在理论和实践上都有重要的历史地位和指导意义。一是"三个代表"重要思想是面向21世纪的中国化的马克思主义。进入21世纪后，中国特色社会主义实践的发展提出了推进理论创新的新要求。"三个代表"重要思想的形成，表明党对执政规律、社会主义建设规律和人类社会发展规律的认识达到了新的理论高度。二是"三个代表"重要思想是全面建设小康社会的根本指针。党在新世纪新阶段最重要的任务，就是全面建设小康社会。"三个代表"重要思想作为面向21世纪的中国化的马克思主义，是指引全党全国人民为实现全面建设小康社会的宏伟目标而奋斗的根本方针。三是"三个代表"重要思想是加强和改进党的建设、推进我国社会主义自我完善和发展的强大理论武器。它创造性地回答了建设什么样的党、怎样建设党的问题，把党的建设新的伟大工程同中国特色社会主义伟大事业紧密联系起来，赋予党的性质、宗旨、指导思想和任务以丰富的时代内容，确定了党的建设的总体部署，对我们正在进行的改革开放和现代化建设事业具有长期的指导意义。

实现现代化是中国人民梦寐以求的夙愿，也是中国共产党的奋斗目标。以毛泽东同志为核心的党的第一代中央领导集体提出了在20世纪内分两步走、把我国建设成为"四个现代化"的社会主义强国的宏伟蓝图，并设想实现现代化可能是一个长达百年的历史过程。以邓小平同志为核心的党的第二代中央领导集体从中国国情出发，对现代化建设做了重新规划，提出了"三步走"发展战略。党的十五大在我国社会主义现代化建设"三步走"发展战略目标前两步已经基本得到实现的基础上，提出了实现第三步战略目标的三个阶段性目标，使"三步走"的战略目标和步骤更加具体明确。党的十六大提出了要建设一个更高水平的、内容比较全面的、发展较为平衡的、惠及十几亿人口的小康社会。党的十七大和党的十八大都对实现全面建设小康社会奋斗目标提出了新要求。

全面建设小康社会是我国现代化建设进一步发展的客观要求。人民生活总体上达到小康水平，开始进入全面建设小康社会的新阶段，这为我国现代化建设奠定了新的基础。与此同时，我们必须清醒地看到，我国正处于并将长期处于社会主义初级阶段，现在达到的小康还是低水平的、不全面的、发展很不平衡的小康，人民日益增长的物质文化需要同落后的社会生产之间的矛盾仍然是我国社会的主要矛盾。所谓低水平，是指我们刚刚跨入小康的门槛。所谓不全面，是指小康社会所要求达到的社会生活各项指标还没有全面达到。所谓发展不平衡，是指进入小康的人口在全国分布是不平衡的。这种低水平、不全面、发展不平衡的小康应当说是实现"三步走"战略过程中不可避免的一个阶段，也是从允许一部分地区、一部分人先富起来到最终实现共同富裕的历史进程中不可逾越的阶段。在此基础上，要进一步巩固和提高目前总体上达到的小康水平，顺利实现第三步战略目标，还需要有一个全面建设惠及十几亿人口的更高水平的小康社会阶段。党的十六大所确立的全面建设小康社会的目标，是中国特色社会主义经济、政治、文化全面发展的目标，是与加快推进现代化相统一的目标。

21世纪头20年，我国改革发展处于关键时期。一些国家和地区发展的历史以及我国经济社会发展的实际充分表明，这是一个既有巨大发展潜力和动力又有各种困难和风险的时期，是一个既有难得机遇又有严峻挑战的时期，我们必须紧紧抓住这个重要战略机遇期，抓住机遇，加快发展。到2020年全面建设小康社会目标实现之时，我国将成为工业化基本实现、综合国力显著增强、国内市场总体规模位居世界前列的国家，成为人民富裕程度普遍提高、生活质量明显改善、生态环境良好的国家，成为人民享有更加充分民主权利、具有更高文明素质和精神追求的国家，成为各方面制度更加完善、社会更加充满活力而又安定团结的国家，成为为人类文明做出更大贡献的国家。

教学反思

该教学案例的实施效果较好：一是该案例是一位同济大学教授的文章，阐释了"三个代表"重要思想的提出背景、科学内涵、历史地位，通过该教学案例的运用，拓宽了教学视野，丰富了教学内容，有助于学生进一步理解和把握"三个代表"重要思想。二是该案例阐释了全面建设小康社会与"三个代表"重要思想之间的关系，以及全面建设小康社会的内涵、方法、意义等，有助于学生理解和把握我国全面建设小康社会的历史过程，从而坚定中国特色社会主义事业的信念和信心，积极投身于社会主义建设事业。三是通过该教学案例的运用，达到了结合教学内容向学生宣传党的指导思想和党的路线、方针、政策的目的。四是该教学案例的使用契合了当前的党史教育。

实施该教学案例需要改进之处：目前的案例分析与运用在课堂上仍以教师讲授为主，教学方式比较单一。改进思路：可以组织学生观看相关电影、纪录片等，阅读相关书籍，引导学生理解"三个代表"重要思想是在科学判断党的历史方位的基础上，在建设中国特色社会主义的伟大实践中，逐步将第三代领导集体治党治国治军新经验加以概括和总结而创立的。

案例二
国家支持发展　共建精神文明 ①

案例描述

同济大学的发展，赢得了国家和上海的重视和重点扶持。

1995年10月10日，国家教委和上海市政府发出了《关于共同建设同济大学的意见》，决定"实行共建后，同济大学建制上仍为国家教委直属高校，同时实行国家教委和上海市政府双重领导，以国家教委为主的体制"。

20世纪90年代，高教管理体制改革不断深化，并校改革在全国范围内展开，至1996年已有90多所高校合并。经过充分酝酿，1995年下半年，上海市政府提出将上海城市建设学院和上海建筑材料工业学院并入同济大学。这一设想得到国家教委和国家建材局的赞同和支持，成为国家教委、国家建材局和上海市政府的共同决策。当时这三所学校有着三种不同的隶属关系：同济大学隶属于国家教委，上海建筑材料工业学院隶属于国家建材局，上海城市建设学院隶属于上海市。将部委学校与地方学校合并，是我国高校体制改革的重大举

---

① 对应课程：毛泽东思想和中国特色社会主义理论体系概论；对应章节：第六章第二节。

措，这在全国是首例。

1996 年 3 月 28 日，国家建材局和上海市教委共同签署《关于上海建筑材料工业学院转由上海市管理，并入同济大学有关问题的协议》。1996 年 7 月 18 日，国家教委向上海市政府发出《关于同意上海建筑材料工业学院、上海城市建设学院并入同济大学的通知》。1996 年 7 月 20 日，国家教委和上海市政府签署《关于上海城市建设学院、上海建筑材料工业学院并入同济大学的备忘录》，时任国家教委副主任周远清和上海市副市长龚学平在备忘录上签字。该备忘录指出，经国家教委与上海市政府共同协商研究，"同意通过以国家教委与上海市共建的方式，将上海城市建设学院和上海建筑材料工业学院并入同济大学"。

1996 年 7 月 26 日，并校正式启动，国家教委与上海市政府在同济大学召开"深化上海高教体制改革暨上海城建学院、建材学院并入同济大学座谈会"。时任国家教委主任朱开轩、上海市副市长龚学平、国家建材局副局长雷前治及同济大学、上海城市建设学院、上海建筑材料工业学院三校党政领导、部分学科带头人出席座谈会。时任国家教委计划建设司司长徐敦潢代表国家教委宣读《关于同意上海建筑材料工业学院、上海城市建设学院并入同济大学的通知》时指出："上海建筑材料工业学院、上海城市建设学院并入同济大学后，两校建制撤销。同济大学仍为国家教委直属高等学校实行与上海市共建共管。国家教委和上海市分别拨款的投资和管理渠道不变。"

两校并入后，同济大学的土建、道路交通、材料等学科优势进一步加强，学校就此组建了土木工程学院、材料科学与工程学院。同时，将原三校的商贸类专业合并，建立了商学院。其他各类专业学科则归类合并，各就其位。原两校各系、机关各部处室对口归并。学校将原三校的建筑、规划设计、勘察和地下工程设计、环境工程设计、室内装潢设计、市政工程设计等方面的设计人员集中，成立"同济规划与设计研究总院"；将原三校的多个公司组合筹建"同济企业发展总公司"。将原上海建筑材料工业学院所在地作为武东路校区，设立武东路校区管理委员会。同济大学的并校改革，受到国务院领导以及国家教委、国家建材局、上海市领导的高度重视，成为中国教育界具有示范意义的标志性工程。李岚清副总理高度评价这项改革的重要意义，称之为具有示范意义的"同济模式"。

1996 年 7 月 26 日，国家教委主任朱开轩宣布同济大学被列为全国"211工程"首批启动学校。这使同济大学全校上下备受鼓舞。

同济大学非常注重精神文明建设，开展了创建文明单位活动、"三风"（学风、教风、管风）建设、卫生系统文明行业、校街共建活动和新闻宣传活动，其中创建文明单位活动是这一阶段的主线。

1986 年，中共中央作出《关于社会主义精神文明建设指导方针的决议》，中共上海市委也制定了《"七五"期间社会主义精神文明建设的实施规划》。在新的形势下，学校依此提出了《同济大关于"七五"期间社会主义精神文明建设实施规划》，该规划指出，学校的立足点是提高人的素质，即培养有理想、有道德、有文化、有纪律的"四有"人才；广大教职工要切实遵照《同济大学教书育人、管理育人、服务育人守则》开展"三育人"活动；规划要求教职工树立新观念、新思想，增强改革开放和创新意识，抓好职业道德教育；对学生抓好理想教育，加强思想道德建设和校园文化建设，创造良好成才环境；规划还提出，要端正党风，发挥党员的先锋模范作用，以党风的根本好转促进精神文明的建设。

1991 年，同济大学在"五讲四美三热爱活动委员会"的基础上，调整成立了"同济大学精神文明建设委员会"（以下简称"文明委"）。文明委在党委和校行政领导下开展工作，其职责是研究、讨论、决定文明单位建设活动的重大问题，组织校级文明单位的评选工作。文明委的办事机构设在党委宣传部，负责有关精神文明建设的日常事务。各院系也相应成立精神文明建设领导小组，在各党总支和系务委员会领导下开展工作，并对学校精神文明建设委员会负责。

1995 年，学校在组织措施上加大了管理力度：校党委书记担任精神文明建设委员会主任，校长担任副主任，十多个有关职能部门的负责人担任委员。各院系的党委书记、党总支书记担任各领导小组负责人。精神文明建设的各主要方面工作，如思想理论教育、"三风"建设、校园文化建设、校园治安管理、校园环境建设等，都有分管的校领导负责，有职能部门牵头。精神文明建设工作形成了全校合力、齐抓共管的格局。1997 年 10 月，学校成立精神文明建设办公室，与宣传部合署办公。

学校不断完善精神文明规划。1995 年，学校制定了《1995—1997 年精神文明规划》，明确提出要使学校的文明建设达到市级文明单位水平。1999 年，上海市教委精神文明建设检查组对同济大学 1999～2000 年度文明创建工作进行暗查。检查组在肯定成绩的同时指出了不足。针对存在的问题，学校在广泛征求各基层单位和学校职能部门意见的基础上，修订了校内文明单位的评选指标，制定了《同济大学精神文明建设规划（2001—2005）》及《同济大学

"十五"期间精神文明建设实施计划》。

思考讨论题

1.请结合案例说明"三个代表"重要思想是如何提出的，提出的目的是什么。

2.请结合实际谈谈我国为什么必须始终坚持马克思主义在意识形态领域的指导地位，而决不能搞指导思想的多元化。

3.请结合案例谈谈精神文明建设的重要意义。

案例解析

案例讲述了在"三个代表"重要思想提出的背景下，同济大学进行精神文明建设的过程。"三个代表"重要思想是在国内外形势发生深刻变化，党的建设急需加强的背景下提出的。一是"三个代表"重要思想是在国际局势和世界格局发生深刻变化，我国改革进入攻坚阶段，发展处于关键时期，社会主义事业的发展面临新的巨大困难和压力，中国共产党面临提高执政水平和防腐拒变的两大任务等历史条件下，经过江泽民长期思考、深入调查研究后提出来的。二是"三个代表"重要思想最初是从党的建设的角度提出来的，随着党的第三代领导集体对中国特色社会主义的探索和认识的深化，"三个代表"重要思想在创新性地回答"建设什么样的党，怎样建设党"问题的同时，继续回答了"什么是社会主义，怎样建设社会主义"的问题。三是"三个代表"重要思想回应了时代发展和实践对中国共产党提出的挑战，是继承和发展邓小平理论的一个重要成果，也是中国共产党坚持马克思主义与时俱进理论品质的重要成果。"三个代表"重要思想是面向21世纪的中国化的马克思主义，是中国共产党的指导思想，是全面建设小康社会的根本指针。

1991年12月25日，克里姆林宫上空飘扬了70多年的红旗悄然降落。世界上第一个社会主义国家苏联，没有屈服于第二次世界大战时希特勒的"巴巴罗萨计划"，却在和平与发展的时代条件下，轰然倒塌于一些西方国家"和平演变"的进攻之下。苏联的解体留给世人无限的思考，也给其他社会主义国家的人们尤其是共产党人留下了深刻的教训。导致苏联解体的原因有很多，但放弃马克思主义在意识形态领域的指导地位应该是其中较为重要的一个。

通过改革为苏联的发展注入活力，是苏联社会主义发展的必然要求。但是，沿着什么方向去改革，是沿着社会主义方向前进，还是滑向资本主义，则直接关系到社会主义苏联的生死存亡。遗憾的是，戈尔巴乔夫在苏联改革的过程中，主动放弃了马克思主义在意识形态领域的指导地位，从而导致了苏联的改革逐渐偏离了社会主义的方向，并最终导致解体的命运。放弃马克思主义的指导地位，搞指导思想多元化，是戈尔巴乔夫背离改革的社会主义方向而迈错的关键一步。所谓指导思想多元化，实质上是指苏联共产党不再把马克思列宁主义作为党的指导思想，不再把共产主义作为苏联共产党的奋斗目标。指导思想多元化的直接后果就是：搞乱了人们的思想，搞乱了整个苏联共产党，搞乱了整个苏联。广大党员失去了统一的指导思想，失去了统一的奋斗目标，也就失去了对党和社会主义事业的信心。

当前，我国正处于改革开放和社会主义现代化建设的关键时期，随着改革开放的日益深入、经济全球化趋势的不断发展，各种西方社会思潮不断涌入，力图导引和影响我国的改革开放进程，实现其对我国西化和分化的政治图谋，改变社会主义中国的颜色。新自由主义、民主社会主义、历史虚无主义等社会思潮在改革开放的不同时期都曾产生了这样和那样的影响，并试图动摇马克思主义在意识形态领域的指导地位。在激烈的意识形态斗争中，要牢固树立中国特色社会主义共同理想，坚持改革的社会主义方向，坚定走中国特色社会主义道路的信心和决心，还必须始终坚持用马克思主义的世界观和方法论来认识当前纷繁复杂的世界和中国特色社会主义建设进程中出现的各种问题，始终把马克思主义作为根本的指导思想，始终坚持马克思主义在意识形态领域的指导地位。

当前精神文明建设已真正成为推动经济发展的强大动力。实践证实，只要精神文明搞好了，就可以达到内增凝聚力、外增吸引力，提高向心力、发展生产力的目的，精神文明也出生产力。精神文明对经济发展的巨大支持作用，主要表现在理论指导、智力支持和产业支撑等方面，经济制度的选择、经济战略的提出、经济政策的制定等，无不受到社会文化背景的影响及决策者知识水平的制约，精神文明给物质生产、交换、分配、消费以导引，在一定程度上规定着经济发展的方向和方式。

中国特色社会主义文化建设在现代化建设和改革开放中具有重要的战略地位和重要的保证作用。一是精神文明是使物质文明建设和现代化建设沿着正确方向发展的重要保证。二是中国特色社会主义文化为改革开放和现代化建设提供强大的精神动力和智力支持。三是中国特色社会主义文化为现代化建设创造良好、稳定的社会环境和社会秩序。四是中国特色社会主义文化是社会主义民主政治和法制的基础。五是中国特色社会主义文化还是社会主义中国赢得同资本主义相比较的优势、实现中华民族腾飞的重要精神条件。

教学反思

该教学案例的实施效果较好：一是该案例通过介绍同济大学的精神文明建设，揭示了"三个代表"重要思想形成的时代背景和理论背景，有助于学生更好地理解邓小平理论、"三个代表"重要思想和科学发展观一脉相承的关系，从而掌握"三个代表"重要思想是面向21世纪的中国化的马克思主义，是全面建设小康社会的根本指针，是加强和改进党的建设、推进我国社会主义自我完善和发展的强大理论武器。二是该案例通过介绍同济大学精神文明建设的过程，强调了精神文明建设的重要性，从实际出发引导学生深入认识精神文明建设的内涵与意义，增强了教学的真实性与吸引力。三是该案例强调中国特色社会主义建设事业、同济大学改革发展要取得更大的成就，就必须始终坚持马克思主义在意识形态领域的指导地位，而决不能搞指导思想的多元化。四是通过该教学案例的运用，达到了结合教学内容向学生宣传党的指导思想和党的路线、方针、政策的目的。五是该教学案例的使用契合了当前的党史教育。

实施该教学案例需要改进之处：目前的案例分析与运用在课堂上仍以教师讲授为主，教学方式比较单一。改进思路：可以组织学生观看大型文献纪录片《从"共产党宣言"到"三个代表"》、阅读《江泽民文选》等，采用多元化的教学方式教学，提高学生的学习兴趣；还可以组织学生参观、了解一些精神文明建设搞得比较好的社区，从生产力这个社会发展的最终决定力量入手，讨论精神文明建设在社会发展中的作用。

案例三

张剑飞——心系湘江百姓 情牵母校发展 ①

案例描述

2021 年暑假期间，同济大学交通运输工程学院"与三湘同行"社会实践团来到了湖南长沙，拜会了张剑飞校友。时任长沙市委副书记、市长的张剑飞百忙之中抽出时间，与我们进行了亲切的座谈。张剑飞从城市发展的角度介绍了长沙市的发展情况和他的发展理念；从校友、学长的角度畅谈了他对母校发展的关注和对学弟学妹们的期望。张剑飞介绍说，长沙市的城市发展在中部城市中名列前茅。市委、市政府坚持把钱花在老百姓的切身利益上，在保障社会基本运营的基础上，保证一定量的城市建设投入，以满足人民对道路、供水、供电、供气等的需求。而在城市的基本运营方面，教育的投入占了较大的比例。

在谈到目前城市发展遇到的困难时，张剑飞说，一是就业问题。就业是民生之本，没有就业就意味着贫穷，意味着饿肚子、社会不稳定、犯罪率升高等问题。二是社会稳定问题。城市是一个人口高度聚集的区域，现在我们面临的更大的一个非传统的压力就是恐怖分子的压力。三是社会保障问题。任何一个社会都会有穷人，穷的原因有多个方面，有个人能力问题，有机遇问题，还有病患致穷问题等。四是公共服务的问题。随着城市化进程的推进，城市拥堵是一个大问题，但是同样的车辆保有率，也有解决得好的，有解决得不够好的。五是城市建设的管理和节约资源问题。长沙提出了要建设色彩素雅、简洁、适用、有耐久性的建筑。建筑色彩不能太花哨，相对比较素雅能体现城市的气质。所谓简洁、适用，任何东西摆多了、摆满了都不好看，越简洁越好。耐久性就是不仅要考虑建设成本，还要考虑寿命周期。

介绍完长沙市的发展和面临的挑战之后，张剑飞又谈起了对还在同济大学求学的学弟学妹们的忠告和期望。张剑飞说，每一个同济人都肩负着扩大同济大学

---

① 对应课程：毛泽东思想和中国特色社会主义理论体系概论；对应章节：第六章第二节。

影响的责任，我们不仅要有努力学习的责任，更要有扩大同济大学影响的责任。

学习知识，掌握技能，是一个学生最起码的责任。张剑飞认为，学生在学校要加强基本训练。实践证明，没有基本的训练，将来的发展会受很大的影响。同时，一定要好好读书，真正静下心来读好书，千万不要被社会的浮躁情绪影响。过去讲"书中自有黄金屋""书中自有颜如玉"，当一个人真正书读好了、读多了、读透了，就会感觉能应对任何复杂的局面，而且即使没干过的事情也能很快上手。因为人类的知识包括直接知识和间接知识，在学校里的时候，关于工作上的知识是很少的，大多是书本知识，即间接知识，而间接知识往往是别人总结的精华，会让人们少走弯路。

思考讨论题

1. 上述案例是如何体现"三个代表"重要思想的本质的？

2. 结合案例谈谈实践"三个代表"重要思想对于加强党的建设、推动社会发展进步有哪些积极作用。

3. 浅析"三个代表"之间的辩证关系。

案例解析

"三个代表"重要思想的本质是立党为公、执政为民。对于马克思主义执政党来说，坚持立党为公、执政为民，实现好、维护好、发展好最广大人民的根本利益，充分发挥全体人民的积极性来发展先进生产力和先进文化，始终是最紧要的。全国各族人民是建设中国特色社会主义事业的主体，人民群众积极性的充分发挥是我们事业成功的保证，不断实现最广大人民的根本利益是我们党团结奋斗的最终目的。

马克思主义政党的理论、路线和方针、政策以及全部工作，只有顺民意、谋民利、得民心，才能得到人民群众的支持和拥护，才能永远立于不败之地。我们党100年的一切奋斗，无论是战争年代浴血奋战推翻"三座大山"，还是建立社会主义制度、开展大规模的社会主义建设，以及进行社会主义改革开放和现代化建设，归根结底都是为了实现好、维护好、发展好最广大人民的根本利益。实现人民的愿望、满足人民的需要、维护人民的利益，是"三个代表"重要思想的根本出发点和落脚点。

坚持立党为公、执政为民，必须落实到各级领导干部的思想和行动上。各级领导干部都要牢固树立全心全意为人民服务的思想和真心实意对人民负责的意识，做到心里装着群众、工作依靠群众、一切为了群众。要坚持权为民所用、情为民所系、利为民所谋，为群众诚心诚意办实事、尽心竭力解难事、坚持不懈做好事。

坚持立党为公、执政为民，必须落实到关心群众生产生活的工作中去。坚持立党为公、执政为民，不能停留在口号和一般要求上，必须围绕人民群众最现实、最关心、最直接的利益加以落实，努力把经济社会发展的长远战略目标和提高人民生活水平的阶段性任务统一起来，把实现人民的长远利益和当前利益结合起来。群众利益无小事。凡是涉及群众的切身利益和实际困难的事情，再小也要竭尽全力去办。要时刻把群众的安危冷暖挂在心上，对群众生产生活面临的这样那样的困难，特别是对下岗职工、农村及城市等有困难的群众遇到的实际问题，一定要带着深厚的感情帮助解决，切实把中央为他们解困的各项政策措施落到实处。

在国家发展过程中，张剑飞同志扎根基层，服务人民，以实际行动走出了一条当代青年知识分子在苦干、实干中锻炼成长之路。张剑飞同志实践了共产党人全心全意为人民服务的宗旨，具有与时俱进、开拓创新的时代精神。以张剑飞同志为代表的优秀共产党员在实践中模范地执行党的方针与政策，创造性地开展各方面的工作，是人民群众的主心骨，是维护国家利益和人民群众利益的忠实代表。他们在建设实践中注意充分调动和发挥人民群众的积极性、主动性和创造性，坚持深入基层、联系群众，了解民情、体察民意，不断从群众中汲取智慧和力量，使工作部署更加符合客观实际、符合经济社会发展规律、符合人民的意愿和期盼。在生产发展的基础上，他们使人民群众不断获得切实的经济、政治和文化利益，起到了共产党员的先锋模范带头作用。在中国特色社会主义建设进程中，无论是推动党的建设还是社会发展进步，都需要越来越多这样的带头人。他们为了国家和人民的利益，带领群众艰苦奋斗，充分展现出共产党人为国为民、务实奋进的形象，体现了共产党员的先进性，有利于增强党组织的凝聚力和战斗力、扩大党的群众基础、密切党群和干群关系，也有利于加强党的执政能力建设，尤其是有利于提高党的基层领导干部推动先进生产力发展、带动群众创业致富的能力，维护民族团结、发展社会主义民族关系和实现民族和谐的能力，参与市场经济活动的能力，以及建设社会主义新农村能力等。

我们学习这些先进典型，就是要紧密结合本职工作，学习他们坚持提高政治修养和理论素质，努力践行科学发展观的大局意识；学习他们坚持立足岗位和自身实际，模范践行新时期保持共产党员先进性基本要求的优秀品质；学习他们坚持党的根本宗旨，始终把群众的利益放在第一位，服务发展、心系群众的奉献意识；学习他们坚持勤奋工作、钻研业务，不断创造一流工作业绩的敬业精神；学习他们坚持团结带领群众共同应对挑战，共建美好家园，众志成城、攻坚克难的奋斗精神；学习他们严格遵守纪律，保持廉洁自律的高尚情操；学习他们热爱祖国、热爱人民，与违法犯罪分子坚决斗争、不怕牺牲、英勇献身的英雄主义气概。我们要更加自觉地坚定理想信念，更加努力地提高自身素质，更加主动地服务各民族人民群众，更加有力地促进科学发展，以昂扬向上的精神风貌和脚踏实地的工作作风，振奋精神，开拓创新，在平凡的工作岗位上做出不平凡的成绩。

"三个代表"是统一的整体，相互联系，相互促进。发展先进生产力，是发展先进文化的基础，是实现最广大人民根本利益的前提；发展先进文化，是发展先进生产力和实现最广大人民根本利益的重要思想保证；发展先进生产力和先进文化，归根结底都是为了实现最广大人民的根本利益，而人民群众则是创造先进生产力和先进文化的主体，也是实现自身利益的根本力量。

教学反思

该教学案例的实施效果较好：一是该案例通过介绍先进模范人物的事迹，教育学生学习其献身祖国和人民的宝贵精神和优秀品格，树立坚定的中国特色社会主义理想信念，将来为促进改革开放和现代化建设事业做出贡献。二是该案例体现了"三个代表"重要思想立党为公、执政为民的本质，并通过生动具体的人物故事予以展现，有助于学生理解和把握，增强教学的趣味性和吸引力。三是通过该教学案例的运用，达到了结合教学内容向学生宣传党的指导思想和党的路线、方针、政策的目的。四是该教学案例的使用契合了当前的党史教育。

实施该教学案例需要改进之处：目前的案例分析与运用在课堂上仍以教师

讲授为主，教学方式比较单一。改进思路：可以组织学生观看由中共中央宣传部、中共中央文献研究室、中共中央党史研究所、国家广播电影电视局、中央电视台五部门联合摄制的大型理论文献电视片《走进新时代》中的第一集《旗帜新辉》，让学生深刻体会"三个代表"重要思想的指导意义。

第七章

科学发展观

案例一

依托同济大学建设的城市污染控制
国家工程研究中心①

👉 **案例描述**

2021 年，国家发展改革委公布了第一批纳入国家新序列管理的国家工程研究中心名单，依托同济大学建设的"城市污染控制国家工程研究中心"名列其中。此次全国共有 89 家国家工程研究中心（工程实验室）参与优化整合重组，最终有 38 家纳入新序列管理，其中新材料领域 18 家，节能环保领域 20家。以高校为依托单位入选的仅 10 家。

国家工程研究中心是国家科技创新体系的重要组成部分，为落实党中央、国务院构建新时期国家战略科技力量的重要举措和战略部署，2021 年 2 月，国家发展改革委正式启动国家工程研究中心优化整合工作，工作总体思路聚焦"四个面向"，坚持系统布局，重点围绕服务国家重大战略任务和重点工程以及关键技术突破等，旨在通过调整、整合、撤销等方式，形成布局合理、动态调

---

① 对应课程：毛泽东思想和中国特色社会主义理论体系概论；对应章节：第七章第二节。

整、高质量发展的工程研究中心新格局。

同济大学高度重视此次国家工程研究中心优化整合与评估工作，学校成立专项工作组，召开专题研讨会推进落实工程研究中心评估材料的编制工作，确定以城市水环境治理、城市污水污泥处理、城市工业废水处理、城市生活垃圾处理处置和城市水源保护及饮用水安全保障为工程研究中心未来技术发展方向，并按照国家发展改革委要求进行工程研究中心工作报告、评价数据表、证明材料等资料的整理和编写。在专项工作组全体成员的努力下，同济大学城市污染控制国家工程研究中心顺利通过国家发展改革委优化整合评估，入选第一批新序列国家工程研究中心。

校领导表示，城市污染控制国家工程研究中心入选新序列管理的国家工程研究中心是国家发展改革委与教育部对同济大学和工程研究中心工作的认可和支持。以此次优化整合为契机，学校将继续推动工程研究中心聚焦国家重大战略和重点工程需求，从管理运行机制、队伍建设、条件保障等方面加大工程研究中心建设力度，强化重大核心技术攻关和成果转化应用，持续提升创新能力，将工程研究中心打造成新时期国家战略科技力量。

城市污染控制国家工程研究中心于1995年获国家批复，依托环境科学与工程学院，充分发挥学校人才集聚优势和完备的人才培养体系，与化学、物理、材料、机械、土木等专业进行学科交叉，开展超大城市群污染控制与资源化关键核心技术及重大装备的研发。工程研究中心积极服务国家战略，承担国家重大科研项目和重大工程，推动技术成果应用，带动产业发展，推进关键技术向"一带一路"沿线国家输出，并建立了环同济知识经济圈环保产业联盟、国家污泥处理处置产业技术创新战略联盟，形成了"产学研用"全产业链的上下游协同创新体系。

城市污染控制国家工程研究中心自2007年国家发展改革委启动首次第三方综合评价以来，取得了4次"评估优秀"、1次"评估良好"的优异成绩。在2012年举行的"国家工程研究中心建设20周年成就展"上，城市污染控制国家工程研究中心获得国家发展改革委颁发的"重大成就奖"、戴晓虎主任获得"全国先进工作者"荣誉称号。

针对我国城市尤其是特大及超大城市日益严峻的复杂多介质环境污染控制问题，城市污染控制国家工程研究中心未来将积极整合依托单位、共建单位的优势资源，聚焦"四个面向"，致力于解决制约经济可持续发展的超大城市群复杂环境问题，推动绿色低碳环保技术实现突破，实现成果工程化应用，保障超大城市群环境质量持续改善与公众健康，支撑美丽中国建设与碳达峰、碳中和重大战略目标的实现，服务国家构建新发展格局与区域一体化高质量发展。争取用 10～15 年时间，把工程研究中心建设成为我国城市污染控制领域国家重大工程技术的策源地、核心技术和重大装备的孵化器、低碳生态环保行业发展的推进器、环保科技与创新人才培养的新高地以及高水平国际创新与合作交流的示范地。

☞ **思考讨论题**

试运用科学发展观的科学内涵和主要内容相关理论分析以上材料。

☞ **案例解析**

科学发展观，第一要义是发展，核心是以人为本，基本要求是全面协调可持续，根本方法是统筹兼顾。这是对科学发展观的集中概括。以上案例中闪现着科学发展观的光芒与力量。

第一，该案例中坚持贯彻落实全面协调可持续的基本要求。全面协调可持续中的"全面"是指发展要有全面性、整体性，不仅经济发展，而且各个方面都要发展；"协调"是指发展要有协调性、均衡性，各个方面、各个环节的发展要相互适应、相互促进；"可持续"是指发展要有持久性、连续性，不仅当前要发展，而且要保证长远发展。

坚持全面发展，就是要按照中国特色社会主义事业总体布局，正确认识和把握经济建设、政治建设、文化建设、社会建设、生态文明建设是相互联系、相互促进的有机统一体。经济建设是中心和基础，政治建设是方向和保障，文化建设是灵魂和血脉，社会建设是支撑和归宿，生态文明建设是根基和条件，它们相辅相成、相互促进，共同构筑起中国特色社会主义事业的全局。要坚持以经济建设为中心，把社会主义经济建设、政治建设、文化建设、社会建设、生态文明建设作为统一的任务来把握，作为统一的工作来部署，作为统一的目标来落实，全面推进中国特色社会主义事业。

坚持协调发展，就是保证中国特色社会主义各个领域协调推进。要协调好消费与投资，供给与需求，发展的速度和结构、质量、效益，科技进步与人力资源优势的充分发挥，市场机制与宏观调控等经济发展的重大问题，促进发展的均衡性。正确处理经济与社会发展，城市与农村发展，东中西部发展，人与自然发展，国内发展和对外开放，改革、发展与稳定等现代化建设中的重大关系，促进现代化建设各个环节、各个方面相协调，促进生产关系与生产力、上层建筑与经济基础相协调。

坚持可持续发展，必须走生产发展、生活富裕、生态良好的文明发展道路。胡锦涛指出："实施可持续发展战略，促进人与自然的和谐，实现经济发展和人口、资源、环境相协调，坚持走生产发展、生活富裕、生态良好的文明发展道路，既是全面建设小康社会的必然要求，也是贯彻落实科学发展观的重要实践。"坚持文明发展道路，就要在经济社会发展过程中，把推进生产发展、实现生活富裕、保持生态良好有机统一起来，坚持以生产发展为基础，以生活富裕为目的，以生态良好为条件，努力实现社会经济系统和自然生态系统的良性循环。

坚持可持续发展，还必须建设生态文明。良好生态环境是经济社会可持续发展的重要条件，也是一个民族生存和发展的根本基础。建设生态文明是对传统文明形态特别是工业文明进行深刻反思形成的认识成果，也是在建设物质文明过程中保护和改善生态环境的实践成果。坚持文明发展道路，就是要把生态文明建设放在突出地位，把经济的发展、生活水平的提高和实现可持续发展有机统一起来，正确处理经济建设、人口增长与资源利用、生态环境保护的关系，确保人们在享有现代物质文明成果的同时，又能保持和享有良好的生态文明成果。

第二，该案例中坚持贯彻落实"以人为本"。以人为本就是以最广大人民的根本利益为本。以人为本的"人"，是指人民群众，就是以工人、农民、知识分子等劳动者为主体，包括社会各阶层人民在内的中国最广大人民；"本"就是根本，就是出发点和落脚点。胡锦涛指出："我们提出以人为本的根本含义，就是坚持全心全意为人民服务，立党为公、执政为民，始终把最广大人民的根本利益作为党和国家工作的根本出发点和落脚点，坚持尊重社会发展规律和尊重人民历史主体地位的一致性，坚持为崇高理想奋斗和为最广大人民谋利益的一致性，坚持完成党的各项工作和实现人民利益的一致性，坚持发展为了人民、发展依靠人民、发展成果由人民共享。"

坚持以人为本，就是要坚持发展为了人民，始终把最广大人民的根本利益放在第一位。胡锦涛指出，我们推进发展的根本目的就是造福人民。要顺应各族人民过上更好生活的新期待，把发展的目的真正落实到满足人民需要、实现人民利益上，在经济社会发展的各个环节、各项工作中都体现和保障人民群众的利益。

坚持以人为本，就是要坚持发展依靠人民，从人民群众的伟大创造中汲取智慧和力量。胡锦涛指出："每一个共产党员都要把人民放在心中最高位置，尊重人民主体地位，尊重人民首创精神，拜人民为师，把政治智慧的增长、执政本领的增强深深扎根于人民的创造性实践之中。"要保证人民当家作主，发挥人民主人翁精神，最广泛地动员和组织人民依法管理国家事务和社会事务，管理经济和文化事业，积极投身社会主义现代化建设。要自觉坚持党的群众路线，牢固树立人民群众是历史创造者的观点、虚心向人民群众学习的观点、竭诚为最广大人民谋利益的观点、干部的权力是人民赋予的观点、对党负责和对人民负责相一致的观点。切实转变思想作风和工作作风，切实改进领导方式和工作方法，深入了解民情、充分反映民意、广泛集中民智，做到问政于民、问需于民、问计于民，做到谋划发展思路向人民群众问计，查找发展中的问题听人民群众意见，改进发展措施向人民群众请教，落实发展任务靠人民群众努力，衡量发展成效由人民群众评判，最大限度地集中全社会全民族的智慧和力量，使我们的事业获得最深厚的力量源泉。

教学反思

该教学案例的实施效果较好：一是"全面协调可持续是科学发展观的基本要求"内容繁杂，涉及面广，通过该教学案例的运用，使"全面协调可持续"生活化，增强了授课对学生的吸引力。二是案例分析部分促进了学生对所学知识活学活用，增强了教学的实践性，有利于提高学生分析问题、解决问题的能力。三是通过该教学案例的运用，达到了结合教学内容向学生宣传党的指导思想和党的路线、方针、政策的目的。四是该案例启发学生进一步思考和学习科学发展观中蕴含的思想力量和指导意义。

实施该教学案例需要改进之处：目前的案例分析与运用在课堂上仍以教师讲授为主，在教学中学生主体性的发挥不足。改进思路：今后要加强与学生的互动，在给出案例材料后，先采取提问方式，给学生提供发言机会，然后由教师进行点评和补充，这样有利于调动学生的思维积极性和听课主动性。

案例二

微更新，让社区美丽和谐——同济大学 12 位规划师 结对杨浦社区微更新一年记 ①

👉 案例描述

"政立路 580 弄小区昨天刚刚开了一扇通向创智农园的门，现在居民到我们社区规划师办公室来就更方便了。"3 月 14 日，五角场街道社区规划师、同济大学建筑与城市规划学院刘悦来老师兴奋地告诉记者。2018 年初，杨浦区与同济大学建筑与城市规划学院签约，聘请 12 位规划师担任区内 12 个街道镇的社区规划师，参与指导社区微更新。

1. 规划师们迅速行动起来

"签约后，我们的规划师便结合课堂教学迅速行动起来。"同济大学建筑与城市规划学院副院长张尚武教授介绍，12 位社区规划师根据各自对应的街镇，结合社区发展实际需求，深度参与、指导了各个街镇 2018 年度的社区微更新、美丽街区、美丽家园等工作项目，积极配合街道大调研工作，深入了解社区存在的问题与居民诉求，协助推进杨浦区社区更新项目的开展。

张尚武说，社区微更新的特点就是细、小，零散且琐碎，社区居民的诉求、各自的方法与策略都不相同。创智农园展开得早，刘悦来以它为基础于 2021 年 7 月发起创立了社区规划师办公室，指导了政立路 580 弄、国定路 600 弄美丽家园建设以及五角场街道社区自治项目。

不仅如此，规划师们积极开展面向社区规划、街镇、居委及社区居民的培训工作。张尚武说，自 2021 年 5 月份开始，他们共组织了 14 场社区规划师培训、3 次社区营造工作坊。"培训立足人、文、地、产、景五大方面，从内容设计、社会学研究方法、社区营造经验、社区经济文化资源整合和机制研究、社区公共空间品质提升着手，帮助社区规划师探索适合杨浦社区的工作方法。"

---

① 对应课程：毛泽东思想和中国特色社会主义理论体系概论；对应章节：第七章第三节。

该区媒体报道。这些活动赢得了各街镇、居委、社区居民的好评，大量媒体跟进报道，加上微信公众号等的宣传，"杨浦区社区规划师"一事广为传播。

社区规划师的工作形成了不少亮点。"何为城，何为市？城市是否就像人类一样，拥有自己独特的气质风格？"2021年8月4日，20名初中生来到杨浦区延吉街道，走进同济大学和杨浦区延吉新村街道联合举办的"小小规划师"公益课堂，跟随同济大学规划设计研究院梁洁感受规划的科学与艺术之美，感受城市的温度与美。张尚武说，不仅"小小规划师进社区"等系列讲座，还有"微课堂"、工业遗产参观等活动，鼓励了孩子们了解与参与社区事务。"抓小囡，抓到根上了。"社区居民纷纷点赞、积极参与，上课的日子里尽现一人听讲、全家上阵的场景，社区的事瞬间变成自家的事了。

"希望老菜市场周边的环境变得整洁。""我住在河边，却从未享受过滨河空间……""大桥下面的空间或许可以利用起来做一个篮球场。"这是2021年夏季3个月的时间里，大桥街道社区规划师陈泳经常听到的居民的诉求。

作为12名社区规划师之一，陈泳负责的大桥街道是一个东界杨树浦港、西邻杨浦大桥，南北分别由杭州路、平凉路围合成的矩形区域。自2000年以后，街区从原来的产业基地与工人聚居区逐步置换为融医院、办公、商业、小学、宾馆与各种类型的住宅为一体的生活型街区。"这片区域的问题在于不同属性的产权用地呈现鲜明的碎片化，各片区只关注自己的'一亩三分地'，不关心街区整体公共环境的共同维护与改善。"陈泳指着车水马龙、乱象丛生的街道说，这里人多、车多、停车多，缺少公共空间。

经观察发现，红房子医院与杭州路第一小学附近，每到早晚高峰时间，两个方向车流就会汇聚于此，交通拥堵严重；社区菜场长期给周边的居民带来噪声干扰，渭南路沿路民居的违章搭建影响了周边的楼宇形象……陈泳领着本科生们，分成不同的小组，走进街区内的改造点位勘察走访，设计方案。

炎炎夏日里，团队几乎每天都要来来回回走一遍，与居民交谈，统计街区人流车流量，设计方案并实地对照，为老社区改造了桥下空间、医院旁道路、历史风貌建筑与菜场周边的新旧交错空间等。菜市场区域，商贩反映最多的是周边的停车乱象。史瑞琳小组实地走访后，在沈阳路与眉州路沿街商铺的后面发现一座废弃的老机电厂厂房，他们迅速将厂房纳入方案中，将其打造成一个"社区客厅"：建筑底部设社区菜场、集市与咖吧；中部布置公共食堂、社区图书馆、健身中心与公共教室；上部布置联合办公空间；屋顶设置社区菜园与观景平台，提供休闲活动场地。

杨树浦港沿岸区域，因沈阳路段空间长期封闭导致人流量稀少。劳艺儒小组的设计打开了北段区域的封闭栏杆来连通滨水景观通道，形成连续的滨水步行环境。南侧的设计考虑杭州路第一小学学生、周边居民和红房子医院的需求，在桥头设置休闲书吧，并利用堤坝立体化设计停车位等，同时将防水堤坝与不同高差的休闲绿化平台及坡道统一设计，为市民提供变化丰富的亲水游憩场所。

城市的桥下空间经常沦为弃地，杨浦大桥的竖向空间有待挖掘。周逸文小组在大桥下设计了户外运动与休闲空间，同时考虑到居民过街的需求，架设过街天桥与楼梯。整个设施顺应高架桥形态，加入漫步环道补充建筑中的运动功能，这样一来街区周边居民就可在不同高点体验城市景观了。

"这样的设计课题不同于以往，它是一个真实的项目，基地、使用者和设计目标都真真切切地存在，等待我们去挖掘、探究、解决。"周雨茜这样说。采访获悉，学生们为了得到准确数据，一遍又一遍反复测量场地，他们走遍了目标基地的每一个弄堂小巷，一日复一日地与居民、管理者甚至过客交流，在完善微改造方案的过程中，更是海报、访谈、头脑风暴等各种方法齐上阵。

"社区微更新，居民是主人，规划师首先是倾听者、响应者，然后才是引导者，以问题为导向，回应居民的美好生活愿景。"陈泳表示，深耕社区，发现问题，探索出一种成本低、参与度高、易于复制推广的社区微更新路径，是我们的愿景。

2. 一个成长性很好的案例

经过一年的社区规划实践，规划师们发现居民大多还是只把他们当成"问题解决者"。"目前我们在街道的角色还是单一的设计师。"该学院王红军介绍，街道每次找到他都是带着项目来的。"我们有一个街区需要重点整治，王老师帮我们设计一下？""某小区想做个社区小花园，王老师来看看……"王红军认为，社区规划师应从单一设计师转变为策划者、推动者，可以从规划的角度为街道提出一些重点项目，并推动不同街道和部门实现横向合作，让社区微更新项目跳出"井"。

"目前上海的微更新项目遍地开花，杨浦的项目应该做出杨浦特色。"负责四平街道的张尚武教授举例说，健康如何跟社区结合、特色街道整治、无障碍城市系统建设等，都可以在杨浦范围内做成样本，抓住每个项目的类型和理念，形成在某一领域的集中示范点，这将在更大范围内发挥微更新项目的带动作用。

让成熟的社区更新项目发挥更大的作用。"创智农园，是创智天地的一块公共用地，面积2000余平方米，有些零乱，还影响了创智坊社区的整体观感。"刘悦来介绍，2015年他们开始介入，与社区居民一起将它变成一个小小的农园，城市中的一块绿洲，一个蔬菜种植教学园地，也是所在社区居民与朋友、邻居和大自然接近的一个地方，居民们自豪地称它为"伊甸园"。现在，这里春天花儿艳，夏天瓜果香，秋天更是随处可见各种蔬菜、稻谷、瓜果、香草等。在这里，四节集装箱刷上白灰，摆些木头和绿植，摇身一变成为情调满满的果茶厅，也成了社区自然教育和文化体验中心。箱内有种子图书馆、儿童阅读角、城乡互动格子铺等，社区居民的各种需求都能满足；室外为儿童游戏区，松树皮圈出一块童趣满满的地盘，废旧车胎被喷上了七彩的颜料，与都市田园浑然一体。

一米菜园、农夫集市、做个有情怀有理想的吃货等，创智农园趣事多多、亮点多多。"我们一直试图打开创智片区与隔壁社区的门。"2021年开始，社区规划师刘悦来一方面带领学生们在围墙一侧的政立路580弄小区中开展细致深入的社区规划，并通过各种活动和居民们交流方案，参与式的社区规划让居民们纷纷点赞；另一方面将五角场街道社区规划师办公室设在围墙另一侧的创智农园，将此地作为参与式社区规划的基地，方便搜集居民意见及开展社区规划相关的社区活动。此外，还持续两年开办了"共治的景观"工作坊及杨浦区社区规划师培训等，邀请吴楠、山崎亮、饗庭伸、木下勇等国内外社区规划及营造专家到现场指导工作。最终，在居委会和居民们的努力下，结合"美丽家园"建设活动，拆了小区和创智天地间的围墙，门开了。"这预示着创智坊总体睦邻片区的社区规划进入了新的阶段。"刘悦来十分高兴。

与此同时，他还将经验介绍到五角场街道铁路新村小区中心花园改造中，充分挖掘社区文化、居民自治、高水平可持续美化，这些都是生态微更新的范式。"可收集小区里的废旧物品，用来打造花园"；"小区儿童较多，得有一块儿童玩耍区域，地面游戏涂鸦也需要设计"；"西侧靠近围墙地块总在阴影中，可结合现在的卵石小路打造成药草园"；"围墙上可涂鸦、可设种植筐，涂鸦可以铁路文化为主题"；"中心花坛可增加木质座椅、添置植物漂流台"。这些设计方案中的点子都是和居民深入互动探讨并一一确认形成的。此外，垃圾桶的改造也按照有害垃圾、可回收物、湿垃圾和干垃圾四分类标准并进行艺术设计。

3. 2019，微更新项目全面实施

张尚武介绍，目前 12 个街镇的微更新项目设计方案已获杨浦区规划委审核通过，将逐步实施。"陪伴式规划将是我们主要的参与方式。"张尚武说，"根据以往的经验，我们 2022 年应加强顶层设计，以期更好发挥社区规划师的作用；完善社区规划师工作机制；推广成型经验，增强杨浦社区规划师工作的示范性。"

☞ 思考讨论题

试运用构建社会主义和谐社会相关内容分析以上材料。

☞ 案例解析

党的十六大以来，我们党从中国特色社会主义事业总体布局和全面建设小康社会全局出发，提出构建社会主义和谐社会的重大战略任务。胡锦涛明确指出："社会和谐是中国特色社会主义的本质属性，是国家富强、民族振兴、人民幸福的重要保证。我们要构建的社会主义和谐社会，是在中国特色社会主义道路上，中国共产党领导全体人民共同建设、共同享有的和谐社会。"这个重大判断，深刻总结了国内外社会主义建设的历史经验，深化了对社会主义本质的认识。

社区微更新，迈出了构建和谐社区的一小步，却迈出了构建和谐社会的一大步。我们要构建的社会主义和谐社会是经济建设、政治建设、文化建设、社会建设、生态文明建设协调发展的社会，是人与人、人与社会、人与自然整体和谐的社会。

民主法治、公平正义、诚信友爱、充满活力、安定有序、人与自然和谐相处，是构建社会主义和谐社会的总要求。民主法治，就是社会主义民主得到充分发扬，依法治国基本方略得到切实落实，各方面积极因素得到广泛调动；公平正义，就是社会各方面的利益关系得到妥善协调，人民内部矛盾和其他社会矛盾得到正确处理，社会公平和正义得到切实维护和实现；诚信友爱，就是全社会互帮互助、诚实守信，全体人民平等友爱、融洽相处；充满活力，就是能

够使一切有利于社会进步的创造愿望得到尊重，创造活动得到支持，创造才能得到发挥，创造成果得到肯定；安定有序，就是社会组织机制健全，社会管理完善，社会秩序良好，人民群众安居乐业，社会保持安定团结；人与自然和谐相处，就是生产发展，生活富裕，生态良好。以上各方面是相互联系、相互作用的，需要全面把握和体现。

构建社会主义和谐社会，我们既要从"大社会"着眼，把和谐社会建设落实到包括经济建设、政治建设、文化建设、社会建设、生态文明建设和党的建设等在内的党和国家全部工作之中，又要从"小社会"着手，以解决人民群众最关心、最直接、最现实的利益问题为重点，着力发展社会事业、促进社会公平正义、建设和谐文化、完善社会管理、增强社会创造活力，走共同富裕道路，推动社会建设与经济建设、政治建设、文化建设、生态文明建设协调发展。

社区微更新涉及社区经济建设、政治建设、文化建设、生态文明建设的各个方面，是建设和谐社区、文明社区的典范。

教学反思

该教学案例的实施效果较好：一是"构建社会主义和谐社会"内容抽象，通过该教学案例的运用，从和谐社区建设出发，向学生呈现和谐社会建设的样本，使和谐社会具体化，增强了课程对学生的吸引力。二是该教学案例的使用契合了当前的爱国教育，向学生传授了党的思想路线、方针、政策等，能够让学生更多地参与到国家的发展和建设中来。三是通过该教学案例的运用，能够让学生对于和谐社会的建设有更加深入的了解，从而为国家的发展贡献自己的力量。

实施该教学案例需要改进之处：目前的案例分析与运用在课堂上与学生的互动性不足，学生没有深入思考案例进而从中得到启发，而是直接从老师那里获取知识。改进思路：今后要加强与学生的互动，通过提问、测验等方式先让学生进行思考，再将相关知识传授给学生。

第三篇

习近平新时代中国特色
社会主义思想

第八章

习近平新时代中国特色社会主义思想

案例❶

让开放的春风温暖世界：聚焦习近平在第四届中国国际进口博览会开幕式上的主旨演讲①

案例描述

2021年11月5日至11月10日，东方之约，黄浦江畔，第四届中国国际进口博览会如期在上海举行，再次彰显中国扩大开放的决心和信心。2900多家全球参展企业齐集进博会，一批优质产品、前沿技术、创新服务将在"四叶草"首发首秀，开放的中国，正在迎接四方宾客。

11月4日晚，习近平同志同大家"云端"相聚，发表《让开放的春风温暖世界》的主旨演讲。在开幕式上，习近平同志满怀自信地宣布在第三届进博会上采取的扩大开放举措已经基本落实；中国克服新冠疫情影响，推动对外贸易创新发展，是2020年全球唯一实现货物贸易正增长的主要经济体，为保障全球产业链供应链稳定、推动世界经济复苏做出了重要贡献。中国历来言必信、行必果，本身就是一诺千金的表现，这一年的实践再次证明，在经历世界

---

① 对应课程：毛泽东思想和中国特色社会主义理论体系概论；对应章节：第八章第一节。

百年未有之大变局和疫情持续冲击的背景下，中国扩大开放的决心始终如一、坚定不移。

习近平同志强调："见出以知入，观往以知来。"一个国家、一个民族要振兴，就必须在历史前进的逻辑中前进，在时代发展的潮流中发展。中国扩大高水平开放的决心不会变，同世界分享发展机遇的决心不会变，推动经济全球化朝着更加开放、包容、普惠、平衡、共赢方向发展的决心不会变。为了证明我们践行的决心不会变，中国将坚定不移维护真正的多边主义，坚定不移同世界共享市场机遇，坚定不移推动高水平开放，坚定不移维护世界共同利益。

连续举办并越办越好的进博会，凸显出中国始终如一扩大开放的决心、与世界经济高频良性互动的实际举措。"孤举者难起，众行者易趋。"新冠疫情阴霾未散，世界经济复苏前路坎坷，习近平同志呼吁各国人民更需要同舟共济，共克时艰，博采众长，进而有为，在开放中创造机遇，在合作中破解难题，中国愿同各国一道，共建开放型世界经济，共同开创人类更加美好的未来，让开放的春风温暖世界！

☞ 思考讨论题

当今世界正经历百年未有之大变局，中国应该怎么做？

☞ 案例解析

20 世纪的世界，风云激荡。两次世界大战重构世界格局，西方资本主义历经危机和发展，世界社会主义走过高潮和低谷，中华民族由近代不断衰落到根本扭转命运、持续走向繁荣富强。21 世纪的今天，世界又迎来大发展大变革大调整的时期。

习近平同志深刻指出："当今世界正经历百年未有之大变局。"这是我们党立足中华民族伟大复兴战略全局，科学认识全球发展大势、深刻洞察世界格局变化而做出的重大判断，对于指导我们开启全面建设社会主义现代化国家新征程、夺取新时代中国特色社会主义新胜利，具有重大而深远的意义。

百年未有之大变局，概括起来说，就是当前国际格局和国际体系正在发生深刻调整，全球治理体系正在发生深刻变革，国际力量对比正在发生近代以来最具革命性的变化，世界范围呈现出影响人类历史进程和趋向的重大态势。

纵观人类历史，世界发展从来都是各种矛盾相互交织、相互作用的综合结果，大变局孕育于其中，演进于其中。15 世纪至 16 世纪，新航路开辟和西方大航海时代到来，人类历史迈出向"世界历史"转变的第一步。17 世纪，欧洲主要势力签订《威斯特伐利亚和约》，确立国家主权平等的原则，搭建起一个有限的国际格局，但其他地域还没有纳入国际体系。18 世纪第一次工业革命后，人类社会迈上了加速发展的轨道，科技革命和工业革命呼唤出来的巨大生产力，深刻改变了世界发展的既有格局。从 19 世纪初的维也纳体系，到第一次世界大战后的凡尔赛—华盛顿体系，再到第二次世界大战后的雅尔塔体系，其背后反映了世界大变局的演进发展。苏联解体、东欧剧变后两极格局瓦解，美国成为唯一超级大国，但世界各种力量不断发展壮大，多极化趋势愈加清晰。

科学社会主义诞生以来，从理论到实践，从一国到多国，从遭遇曲折到奋起振兴，也深刻影响着世界大变局的演进过程，引领世界不断朝着有利于人类进步的方向发展。

进入 21 世纪，世界大变局的调整呈现出一系列前所未有的新特征、新表现。世界经济版图发生的深刻变化前所未有，发达国家和发展中国家在国际分工体系中的地位与角色发生重大转变，发达国家经济增长乏力，新兴经济体和发展中国家在世界经济中占据越来越大的份额，世界经济重心加快"自西向东"位移。

新一轮科技革命和产业变革带来的新陈代谢和激烈竞争前所未有，不仅有力重构着全球创新版图、重塑全球经济结构，而且深刻改变着人类社会生产生活方式和思维方式，推动生产关系变革，给国际格局和国际体系带来广泛而深远的影响。

国际力量对比的变化前所未有，发达国家内部矛盾重重、实力相对下降，一大批发展中国家群体性崛起，成为影响国际政治经济格局的重要力量。西方发达国家主导的国际政治经济秩序越来越难以为继，发展中国家在国际事务中的代表性和发言权不断扩大，全球治理越来越向着更加公平合理的方向发展。

人类前途命运的休戚与共前所未有，各国相互联系和彼此依存比过去任何时候都更频繁、更紧密，整个世界日益成为你中有我、我中有你的人类命运共同体。

在世界大变局中，中国持续快速发展，中华民族伟大复兴不断前进，成为世界格局演变背后的重要推动力量。习近平总书记强调，中华民族伟大复兴，是造成世界百年未有之大变局的重要原因；世界面临百年未有之大变局，给中华民族伟大复兴带来重大机遇。

中国从100多年前的半殖民地半封建社会，逐步发展成为世界第二大经济体、最大的社会主义国家，对世界经济增长的贡献率连续多年超过30%。中国创新力排名进入世界前15位，在科技革命中的角色由跟跑者、参与者向并跑者、变革者转变。

中国在全球治理领域承担更大责任、发出更多声音，成为多边合作的积极倡导者。

中华文明在世界上的影响力与日俱增，成为文明多样发展中不容忽视的重要力量。更重要的是，由于中国特色社会主义的发展，冷战结束后世界社会主义万马齐喑的局面得到很大程度的扭转，社会主义在同资本主义竞争中的被动局面得到很大程度的扭转，社会主义优越性得到很大程度的彰显，中国特色社会主义成为振兴世界社会主义的中流砥柱。

可以说，当今世界百年未有之大变局，最突出的特点就是"东升西降"，中国日益走近世界舞台中央。当前，世界百年未有之大变局进入加速演变期。和平与发展仍然是时代主题，但是不稳定性、不确定性更加突出。

教学反思

该教学案例的实施效果较好：习近平总书记强调："大变局带来大挑战，也带来大机遇，我们必须因势而谋、应势而动、顺势而为。"要心怀"国之大者"，树立正确的历史观、大局观、角色观，深刻把握世界百年未有之大变局与中华民族伟大复兴战略全局的辩证关系，立足大局、统筹全局、引领变局、开创新局，努力实现变中求进、变中突破、变中取胜。

实施该教学案例需要改进之处：在案例解析时，没有既包含整体规划视角，也包含细分领域视角，同时缺乏学生的意见表达。改进思路：在案例分析时，选取经济发展、外交领域等学生感兴趣的话题，教师从百年未有之大变局角度出发讲解整体规划，引导学生积极思考中国未来应当如何应对形势变化，从而调动不同专业背景学生的学习积极性。

案例二
推动高校基层党建高质量发展 ①

案例描述

2021 年 4 月，中共中央印发修订后的《中国共产党普通高等学校基层组织工作条例》，融入了习近平总书记关于教育的重要论述，体现了近年来高校党建工作的理论、实践和制度创新成果，对高校基层党组织工作作出全面规范，是新时代高校党的建设的根本遵循，为中国特色世界一流大学建设提供制度保证、指明前进方向，因此需要高校管理者在办学实践中深刻领会、坚决贯彻、牢牢坚持。

1. 坚持党对高校的全面领导

中国共产党的领导是中国特色社会主义最本质的特征，是中国特色社会主义制度的最大优势。上述条例鲜明指出："把党的领导落实到高校办学治校全过程各方面，确保党的教育方针和党中央决策部署得到贯彻落实。"党的全面领导是高校事业发展的基本前提，是高等教育取得历史性成就的根本保证，是经过多年探索总结形成的宝贵历史经验。

党中央历来重视高校党的建设工作，在 1990 年，中共中央在印发的《关于加强高等学校党的建设的通知》中明确提出，"为加强高校党的建设，要抓紧制定高校党组织工作方面的党内法规"，并规定"高等学校实行党委领导下的校长负责制，坚持党委的领导地位"。1996 年 3 月，中共中央印发《中国共产党普通高等学校基层组织工作条例》（以下简称条例），这是党的历史上第一个关于高校党的建设的基本法规，为加强高校党的基层组织工作提供了制度保障。自此，高校党的建设工作有了基本遵循。2009 年 11 月，时任中共中央政治局常委、中央书记处书记、中央党的建设工作领导小组组长的习近平同志，亲自指导条例的第一次修订工作。2010 年 8 月，中共中央颁布修订后的条例，

---

① 对应课程：毛泽东思想和中国特色社会主义理论体系概论；对应章节：第八章第二节。

对推进高校党的工作制度化、规范化、科学化发挥了重要作用。

党的十八大以来，以习近平同志为核心的党中央站在推进中国特色社会主义事业、确保党的事业后继有人的战略高度，就坚持和加强党对高校的全面领导、夯实高校党的建设工作作出一系列战略部署，推动高校进一步实现内涵式发展。在2016年12月的全国高校思想政治工作会议和2018年9月的全国教育大会上，习近平总书记对加强高校党的建设和思想政治工作作出指示、提出要求。这次修订的条例，既保留了此前被证明有效的要求，又提出与新时代相适应的一系列新要求，为高校党组织工作提供了新的遵循，需要我们在实际工作中认真贯彻。

2. 学深悟透条例精神

新修订的条例对高校基层组织工作有关规定做了进一步完善，需要高校管理者学懂弄通条例新要求、新变化，领会条例修订变化的时代背景和深刻内涵，并作为加强党的理论武装的一项重大任务，坚持先学一步、深学一层，同学习贯彻习近平新时代中国特色社会主义思想紧密结合起来。

高校党委要坚持以习近平新时代中国特色社会主义思想为指导，认真贯彻落实新时代党的建设总要求和新时代党的组织路线，要第一时间组织学习条例，通过学校党委、二级党组织、基层党支部三级党组织分别开展学习，确保条例各项要求落细落实，不断提升学校基层党建规范化、标准化水平。

为了更好地推动条例的学习，学校主要负责人要在党委常委会、校党委理论学习中心组（扩大）会议等场合逐字逐句进行领学，组织各级干部师生开展专题学习，帮助广大党员干部加深对条例的理解和把握，引导全体党支部对标条例对支部职责的规定，积极发挥作用，在重要问题决策、政治把关、团结凝聚师生群众等方面自觉对标看齐。相关职能部门要认真研究条例修订前后的内容变化和条例的重点内容，精心制作辅导材料，指导党员干部开展学习，推动二级党组织积极贯彻条例精神，进一步理顺运行机制，强化党委政治功能、履行政治责任。与此同时，学校党委还应在干部培训中增加专门的条例学习环节。

3. 制度的生命在于执行

条例的生命在于执行。高校在抓好学习的同时，还要第一时间抓贯彻、抓落实。要按照条例要求，第一时间向全校二级党组织发出通知，规范建立健全二级党组织党支部书记例会制度，通过例会制度加强对党支部工作的具体指导，促进党支部之间的相互交流，为党支部参与重大事项决策、反映师生群众意见建议等提供平台和机制保障。要对标条例要求，进一步修订完善学校"双带头人"党支部书记工作室建设质量标准，启动修订专职组织员岗位聘任和管理工作实施办法，不断夯实基层党建工作责任。

同济大学的党建工作从三个方面进行积极推进：一是结合上述条例新提法、新要求，修订《中共同济大学委员会关于进一步完善和落实基层党建工作责任制的意见》，推动条例要求落细落小。二是结合条例明确的新原则、新要求，组织党建工作专家、一线党务工作者等，通过实地调研、座谈研讨、课题研究等方式，修订二级单位党委会和党政联席会议事规则。三是强化干部人才队伍建设。一方面，着力加强干部队伍建设，注重选拔优秀干部；另一方面，持续加强对人才的政治引领和政治吸纳，把好各类人才引进、人才项目推荐的政治关，健全人才培养机制。

总之，上述条例的出台，对推动新时代高校做好基层组织工作提供了根本制度保障，对进一步贯彻新时代党的组织路线与推进高校基层组织工作制度化、规范化、科学化水平具有重要意义，需要高校管理者长期实践、久久为功，以高校基层组织工作的高质量发展带动中国特色世界一流大学建设取得新成效、迈上新台阶。

👉 思考讨论题

如何推动高校基层党建高质量发展？

👉 案例解析

党的十九大报告对新时代党的建设新的伟大工程作出全面部署，第一次鲜明提出要以党的政治建设为统领，把党的政治建设摆在首位。这是习近平新时代中国特色社会主义思想对马克思主义党建理论的重大创新，抓住了全面从严治党的根本性问题，牵住了从严治党的"牛鼻子"。我们要认真学习贯彻这一重要思想，不断推进基层党的建设高质量发展。

第一，加强政治学习，在坚定政治方向上下功夫。

首先，坚定维护核心。维护以习近平同志为核心的党中央的权威，加强党的集中统一领导，是党的政治建设的首要任务。通过学习教育和实践感悟等有效途径，引导党员干部充分认识到，全党有核心党中央才有权威，党才有力量。深刻认识中国特色社会主义进入新时代，比任何时候都需要坚强领导核心，牢固树立"四个意识"，做到思想上十分自觉、政治上十分明白、理论上十分清醒、行动上十分坚定，不断强化拥戴核心、维护核心、紧跟核心的坚强政治定力。

其次，坚定理想信念。党的十九大确定了习近平新时代中国特色社会主义思想，基层党组织要把学习贯彻习近平新时代中国特色社会主义思想作为首要政治任务，高起点谋划、高标准推进"不忘初心、牢记使命"主题教育，引导党员干部深刻理解习近平新时代中国特色社会主义思想的历史地位、精神实质、实践要求，坚持把习近平新时代中国特色社会主义思想作为推动事业发展的强大思想武器，努力内化于心、外化于行。

最后，坚定践行宗旨。通过深入学习习近平新时代中国特色社会主义思想和党的十九大精神，准确把握新时代新矛盾和新要求，牢固确立鲜明的人民立场和真挚的人民情怀，始终把人民放在心中最高位置，顺应人民日益增长的美好生活需要，真心实意为群众排忧解难，为不断增进人民福祉而不懈奋斗。

第二，严肃党内生活，在纯洁政治生态上下功夫。

首先，严格组织生活会制度。全体党员干部必须增强党的意识，时刻牢记自己第一身份是党员，自觉参加党的组织生活。认真组织党员学习新修改的党章，搞好对照检查，进一步提高党内政治生活的政治性、时代性、原则性、战斗性。严格执行"三会一课"制度，坚持民主生活会和组织生活会制度，开展批评和自我批评，落实民主评议党员制度，并把组织生活会制度落实情况作为党员积分制管理和党建责任制考评的重要内容，促进党员干部在严格组织生活会制度中照镜子、正衣冠，不断增强党性修养。

其次，严守政治纪律和政治规矩。纪律严明是全党统一意志、统一行动、步调一致前进的重要保障，是党内政治生活的重要内容。要通过理论学习、正反典型教育等方法，加强党内法规和政治纪律的学习，把政治纪律和政治规矩放在前面。全体党员必须对党忠诚老实、光明磊落，说老实话、办老实事、做老实人。

最后，加强党内政治文化建设。党内政治文化是党的政治建设的根和魂，具有清淤疏浚、标本兼治的独特功能。通过强化政治理论学习、坚持党内法规制度、正确选人用人、加强党建文化设施建设和开展党建文化教育活动等，营造浓厚的党内政治文化建设氛围。同时，以党建文化为核心加强行业文化建设，大力弘扬社会主义核心价值观，把党建"文化力"转化为单位建设"发展力"。

第三，注重实践锤炼，在增强政治本领上下功夫。

首先，增强政治领导本领。基层党组织要以提升组织力为重点，突出政治功能，充分发挥战斗堡垒作用。坚持通过以会代训、专题培训、组织研讨等形式，不断提高政治理论水平和讲政治、把方向的实际工作能力。当前，基层党组织特别是党组织书记要带头深入学习贯彻习近平新时代中国特色社会主义思想和党的二十大精神，做到善于宣讲辅导、善于答疑解惑，不断推动习近平新时代中国特色社会主义思想和党的二十大精神在基层落地生根。

其次，增强群众工作本领。基层党组织直接面对党员、直接联系群众，增强群众工作本领是践行党的宗旨的重要体现。通过制度规范、实践活动和党建带群团等方法，深入了解群众对党员、对党的工作的意见与建议，维护群众的正当权利和利益，既服务群众又带领群众坚定不移贯彻党的理论和路线、方针、政策，把党的主张变成群众的自觉行动，引领群众听党话、跟党走，不断增强组织群众、宣传群众、凝聚群众、服务群众的本领。

最后，增强狠抓落实本领。基层党组织是党的工作落实的"最后一公里"，落实的质量直接关系到党的事业兴衰成败。要把习近平新时代中国特色社会主义思想作为一切工作的根本遵循和行动指南，坚持科学谋划，加强跟踪督导，把雷厉风行和久久为功有机结合起来，勇于担当抓落实、创新方法抓落实、改进作风抓落实、增强本领抓落实，始终以奋斗精神不断开创新时代各项工作发展的新局面。

教学反思

该教学案例的实施效果较好：要在党的坚强领导下，全面贯彻党的教育方针，坚持马克思主义指导地位，坚持中国特色社会主义教育发展道路，坚持社会主义办学方向，立足基本国情，遵循教育规律，坚持改革创新，以凝聚人心、完善人格、开发人力、培育人才、造福人民为工作目标，培养德智体美劳全面发展的社会主义建设者和接班人，加快推进教育现代化、建设教育强国、办好人民满意的教育。

实施该教学案例需要改进之处：在案例解析部分，学生对于高校基层党建的切身体会不多，需要更加形象地阐述高校基层党建的高质量发展。改进思路：以同济大学的基层党建发展为例，尤其是有关同济大学的党组织建设及其发展情况，向学生传达更为亲切的案例，同时也引导学生讨论感受。

案例三
凝聚共识 齐心聚力 构建高质量教育体系①

👉 **案例描述**

为全面贯彻党的教育方针，落实立德树人根本任务，围绕"培养什么人、怎样培养人、为谁培养人"这一中心问题，同济大学自2020年寒假务虚会开始，启动了"同济大学2021教育思想大讨论——构建高质量教育体系"的活动，按照学校党委确定的具体实施方案在全校范围内深入开展。同济大学2021教育思想大讨论，是同济大学贯彻落实"三新一高"、开创"十四五"发展新篇章的重要举措，是同济大学2021年工作部署的四项重点工作之一，是落实中央巡视整改的四个专项行动之一。

1. 打好思想基础，照亮发展道路——我们为什么开展教育思想大讨论

习近平总书记指出，高校立身之本在于立德树人，只有培养出一流人才的高校，才能够成为世界一流大学。办出世界一流大学，必须牢牢抓住全面提高人才培养能力这个核心点，并以此来带动高校其他工作。

思想决定路线。深入分析探讨同济大学在新时代教育改革和发展中面临的问题，形成具有同济特色的现代教育思想理论与实践体系，对于深化学校教育教学改革，科学谋划学校"十四五"及中长期发展路径与政策，具有重要的理论意义和实践意义。

---

① 对应课程：毛泽东思想和中国特色社会主义理论体系概论；对应章节：第八章第二节。

开展教育思想大讨论，是学校服务人才强国战略的迫切需要。在2021年中央人才工作会议上，习近平总书记指出，高校特别是"双一流"大学要发挥培养基础研究人才的主力军作用，全方位谋划基础学科人才培养，建设一批基础学科培养基地，培养高水平复合型人才。同济大学作为中国特色世界一流大学建设高校，理应主动承担服务人才强国、培养拔尖创新人才的重任。从学校目前发展态势来看，要想完成习近平总书记和党中央赋予学校的艰巨使命，必须转变一些不合时宜的传统思维，打破一些阻碍发展的思想藩篱。因此，我们必须毫不犹豫地将思想建设放在前面，立足长远、统筹谋划，才能把握战略主动，赢得战略先机。

开展教育思想大讨论，是学校推进教育综合改革的迫切需要。建设一流大学和一流学科，关键在于深化高等教育领域综合改革，在于发展思路、体制机制的改革创新，在于统筹协调结构、规模、质量、效益之间的关系，需要从点、线、面上精准施策。而深化教育综合改革，首先要从目标任务出发，从总结反思出发，从凝聚共识出发，从价值追求出发。我们应该清醒地认识到，由于认识上不够深刻，我们的一些办学治校的理念还相对滞后，对人才培养的矛盾和技术发展的感知还不够敏锐，教育模式和教学方法创新还不能完全满足一流大学的根本需求，还不能完全满足立德树人的更高要求，在资源配置、制度建设方面还不到位。这些问题都需要我们认真反思、有效解决。我们开展教育思想大讨论，就是要在充分总结经验的同时，秉持求真务实的科学态度，勇于直面学校改革发展面临的种种问题，提高站位，拓宽视野，集思广益，凝聚共识，将全校师生员工的思想和行动统一起来，心往一处想，劲往一处使，共同破解现实难题和突出矛盾。

开展教育思想大讨论，是学校推动"十四五"高质量发展的迫切需要。"十四五"时期，是同济大学扎根中国大地，以创新推进高质量发展，努力实现"到2030年进入世界一流大学行列"目标关键的五年。要实现"十四五"高质量发展，必须举全校之力，集全校师生员工之智。希望全校师生员工，能在"同济天下、崇尚科学、创新引领、追求卓越"的新时代同济精神文化的浸润下，在"学术与育人"第一价值追求的熏陶下，发扬同舟共济的精神，聚焦学校发展的重点战略任务，多发声音、谋良策、凝共识，为学校"十四五"建设谋篇布局，画好同心圆。

2. 传承同济精神，守正才能创新——我们站在厚重的历史上讨论未来

开展教育思想大讨论，事关学校发展方向。首先，要充分继承同济大学优良历史传统和精神文化；其次，要保证与国家社会发展相适应，与国际学术前沿相契合；最后，要凝聚出富有时代特征、彰显同济特色、体现前沿水平的教育教学思想理论与实践体系。

回顾建校初期，国家积贫积弱，学校校董袁希涛先生对学生们提出殷切期望："中国之大患，曰贫曰弱，救弱莫若医，救贫莫若工。务望诸君，各求深造，以养成将来救国之人才。"1978 年以后，学校提出"两个转变"：恢复对德交流，由封闭办学向对外开放办学转变；拓展学科范畴，由土建为主的工科大学向理工为主的综合性大学转变，这为学校的发展开了新局。20 世纪 90 年代，学校提出知识、能力、人格"三位一体"的人才培养模式。2007 年同济大学百年校庆前后，学校提出培养的学生要具有扎实基础、实践能力、创新思维、国际视野、社会责任五个方面的综合特质，才能成为引领经济社会发展的专业精英和社会栋梁。新时代，学校第十一次党代会明确提出要按照"培养德智体美全面发展的社会主义建设者和接班人"这个目标要求，培养具有通识基础、专业素质、创新思维、实践能力、全球视野、社会责任等多方面综合特质的、引领未来的社会栋梁与专业精英，形成富有同济特色的人才培养优势。

"十三五"期间，同济大学坚持立德树人根本任务，着力推进内涵式发展，人才培养质量持续提升。如果说回首过往有什么经验或启示，那么有三点是所有同济人都要内化于心、外化于行的。一是"严谨求实"，这是同济人的行事风格和做人风骨，是传承了百年的校风；二是"仰望星空"，同济人在脚踏实地的同时，不忘追求真理，不忘远大理想，不忘国家民族的嘱托；三是"与祖国同行，以科教济世"，这也是同济人的大事。开展教育思想大讨论，要坚持在继承中创新、在创新中发展。

3. 明确实施路径，务求真抓实效——我们要真的讨论，讨论要出真东西

开展教育思想大讨论，首先，要坚持正确导向，即目标导向和问题导向，对人才培养所面临的问题进行深刻的全面总结；其次，要深入剖析，对国际国内高等教育发展的经验教训进行详细分析；再次，要统一思想，以理性的视角提出前瞻性的目标，凝聚共识；最后，要强化落实，全面构建高质量教育体系并提出具体行动方案。自活动开展以来，通过学校、学院、学科的百余场会议、座谈、调研等，梳理出同济大学新时期人才培养面临的十大问题与挑战。

教育思想大讨论，就是要从思想上、理念上、制度上、行动上落实立德树人根本任务，构建面向未来的高质量的人才培养体系，提升新时期同济大学人才培养质量。以上具体到实施上，要重视以下四方面工作：

第一，凝聚思想共识。我们必须清醒认识到，目前同济大学人才培养工作已进入提高质量的升级期、改革创新的攻坚期，在新时代、新形势、新要求下，面临着新的挑战。一是教育教学目标和理念面临新发展，尤其是第四次科技革命和百年未有之大变局，对高等教育目标和理念提出了新要求；二是教育教学范式面临新转型，以学生成长为中心的个性化培养和在线教育的发展，促使教育理念不断革新、教学内容不断更新、教学方法不断创新；三是人才培养内涵式发展进入新阶段，同济大学要培养引领未来的社会栋梁和专业精英，必须从招生、培养、深造、就业、校友等全链条环节，解决目前各环节各自为战、相互脱节的问题，破除长期存在的小富即安思想和实用主义倾向；四是办学资源拓展、评价标准重构仍面临巨大压力，资源配置政策机制尚需统筹考虑。教育思想大讨论，就是针对这些挑战想出举措，找到方法，凝聚共识，进一步增强立德树人的使命意识，引导和保障教师把主要精力放到教书育人上来。

第二，遵循教育规律。在大学这个复杂动态系统的基本模型中，从输入到输出中间有五大约束，这中间快、中、慢变量相互耦合、协同共进，有约束，有反馈。人才培养是慢变量，见效慢、难评价，需要10年、20年甚至更长的时间尺度来衡量。而慢变量才是决定大学品质的重要因素，这就要求我们在教育教学改革中，必须遵循大学发展和教育发展规律，遵循人才成长规律，深入思考哪些必须变，哪些可能变，哪些无法变。有些是要坚持不变的，如坚持社会主义办学方向、坚持立德树人根本任务、坚持德智体美劳全面发展的教育方针；有些是要设法改变的，如阻碍人才培养质量提升的课程内容、教学方法、管理模式、评价方式；有些是要因时而变的，如科学技术发展、经济社会发展、国际形势变化、民众思想观念、信息技术发展等对教育环节的冲击和影响。只有尊重教育规律，对教育教学命题开展严谨的研究，才能找到破解难题的实招和妙招。

第三，聚力内涵建设。立德树人，从招生、培养、深造、就业到校友终身发展，这是一个很长的链条，要切实推进全员、全过程、全方位育人，在内涵上下大功夫，把握好着力点，建设高水平人才培养体系。要在体制机制上持续攻坚，强力疏通政策堵点，制定高效行动方案。全体教职员工要对学校办学定位有深入的理解，要对办学目标、理念、模式有深切的共识。要构建思想政治教育与专业教育有机融合的课程体系，将学科研究新进展、实践发展新经验、社会需求新变化及时纳入教材，不能再用过时的知识培养明天的毕业生。要着力改革传统的教与学形态，推动课堂革命，广泛开展探究式、个性化、参与式教学，推广翻转课堂、混合式教学等新型教学模式，把沉默、单向的课堂变成碰撞思想、启迪智慧的互动场所，让"低头族"把头抬起来，让课堂上"VIP娱乐区"的同学坐到教室前排来。要着力建立科学的教师评价体系，加快师资队伍建设，增强教师的育人获得感。要培养一批政治素质过硬、业务能力精湛、育人水平高超、方法技术娴熟的优秀教师，使其以专业素养培育人、以人格魅力感召人、以精神力量征服人。

第四，强化协同保障。人才培养是一个系统工程，不仅是学院和人才培养部门的事情，而且是育人共同体内多部门协同、全资源统筹的事情。整个学校都要合力做一件事情——教书育人。全校各部门都应与学院、学科紧密配合、协同互动，"三全育人""五育并举"，共建以学生成长为中心的育人氛围和育人文化，牢固确立人才培养在学校工作中的中心地位，牢固树立一切为了学生的教育理念。一切工作都要服从于人才培养的需要，一切工作都要服务于学生成长成才的需要。

思考讨论题

1. 同济大学在新时代教育改革和发展中面临的问题有哪些？
2. 如何构建具有同济特色的现代教育思想理论与实践体系？
3. 开展教育思想大讨论，如何体现学校服务人才强国战略？

案例解析

习近平指出，在实践中，我们就教育改革发展提出一系列新理念、新思想、新观点，主要有以下方面：坚持党对教育事业的全面领导，坚持把立德树人作为根本任务，坚持优先发展教育事业，坚持社会主义办学方向，坚持扎根中国大地办教育，坚持以人民为中心发展教育，坚持深化教育改革创新，坚持把服务中华民族伟大复兴作为教育的重要使命，坚持把教师队伍建设作为基础工作。这是我党对我国教育事业规律性认识的深化，来之不易，要始终坚持并不断丰富发展。

习近平指出，培养什么人是教育的首要问题。我国是中国共产党领导的社会主义国家，这就决定了我们的教育必须把培养社会主义建设者和接班人作为根本任务，培养一代又一代拥护中国共产党领导和我国社会主义制度、立志为中国特色社会主义奋斗终身的有用人才。这是教育工作的根本任务，也是教育现代化的方向目标。

教学反思

该教学案例的实施效果较好：我们应在党的坚强领导下，全面贯彻党的教育方针，坚持马克思主义指导地位，坚持中国特色社会主义教育发展道路，坚持社会主义办学方向，立足基本国情，遵循教育规律，坚持改革创新，以凝聚人心、完善人格、开发人力、培育人才、造福人民为工作目标，培养德智体美劳全面发展的社会主义建设者和接班人，加快推进教育现代化、建设教育强国、办好人民满意的教育。

实施该教学案例需要改进之处：目前的案例分析与运用在课堂上仍以教师讲授为主，在教学中对学生主体性的发挥有待提高。改进思路：针对同济特色的高等教育方针的贯彻落实，认真调研与了解学生关注的领域，如同济大学学生对体育教育方面十分关注，再结合学生感兴趣的教育改革内容进行讲解与讨论。

第九章

坚持和发展中国特色社会主义的总任务

案例一

凸显中国特色 对标世界一流 培育栋梁人才 ①

👉 **案例描述**

当今世界正经历百年未有之大变局，实现中华民族伟大复兴进入了不可逆转的历史进程，同济大学建设中国特色世界一流大学也进入了一个新的关键时期。

立足新发展阶段，贯彻新发展理念，融入新发展格局，以创新推进高质量发展，同济大学正在积极推进新一轮"双一流"建设。而在新一轮"双一流"建设中，最根本的任务就是立德树人，就是要构建高质量人才培养体系，进一步提高人才培养质量，培养应对未来科技发展需求和国家战略发展需求的基础扎实、通专融合、个性发展的拔尖创新人才。正如习近平总书记所强调的："只有培养出一流人才的高校，才能够成为世界一流大学。办好我国高校，办出世界一流大学，必须牢牢抓住全面提高人才培养能力这个核心点，并以此来带动高校其他工作。"

---

① 对应课程：毛泽东思想和中国特色社会主义理论体系概论；对应章节：第九章第一节。

为进一步深化教育教学改革，不断提高人才培养质量，同济大学深入开展2021年教育思想大讨论。结合新一轮"双一流"建设，笔者认为"凸显中国特色，对标世界一流，培育栋梁人才"是同济大学上下需要去共同研究的重大课题。

第一，凸显中国特色。扎根中国大地办大学，就是要走中国特色的高等教育发展道路。中国自古就是一个注重教育的国家，以儒家为代表，留下了许多值得继承与发扬光大的教育思想，包括因材施教、温故知新、循序渐进、教学相长、言传身教等。中华人民共和国成立以来，围绕"为什么培养人""培养什么人""怎样培养人"等基本问题，在马克思主义基础之上，我国提出了教育服务人民、又红又专、立德树人、培养德智体美劳全面发展的社会主义建设者和接班人等重要思想。进入新时代，同济大学应该以习近平新时代中国特色社会主义思想为指导，坚持党的全面领导，坚持马克思主义指导地位，坚持社会主义办学方向，全面贯彻党的教育方针，以立德树人为根本任务，为党育人、为国育才，把发展科技第一生产力、培养人才第一资源、增强创新第一动力更好结合起来，传承中国传统教育思想精华，创新同济风格的教育理念与教育思路，走出一条凸显中国特色、体现同济风格的高等教育发展道路。

第二，对标世界一流。世界一流大学应该具备"优秀学生的向往地，拔尖创新型人才的摇篮，全球尖端人才（学术大师）的聚集地，前沿科学探索、重大科技发现、重大技术发明的原创地，为人类文明进步贡献先进理念与文化"等内涵和特征。其中，"重视吸引本国乃至世界最优秀的学生就读，其培养的学生毕业后受到社会普遍欢迎，对社会乃至整个人类的创新和进步起着领先带头作用"是最关键的特征。而要实现这样的人才培养成效，很重要的一点就是加强向世界一流的标杆学校学习，融通中外，提高人才培养国际竞争力。同济大学已经确立了美国加州伯克利大学、德国慕尼黑工业大学、瑞士苏黎世联邦理工学院、新加坡国立大学、日本东京大学等世界一流对标高校，学习这些世界名校一些先进的育人模式与经验。学校各个学科与专业，甚至各门课程，都应该主动对标世界一流，查找差距、分析问题、取长补短、持续改进，带动相关学科、专业与课程不断提升，不断提高育人能力与水平。

第三，培育栋梁人才。当前，同济大学的人才培养目标是"培养引领未来的社会栋梁与专业精英"。结合习近平总书记关于教育的重要论述、党和国家的有关要求以及同济大学实际情况，建议同济大学的人才培养目标可以进一步优化为"培养引领未来、担当民族复兴大任的社会栋梁与专业精英"，以进一步增强为党育人、为国育才的责任感，增强学校人才培养的使命感。按照学校的人才培养目标，学校应该培养出一批又一批在各个领域、各行各业为祖国为人民永久奋斗、赤诚奉献的领军人才。学校应该按照人才培养的目标定位，进一步提高全校师生员工的政治站位，加强学生的理想信念和家国情怀教育，持续弘扬"同济天下、崇尚科学、创新引领、追求卓越"的新时代同济文化，加强追求卓越的师生学术共同体构建，进一步增强学生的通识基础、专业素质、创新思维、实践能力、全球视野、社会责任等综合特质，培养越来越多的学术、行业、社会等各方面的领军人才，为加快建设高等教育强国和科技强国、为实现中华民族伟大复兴的中国梦做出更大贡献。

思考讨论题

上述案例内容如何体现中国梦？高校如何奋力实现中国梦？

案例解析

建设一批高水平大学和若干所世界一流大学是党和政府的长期战略目标，也是我国教育界和全国人民的期盼。我国对高等学校进行重点建设的历史已有二十多年，"211工程"和"985工程"推动一批重点建设高校显著提高了综合实力和国际影响力，为建设世界一流大学奠定了良好的基础。2015年，国务院发布了《统筹推进世界一流大学和一流学科建设总体方案》，为我国建设世界一流大学绘制了新的宏伟蓝图。教育部、财政部、国家发展改革委发布了《统筹推进世界一流大学和一流学科建设实施办法（暂行）》，又为高校合理选择建设路径，不断提升人才培养、科学研究、社会服务、文化传承创新和国际交流合作能力指明了方向。

中国梦就是要实现中华民族伟大复兴，就是要实现国家富强、民族振兴、人民幸福。中国道路是指中国特色社会主义道路，这条道路来之不易，它是在改革开放40多年的伟大实践中走出来的，是在中华人民共和国成立70多年的持续探索中走出来的，是在对近代以来180多年中华民族发展历程的深刻总结中走出来的，是在对中华民族5000多年悠久文明的传承中走出来的。中国精神是凝心聚力的兴国之魂、强国之魂，它包括以爱国主义为核心的民族精神和以改革创新为核心的时代精神。

集体无论大小，团结才有力量。全国各族人民只有"心往一处想，劲往一处使"，团结起来，才能给每个人以鼓舞和信心，使个人的能力得到充分的发挥，也才可以在思想上统一、行动上一致、情感上共鸣，把每个人的长处集中起来，形成强大的合力。这种力量不是简单的个人力量相加，而是一种聚变与升华，因此才能"汇集起不可战胜的磅礴力量"，从而能够完成个人无法完成的任务，战胜个人无法克服的困难。

我们要坚持发展是硬道理的战略思想，坚持以经济建设为中心，全面推进社会主义经济建设、政治建设、文化建设、社会建设、生态文明建设，深化改革开放，推动科学发展，才能不断夯实实现中国梦的物质文化基础。"中国梦"关乎着中国未来的发展方向和前进道路，凝聚着中国人民对中华民族伟大复兴的憧憬和期待，它是整个中华民族不断追求的梦想，是亿万人民的夙愿，每个中国人都是中国梦的参与者、创造者。

教学反思

该教学案例的实施效果较好：建设一批高水平大学和若干所世界一流大学是党和政府的长期战略目标，也是我国教育界和全国人民的期盼。建设世界一流大学任重道远，面对建设进程中必然会遇到的一些深层次问题，需要政府、大学以及所有高等教育工作者认真思考、理解把握问题本质和涉及的教育、科技规律，坚持立德树人、坚持服务国家、坚持改革创新，按照社会主义办学方向提高大学治理水平，加快建立并践行现代大学制度，树立自信，保持特色，强化优势，勇于进取，走出一条我国的建设世界一流大学的路子。

实施该教学案例需要改进之处：课堂讲解时侧重于中国梦的整体内涵，对于个人梦想尤其是学生梦想的重视程度不足。改进思路：加强与学生的互动，在给出案例材料后，先采取提问方式给学生提供发言机会，尤其是结合将个人梦想融入中国梦之中，引导学生畅谈个人梦想，然后由教师进行点评和补充，这样有利于调动学生的思维积极性和听课主动性。

案例二

新时代的庄严宣誓，新征程的发展蓝图 ①

案例描述

　　2018 年 7 月 8 日，中国共产党同济大学第十一次代表大会在同济大学四平路校区逸夫楼报告厅隆重召开，方守恩同志代表中共同济大学第十届委员会作了题为《与祖国同行　以科教济世　开启中国特色世界一流大学建设新征程》的报告。这份 2 万多字的报告，高举习近平新时代中国特色社会主义思想伟大旗帜，全面对标中国特色世界一流大学的发展目标，主题鲜明，特色突出，举措有力，极大振奋了全体师生的信心，坚定了同济人朝着愿景目标奋勇前进的决心。这是同济人不忘初心、牢记使命的庄严宣誓，这是同济大学新时代开启新征程的发展蓝图。

　　同济大学第十一次党代会，是在中国特色社会主义进入新时代，学校深入学习贯彻党的十九大精神，深化综合改革，深入推进中国特色世界一流大学建设的关键时期召开的一次十分重要的大会。历史性的盛会，需要有一份无愧于时代要求、经得起历史检验的报告，需要有一个能够引领学校发展、激发师生斗志的纲领。

　　中国特色社会主义进入了新时代，当历史的指针指向又一个 5 年，如何规划学校在新时代的发展目标和发展战略，引领学校跻身世界一流大学行列，实现几代同济人的"光荣与梦想"，为国家"两个一百年"奋斗目标的实现做出历史性贡献，成为同济大学第十一次党代会必须回答的时代课题。

　　上述报告成为在新的历史起点上引领学校发展的行动纲领。未来 5 年，对同济大学的发展至关重要。党代会报告必须立足现实、着眼长远、体现同济特色。这绝不仅仅是文字上的敲打锤炼，而是必须坚决贯彻落实中央对高等教育的一系列决策部署，把学校发展放在党和国家整个事业大局中来进行定位和思考，系统阐释同济特色的文化基因与办学方略，科学谋划同济大学在新时代发

---

　　① 对应课程：毛泽东思想和中国特色社会主义理论体系概论；对应章节：第九章第二节。

展的新蓝图。

不忘初心、牢记使命,如何系统阐释同济大学的初心与使命,使这份报告更具同济情怀?报告系统回顾了同济大学110余年走过的风雨历程,用一代代同济人走出的"同舟共济、自强不息"的奋斗之路证明:"与祖国同行,以科教济世"就是同济大学的初心;"追求真理,培养人才,研究学术,服务社会,促进文化传承创新,交往世界与贡献智慧"是同济大学的使命;"同舟共济"是同济大学的校训,"严谨、求实、团结、创新"是同济大学的校风,"同心同德同舟楫,济人济事济天下"是同济人的精神境界。报告指出,这些都是同济大学独具特色的文化基因,也是同济人身上个性鲜明的文化底色,更是我们向着新时代发展目标奋勇前进的强大动力。

在回顾办学传统的基础上,报告总结归纳了必须长期坚持的办学方略,概括为"五个始终":一是始终坚持追求科学真理,准确把握时代发展的精神脉络;二是始终坚持培养德智体美全面发展的社会主义建设者和接班人,为实现民族复兴伟业提供优质人力资源支持;三是始终坚持扎根中国大地,提升办学质量,实现内涵式发展;四是始终坚持发扬科教济世传统,为经济社会发展和人类命运共同体建设贡献智慧力量;五是始终坚持弘扬严谨求实学风校风,同舟共济、实干苦干,向着学校发展目标踏实前进。

针对未来五年具体工作的部署,报告全面对标中国特色世界一流的标准,提出了八个方面的改革发展任务和八个方面的党的建设任务,描绘了同济大学在新征程开局阶段的行动书、施工图。一系列令人充满憧憬的新举措、新部署,表明同济大学党委将以强烈的使命感和担当意识,团结带领全校广大干部师生砥砺前行,开创更美好的未来。

☞ 思考讨论题

面向新时代,开启新征程,对标党的十九大作出的从2020年到21世纪中叶的"两个阶段"战略安排,讨论当国家基本实现社会主义现代化和建成社会主义现代化强国时,同济大学分别应该建成什么样子的高校。

案例解析

"十四五"时期是我国开启全面建设社会主义现代化国家新征程、向第二个百年奋斗目标进军的第一个五年。2021 年 2 月 26 日召开的中共中央政治局会议强调，在党的领导下，发挥好中国特色社会主义制度优势，科学编制实施"十四五"规划和 2035 年远景目标纲要，对于巩固拓展全面建成小康社会和脱贫攻坚成果，开启全面建设社会主义现代化国家新征程具有重大意义。党的十九届五中全会审议通过《中共中央关于制定国民经济和社会发展第十四个五年规划和二〇三五年远景目标的建议》，为编制规划纲要指明了方向，提供了遵循。按照党中央、国务院决策部署，国家发展改革委组织编制的《中华人民共和国国民经济和社会发展第十四个五年规划和二〇三五年远景目标纲要（草案）》已经通过十三届全国人大四次会议审查批准。今后五年，必须围绕准确把握新发展阶段、深入贯彻新发展理念、加快构建新发展格局，切实把纲要落到实处。

通过对上述案例进行思考与分析，我们明确了同济大学近、中、远期发展的战略目标体系。

教学反思

该教学案例的实施效果较好： 习近平总书记向全党发出号召，要"决胜全面建成小康社会，开启全面建设社会主义现代化国家新征程"。提出这一重大时代课题，从历史维度看，它体现了中国共产党人不忘初心，始终把为人民谋幸福、为民族谋复兴作为自己的使命；从现实维度看，它体现了中国共产党人与时俱进，始终把让人民过上更加美好生活的新期待作为自己努力的方向；从未来维度看，它体现了中国共产党人永不停步，始终把不断推进中国的文明进步作为激励自己前进的动力。在这个大背景下，高校应该如何做，非常值得探讨，而本案例以同济大学在未来的建设方向为引导，较好地提高了学生的兴趣。

实施该教学案例需要改改进之处： 教学过程中对不同专业背景的学生对同济大学未来建设的不同看法重视度不够。改进思路：就同济大学的未来建设而言，有意引导不同专业背景的学生就各自研究领域开展讨论与交流，从而多方面形象地刻画未来同济大学建设的目标体系。

案例三
秉承新发展理念，砥砺前行铸辉煌①

案例描述

2019年12月14日，同济大学2019级MBA综合7班的40余名学生来到上海松江区，在同济大学经济与管理学院陶小马教授的带领以及松江区经济委员会贾顺君主任的陪同下，参观了解了长三角G60科创走廊规划展示馆、海尔智谷以及CSG科大智能。

1. 第一站长三角G60科创走廊规划展示馆

学生们首先来到G60科创走廊规划展示馆，观看了从2016年5月松江提出的沿G60高速公路40公里松江段布局"一廊九区"，构建共建共享、产城融合的G60科创走廊，到现在一系列的重要里程碑。参观过程中，陈列的科技产品深深地吸引了学生们的目光和好奇，科大讯飞研发的同声翻译能在线下实时翻译中文和英语以及多种外语，甚至包括几十种方言，还有高精度六轴机械臂、A320飞行模拟仓、非人灵长类体细胞克隆猴、中国电科首架国产复合材料高性能双发飞机、AR/VR等令人眼花缭乱的"黑科技"，着实令人拍手称奇。通过这次参观，学生们体会到在制度创新和技术创新双轮驱动下，"松江制造"正迈向"松江创造"，G60科创走廊正在贯彻落实并服务长三角一体化发展的国家战略，同时深刻感受到G60科创走廊的勃勃生机和强大的创新能力。

2. 第二站海尔智谷

随后，学生们参观了海尔智谷旗下工业互联网平台（COSMOPlat）。海尔智谷是海尔产城创集团在上海松江区打造的产城创生态基地，是以互联网+国家战略的平台型智慧园区为目标，以海尔区域总部、工业互联网平台（COSMOPlat）及国家双创示范平台（海创汇）为核心的产城融合标杆示范项

---

① 对应课程：毛泽东思想和中国特色社会主义理论体系概论；对应章节：第九章第三节。

目。作为长三角 G60 工业互联网创新应用体验中心，它包括构建智慧供应链、物联网、视觉检测、汽车智能装备、智能电气、赋能智能电网等。COSMOPlat 从平台下单到工厂生产及发货全过程由数据驱动，建立自动化、智能化、个性化的定制工厂。在参观过程中，全球首创 5G+ 工业互联网大规模定制验证平台吸引了学生目光，他们现场体验并定制了一个含有个人签名及属相的电源插座，不到三分钟的时间插座便制作完毕，从下单到生产全过程都由数据驱动，每一道工序都由机械臂自动完成。5G+ 工业互联网大规模定制验证平台参观不仅让学生深切体会到未来的市场将是个性化主导的市场，智能化和高柔性化的生产模式才能为企业在竞争中赢得优势，而且让他们感受到了企业家实施多元化经营战略的成功，深刻体会到了互联网和制造业融合步伐的加快。

3. 第三站 CSG 科大智能

最后，学生们还拜访了科大智能科技股份公司（CSG），CSG 主要从事高端装备智能制造技术开发，业务领域主要涉及汽车智能装备、智能工厂、智能电气等。现场展示了有诸多用途的汽车制造工业机器人、电气线路智能检测机器人以及智能工厂升级改造的案例沙盘等，每一件都展示着其非凡的能力和优势，再次开阔了学生们的眼界。CSG 正在努力成为行业引领者，其在机器人板块是少数能打破国外高端机器人企业长期垄断和主流车企侧围焊接生产线细分领域的企业之一，在工业机器人系统集成应用技术领域也处于国内先进水平。CSG 设备采用与德国同步的制造技术，满足高节拍、高负载、性能稳定、柔性化的要求，长期服务大众、福特等知名车企。

耳闻不如眼见，学生们感受到了松江 G60 科创走廊炽烈的创业热情与广阔的前景，也体会到了市场正在发生翻天覆地的变化，而企业正在为顺应这种变化积极探索前进。同时，他们也深感时代发展与变革的洪流，决心要更加努力学习，拓宽视野，不断吸取新知识，秉承新发展理念，砥砺前行铸辉煌！

思考讨论题

大学生如何理解新发展理念，如何自觉践行？

案例解析

大学是社会的组成部分,大学要发展,也离不开"创新、协调、绿色、开放、共享"。大学的创新重在学科、学术、教学、管理的创新,重在打通象牙塔与社会的关系,重在通过服务经济社会的发展体现自身的追求与价值。大学的协调重在学与用、思与行的协调。大学的绿色重在学风淳朴、不尚虚荣,大学的开放重在借鉴会通、协作交流,大学的共享重在教学相长、同人共进。关于五大发展理念对大学生成长的启发:一是要打牢基础,培养闻新创新之能;二是要修身养性,追求身心与人我协调之美;三是要俯仰观为,营造天人和谐之善;四是要启闭各适,成就开放滋润之境;五是要分享共赢,作育群体共享之德。五大发展理念可伸可展,要用开放的胸襟和眼光对待国家的发展、社会的进步、大学的生活,努力成为一个能创新、会协调、善开放、喜干净、乐共享的人!

作为大学生,要做到以下四点:

第一,要勤学,下得苦功夫,求得真学问。知识是树立核心价值观的重要基础。古希腊哲学家说,知识即美德。《诫子书》说:"非学无以广才,非志无以成学。"大学的青春时光,人生只有一次,应该好好珍惜。为学者要贵在勤奋、贵在钻研、贵在有恒。鲁迅先生说过:"哪里有天才,我是把别人喝咖啡的工夫都用在工作上了。"大学阶段,"恰同学少年,风华正茂",有老师指点,有同学切磋,有浩瀚的书籍引路,可以心无旁骛求知问学。此时不努力,更待何时?要勤于学习、敏于求知,注重把所学知识内化于心,形成自己的见解,既要专攻博览,又要关心国家、关心人民、关心世界,学会担当社会责任。

第二,要修德,加强道德修养,注重道德实践。"德者,本也。"蔡元培先生说:"若无德,则虽体魄智力发达,适足助其为恶。"道德之于个人、之于社会,都具有基础性意义,做人做事第一位的是崇德修身。我们的用人标准是德才兼备、以德为先,因为德是首要、是方向,一个人只有明大德、守公德、严私德,其才方能用得其所。修德,既要立意高远,又要立足平实。要立志报效祖国、服务人民,这是大德,养大德者方可成大业。同时,还得从做好小事、自小节开始起步,"见善则迁,有过则改",踏踏实实修好公德、私德,学会感恩、学会助人,学会谦让、学会宽容,学会自省、学会自律。

第三,要明辨,善于明辨是非,善于决断选择。"学而不思则罔,思而不学则殆。"是非明,方向清,路子正,人们付出的辛劳才能结出果实。面对世界形势的复杂变化，面对信息时代各种思潮的相互激荡，面对纷繁多变、鱼龙混杂、泥沙俱下的社会，面对学业、情感、职业选择等多方面的考量，一时有些疑惑、彷徨、失落，是正常的人生经历，关键是要学会思考、善于分析、正确抉择，做到稳重自持、从容自信、坚定自励。要树立正确的世界观、人生观、价值观，掌握了这把总钥匙，再来看看社会万象、人生历程，一切是非、正误、主次，一切真假、善恶、美丑，自然就洞若观火、清澈明了，自然就能做出正确判断、正确选择。

第四，要笃实，扎扎实实干事，踏踏实实做人。道不可坐论，德不能空谈。于实处用力，从知行合一上下功夫，核心价值观才能内化为人们的精神追求，外化为人们的自觉行动。《礼记》中说："博学之，审问之，慎思之，明辨之，笃行之。"有人说："圣人是肯做工夫的庸人，庸人是不肯做工夫的圣人。"青年有着大好机遇，关键是要迈稳步子、夯实根基、久久为功。心浮气躁，朝三暮四，学一门丢一门，干一行弃一行，无论为学还是创业，都是最忌讳的。"天下难事，必作于易；天下大事，必作于细。"成功的背后，永远是艰辛努力。青年要把艰苦环境作为磨炼自己的机遇，把小事当作大事干，一步一个脚印往前走。

教学反思

该教学案例的实施效果较好：新发展理念即创新、协调、绿色、开放、共享五大发展理念，充分体现了新一届中央领导集体对社会主义建设规律和人类社会发展规律的深刻认识。青年学生作为国家未来发展的中流砥柱，引导其深刻理解并践行新发展理念，有利于推动新时代中国特色社会主义思想在高校中的宣传和落实，同时也有利于培养其正确的价值观。

实施该教学案例需要改进之处：案例教学过程中缺少对同济大学的针对性讲解。改进思路：同济大学有着中国高校特有的可持续发展理论与实践的研究基础，这与新发展理念中的绿色发展紧密联系，未来应结合同济大学可持续发展相关研究进展引导学生积极思考。

第十章

"五位一体"总体格局

案例一
实施创新创业教育供给侧结构性改革 ①

☞ 案例描述

　　创新是民族进步之魂，创新是高等教育的生命线。当前，全球科技创新进入空前密集活跃的时期，新一轮科技革命和产业变革正在重构全球竞争格局、重塑人类生产生活方式。当今世界正经历百年未有之大变局，我国高等教育因势而谋、应势而动、顺势而为，以深化创新创业教育改革为抓手，积极推动人才培养范式变革和高等教育质量革命，激发青年学生的创新创业创造热情，培养能够引领新一轮科技革命和产业变革的创新创业人才。为此，同济大学全面贯彻党的教育方针，积极落实立德树人根本任务，认真贯彻习近平总书记在全国教育大会上的讲话精神，即"要把创新创业教育贯穿人才培养全过程，以创造之教育培养创造之人才，以创造之人才造就创新之国家"，率先在国内高校成立了平台型实体创新创业学院，统筹全校创新创业教育资源，协同政、产、学、研，建设共生型创新创业教育生态系统，开创了具有国内高校引领意义的

---

　　① 对应课程：毛泽东思想和中国特色社会主义理论体系概论；对应章节：第十章第一节。

创新创业教育组织、管理和实践模式，促进了学校创新人才培养理念和模式变革。然而，必须清醒地认识到，与建设成为中国特色世界一流大学的愿景和学校人才培养质量目标相比，同济大学创新创业教育还需实现升级与变革。

1. 努力探索形成创新创业教育新范式

以人工智能、大数据、物联网、生物科技、量子计算等为代表的技术创新和新经济模式给我国高等教育人才培养带来了极大的挑战。为此，同济大学主动适应新一轮科技革命和产业变革，面向前沿科技和国家重大需求，把握创新创业人才培养的本质和规律，不断增强改革力度，打通教育链、创新链、人才链和产业链协同发展的机制和平台，以创新创业教育升级与变革为抓手，增强学生"敢闯的素质、会创的本领和家国的情怀"，丰富"社会栋梁、专业精英"人才培养内涵，探索高校创新创业教育的新范式，为创新驱动发展国家战略和上海建设具有全球影响力的科创中心培养具有创新精神和前瞻交叉思维的科技领军人才以及具有全球视野、企业家精神和创新创业能力的企业领袖人才，以新的质量观推动创新创业人才培养范式变革。

2. 积极完善共生型创新创业教育生态系统

以共生型创新创业教育生态系统建设为核心的同济大学创新创业教育和实践活动，为"环同济知识经济圈"的持续繁荣催生、孵化了为数众多的初创企业，创造了大量就业机会，体现了同济大学服务地方经济社会发展和创新驱动发展国家战略的历史责任与使命担当。当前，同济大学正发挥学科、专业和人才培养的特色与优势，深化以科教结合、产教融合、"环同济知识经济圈"和高科技成果转化为核心的创新创业教育升级与变革，通过开展创新创业通识教育，建设"创新创业+"实验区、创新创业"微专业"和思创融合、专创结合的项目和课程体系，将创新创业教育融入人才培养全过程，广泛开展创新创业人才培养、科研成果转化和创新创业实践与孵化服务，建设生态型创新创业人才培养与创新创业发展平台，形成蓬勃向上的创新创业校园精神和文化，建成国际一流、国内领先的同济大学共生型创新创业教育生态系统和浓郁的校园创新创业文化，为我国高校创新创业人才培养提供同济经验与同济模式。

3. 大力推动创新创业教育供给侧结构性改革

同济大学正大力推进以强化数理、学科交叉、国际交流、创新创业等为特色的人才培养模式改革，探索符合未来产业和经济发展所需的创新能力强、实践能力强、具备国际竞争力的高素质复合型"社会栋梁"和"专业精英"人才。这一举措既给同济大学创新创业教育的升级与变革带来了新机遇，也对当前和未来一段时期同济大学创新创业教育服务学校"双一流"建设总体目标带来了挑战，亟须加强以管理、服务、师资发展、课程建设和教学研究为主要内容的创新创业教育供给侧结构性改革。

具体而言，要持续完善创新创业教育管理和服务体制机制，统一思想、凝心聚力，深刻认识到加快推动创新创业师资专门化、专业化和专家化发展是创新创业教育升级与变革的关键。同时，面对智能经济和数字经济对创新人才的要求，要坚持新思想、新理论、新模式和新方法，不断加强创新创业教育内涵建设，及时修订创新创业人才培养目标和方案，建设以产业和市场需求、创新和未来发展为导向的创新创业教育课程体系，坚持和完善面向科技创新和国家重大战略需求的创新创业教育。要坚持立德树人，实现思政教育、学科专业教育和创新创业教育的深度融合，培养肩负中华民族伟大复兴中国梦的创新人才。要充分认识到以慕课为代表的教育技术对传统教育教学模式的深刻影响，大力推动"互联网 +"创新创业教育的发展，努力实现创新创业教育课程、课堂和学习革命，切实加强创新创业教育供给侧结构性升级与变革。

4. 全面建设创新创业教育全球化发展新格局

同济大学要充分利用学校全方位、立体型对外交流与合作平台和资源，建设创新创业教育国际化项目与课程，探索国际化创新创业人才培养模式，推动创新创业教育的全球化发展，形成面向全球的创新创业人才培养新格局，为"一带一路"和"人类命运共同体"建设培养具有中国情怀、全球视野和全球竞争力的创新创业型人才，努力打造创新创业教育的"中国模式"，树立全球创新创业教育的"中国创造"品牌，推动中国创新创业教育领跑世界，服务国家战略。

打造创新创业教育升级版，推动创新创业教育范式变革，建设创新创业教育"金课"，实现课程、课堂和学习革命，形成新的人才培养质量观，不仅是创新创业教育的未来，而且是高等教育强国建设和创新驱动发展的未来。因此，探索形成创新创业教育新范式、完善共生型创新创业教育生态系统、推动创新创业教育供给侧结构性改革、建设创新创业教育全球化发展新格局是同济大学培养具有全球视野和全球竞争力的社会栋梁和专业精英、建成国内外领先的创新创业教育高地、引领创新创业人才培养趋势的需要，也是同济大学"与祖国同行、以科教济世"，建设中国特色世界一流大学的需要。

创新创业人才培养，同济大学一直在努力！

——同济大学创新创业教育研究中心副主任　许涛

☞ 思考讨论题

1. 试运用深化供给侧结构性改革的内容分析以上案例。

2. 除以上内容外，深化供给侧结构性改革内涵还包括哪些？

3. 深化供给侧结构性改革有何重要意义？

☞ 案例解析

第一，该案例表明要在创新创业工作中推进增长动能转换，加快实施创新驱动发展战略。要坚持创新在我国现代化建设全局中的核心地位，把科技自立自强作为国家发展的战略支撑，面向世界科技前沿、经济主战场、国家重大需求、人民生命健康，深入实施科教兴国战略、人才强国战略、创新驱动发展战略，完善国家创新体系，加快建设科技强国。要强化国家战略科技力量，健全社会主义市场经济条件下新型举国体制，打好关键核心技术攻坚战，提高创新链整体效益；提升企业技术创新能力，强化企业创新主体地位；健全以创新能力、质量、实效、贡献为导向的科技人才评价体系，构筑科研创新高地，完善科技创新体制机制，深入推进科技体制改革，完善科技评价机制，加强知识产权保护，全面塑造发展新优势。

第二，该案例表明要在创新创业工作中加大人力资源培育力度，更加注重调动和保护人们的积极性。要塑造良好社会文化生态，营造鼓励创新、终身学习的社会氛围，厚植企业家精神土壤，厘清政府、市场边界，拓展企业家精神生长空间，激发和保护企业家精神。要建设知识型、技能型、创新型劳动者大军。要弘扬劳动精神、劳模精神和工匠精神，营造劳动光荣的社会风尚和精益求精的敬业风气。

首先，深化要素市场化配置改革，实现由以价取胜向以质取胜的转变。要破除无效供给，把处置"僵尸企业"作为重要抓手，推动化解过剩产能；调整产业结构，淘汰落后产能，防止低水平重复建设。要推进土地、劳动力、资本、技术、数据等要素市场化改革，推进要素市场制度建设，健全要素市场运行机制，完善要素交易规则和服务体系，实现要素价格市场决定、流动自主有序、配置高效公平。要优化存量资源配置，提质升级存量供给，扩大优质增量供给，在各行各业开展产品质量、工程质量和服务质量提升行动，显著增强我国经济质量优势。

其次，激发各类市场主体活力，加快建设世界一流企业。要毫不动摇巩固和发展公有制经济，毫不动摇鼓励、支持、引导非公有制经济发展。要深化国资国企改革，做强做优做大国有资本和国有企业。加快国有经济布局优化和结构调整，发挥国有经济战略支撑作用；加快完善中国特色现代企业制度，深化国有企业混合所有制改革，健全以管资本为主的国有资产监管体制。要优化民营经济发展环境，破除制约民营企业发展的各种壁垒。

最后，持续推进"三去一降一补"，优化市场供求结构。要坚持去产能、去库存、去杠杆、降成本、补短板，优化存量资源配置，扩大优质增量供给。要打好防范化解重大风险攻坚战，积极稳妥去杠杆，重点控制宏观杠杆率，促进形成金融和实体经济、金融和房地产、金融体系内部的良性循环，防范化解金融风险，有效控制国有企业债务和地方政府债务风险。要加大减税、降费力度，继续清理涉企收费，降低用能、物流、要素和制度性交易成本，切实降低企业负担。要增强微观主体内生动力，扎实有效补短板。

实现经济高质量发展，必须坚持供给侧结构性改革。要把推进供给侧结构性改革作为经济发展的主线，坚持"巩固、增强、提升、畅通"八字方针，坚持质量第一、效益优先，推动经济发展质量变革、效率变革、动力变革，提高全要素生产率。

供给侧结构性改革是化解我国经济发展面临困难和矛盾的重大举措，也是培育增长新动力、形成先发新优势、实现创新引领发展的必然要求和选择。供给和需求是市场经济内在关系的两个基本方面，是既对立又统一的辩证关系。新需求催生新供给，新供给创造新需求。供给侧管理和需求侧管理是调控宏观经济的两个基本手段。需求侧管理，重在解决总量性问题，注重短期调控，主要通过调节税收、财政支出、货币信贷等来刺激或抑制需求，进而推动经济增长。供给侧管理，重在解决结构性问题，注重激发经济增长动力，主要通过优化要素配置和调整生产结构来提高供给体系质量和效率,进而推动经济增长。当前和今后一个时期,我国经济发展面临的问题,供给和需求两侧都有,但矛盾的主要方面在供给侧。

推进供给侧结构性改革,关键在于理解"结构性"。我国经济运行面临的突出矛盾和问题,虽然有周期性、总量性因素,但是根源是重大结构性失衡,即实体经济结构性供需失衡、金融和实体经济失衡、房地产和实体经济失衡。推动供给侧结构性改革,重点是解放和发展社会生产力,用改革的办法推进结构调整,减少无效和低端供给,扩大有效和中高端供给,提升供给体系对国内需求的适配性,实现由低水平供需平衡向高水平供需平衡跃升。

教学反思

该教学案例的实施效果较好:一是深化供给侧结构性改革的内容新颖且繁杂,较难理解,通过该教学案例的运用,使供给侧结构性改革的内容生活化和具体化,增强了课程对学生的吸引力。二是案例分析部分促进了学生对所学知识的活学活用,增强了教学的实践性,有利于提升学生分析问题、解决问题的能力。三是通过该教学案例的运用,达到了结合教学内容向学生宣传党的指导思想和党的路线、方针、政策的目的。四是该案例有利于学生更好地了解中国社会、了解国家大政方针,达到了思政课教学的主要目标。

实施该教学案例需要改进之处:目前的案例分析与运用在课堂上仍以教师讲授为主,在教学中对学生主体性发挥不足。改进思路:今后要加强与学生的互动,在给出案例材料后,先采取提问方式,给学生提供发言机会,然后由教师进行点评和补充,这样有利于调动学生的思维积极性和听课主动性。

案例二

同济大学顺利完成 2021 年区人大代表换届选举工作 ①

☞ 案例描述

2021 年 9 月 2 日下午，同济大学 2021 年区人大代表换届选举工作动员会在四平路校区召开。校人大换届选举工作组组长、党委常务副书记冯身洪，选举工作组成员单位校办、组织部、宣传部、人事处、学生处、保卫处、离退办、后勤集团、嘉定校区管委办、沪西校区管委办、同济控股负责人及各学院、直属单位党委书记选举联络人参加会议。

冯身洪在动员讲话中指出，本次换届选举是在"两个一百年"奋斗目标历史交汇点、"十四五"规划开局之年进行的，要从政治和全局的高度，充分认识人大换届选举工作的重要性。人民代表大会制度是中国特色社会主义制度的重要组成部分，通过依法选举产生人大代表，参与管理国家生活和社会生活事务，是保证人民当家作主的重要体现，也是社会主义民主政治在基层最直接、最生动的实践。基层代表的选举，对巩固党的执政基础、加强国家政权建设、推动人民代表大会制度与时俱进、推进国家治理体系和治理能力现代化具有重大而深远的意义。他强调，在选举工作开展过程中：一要把握新形势，立足新任务，加强宣传发动，精心制订工作计划，切实保障每一位选民的知情权、参与权和监督权；二要严格遵循"坚持党的领导、充分发扬民主、严格依法办事"三个原则，有序有效地开展各项工作，确保选举体现人民意愿、符合人民意志，选举结果人民满意；三要充分发挥各级党组织的领导核心作用，努力为换届选举工作提供坚强的政治保证、思想保证和组织保证，确保换届选举工作圆满完成。

随后，校选举办负责人介绍了本次区人大代表换届选举工作方案，就各阶段任务进行了说明和部署，对选民登记和核查要求进行了详细解读和培训。

据悉，本次换届选举日定于 2021 年 11 月 16 日，将分前期准备，宣传动

---

① 对应课程：毛泽东思想和中国特色社会主义理论体系概论；对应章节：第十章第二节。

员和选民登记，提名、协商和确定代表候选人，投票选举和宣布结果四个阶段开展，历时 3 个月。届时同济大学 5 万余名师生将分别参加杨浦区、嘉定区、普陀区的人大换届选举。

同济大学 2021 年区人大代表换届选举工作自 9 月 2 日起，历时两个月，经过前期筹备，宣传动员和选民登记，提名、协商和确定代表候选人，投票选举四个阶段依法依规有序开展。11 月 16 日，全校 45000 余名选民分别参加了杨浦区、嘉定区、普陀区等 5 个选区的投票，依法行使民主权利。经区人大选举委员会审查确认，选举结果于 11 月 18 日、19 日分别在各选区张榜公布。

杨浦选区共登记选民 26794 名，其中 25870 名选民参与投票，参选率 96.55%。经杨浦区选举委员会审查，确认投票结果真实有效，任力之、吕培明、陈素文、周晔、张众、张琪 6 位同志得票超过半数，正式当选为杨浦区第十七届人民代表大会代表。

嘉定选区共登记选民 15448 名，其中 14555 名选民参与投票，参选率 94.22%。经嘉定区选举委员会审查，确认投票结果真实有效，张皓、张苗苗两位同志得票超过半数，正式当选为嘉定区第七届人民代表大会代表。

普陀选区共登记选民 2296 名，其中 2292 名选民参与投票，参选率 99.83%。经普陀区选举委员会审查，确认投票结果真实有效，刘玲、徐纪平两位同志得票超过半数，正式当选为普陀区第十七届人民代表大会代表。

思考讨论题

试运用发展社会主义民主政治相关内容分析同济大学 2021 年区人大代表换届选举工作。

案例解析

我国是工人阶级领导的、以工农联盟为基础的人民民主专政的社会主义国家，国家一切权力属于人民。我国社会主义民主是维护人民根本利益的最广泛、最真实、最管用的民主。发展社会主义民主政治就是要体现人民意志、保障人民权益、激发人民创造活力，用制度体系保证人民当家作主。同济大学

2021年区人大代表换届选举工作体现了以下四大要点：

第一，人民代表大会制度是我国的根本政治制度，是符合中国国情、体现中国社会主义国家性质、能够保证人民当家作主的根本政治制度和最高实现形式，也是党在国家政权中充分发扬民主、贯彻群众路线的最好实现形式。人民代表大会制度是坚持党的领导、人民当家作主、依法治国有机统一的根本政治制度安排，必须长期坚持、不断完善。要支持和保证人民通过人民代表大会行使国家权力。发挥人大及其常委会在立法工作中的主导作用，健全人大组织制度和工作制度，支持和保证人大依法行使立法权、监督权、决定权、任免权，更好发挥人大代表作用，使各级人大及其常委会成为全面担负起宪法法律赋予的各项职责的工作机关，成为同人民群众保持密切联系的代表机关。

第二，人民民主是一种全过程民主。社会主义民主不是装饰品，不是摆设，而是具体地、生动地体现在人民当家作主的全过程各环节。我国人民依法实行民主选举、民主协商、民主决策、民主管理、民主监督，这些环节扩大了人民有序的政治参与，集中反映了全过程民主的具体形式。社会主义民主有效防止了西方民主选举时漫天许诺、选举后无人过问的现象，既保证了人民进行民主选举的权利，也保证了人民在民主协商、决策、管理、监督等方面的权利，是全过程的民主。

第三，协商民主是中国社会主义民主政治中独特的、独有的、独到的民主形式。人民通过选举、投票行使权利和人民内部各方面在重大决策之前进行充分协商，是中国社会主义民主的两种重要形式。有事好商量，众人的事情由众人商量，是人民民主的真谛。在中国共产党的领导下，人民内部各方面围绕改革、发展、稳定重大问题和涉及群众利益的实际问题，在决策之前和决策实施中，开展广泛协商，努力形成共识。协商民主丰富了民主的形式，拓展了民主的渠道，延展了民主的内涵。必须推进协商民主广泛、多层、制度化发展，统筹推进政党协商、人大协商、政府协商、政协协商、人民团体协商、基层协商及社会组织协商，加强协商民主制度建设，形成完整的制度程序和参与实践，保证人民在日常政治生活中有广泛、持续、深入参与的权利。

第四，走中国特色社会主义政治发展道路，必须坚持党的领导、人民当家作主、依法治国有机统一。党的领导是人民当家作主和依法治国的根本保证，人民当家作主是社会主义民主政治的本质特征，依法治国是党领导人民治理国家的基本方式，三者统一于我国社会主义民主政治的伟大实践。坚持党的领导，就要发挥党总揽全局、协调各方的领导核心作用。改进党的领导方式和执政方式，就是要保证党领导人民有效治理国家。实现人民当家作主，就要扩大人民有序的政治参与，保证人民依法实行民主选举、民主协商、民主决策、民主管理、民主监督。巩固基层政权，就要完善基层民主制度，保障人民知情权、参与权、表达权、监督权。坚持依法治国，就要维护国家法制统一、尊严、权威，加强人权法治保障，保证人民依法享有广泛权利和自由。健全依法决策机制，就要构建决策科学、执行坚决、监督有力的权力运行机制。

教学反思

该教学案例的实施效果较好：一是人民代表大会制度是我国的根本政治制度，事关我们每一位同学的切身利益，通过该教学案例的运用，将选举人大代表的过程进行系统阐述，增强了课程对学生的吸引力。二是该案例中每一位学生既是参与者，也是旁观者，通过该案例的学习和分析，有利于学生系统学习并深刻理解人民代表大会制度，有利于增强他们的权利意识，启发他们更严肃、庄重地使用自己的选举权和被选举权。

实施该教学案例需要改进之处：民主政治的相关概念比较抽象，学生只是在课堂上听教师的讲解，不易理解。改进思路：可以加强与学生的互动，让学生选取自己熟悉领域的相关知识并在课堂上分享，这样有助于加深学生对社会主义民主政治的理解。

案例三

《觉醒年代》主创团队现身同济大学，为学生讲述"初心故事"——建设社会主义文化强国 ①

👉 案例描述

2021年4月24日至25日，重大革命历史题材电视连续剧《觉醒年代》编剧、原中共中央文献研究室第三编研部主任、同济大学特聘教授龙平平来到同济大学，与同济大学和上海市大学生理论宣讲联盟成员单位师生代表面对面交流，讲述党的初心故事，并在烈士陵园为"00后"学生讲实景沉浸式党课。剧中扮演陈延年烈士、陈乔年烈士的青年演员张晚意、马启越一同前来交流。

龙平平谈起了创作这部剧的初衷。他说自己作为一名党史工作者，有责任把100年前的革命青年介绍给今天的青年，"让大家知道他们、记住他们，并以他们为楷模"。他介绍，如今通过《觉醒年代》，中国有数以亿计的青年记住了陈延年、记住了陈乔年，"作为编剧，我感到非常的欣慰"。

《觉醒年代》被认为是生动鲜活的党史学习教材。谈起这次演绎陈延年革命烈士，张晚意颇为感慨："能够让现在的观众特别是年轻的观众看到，我尽到了身为一名演员应有的那种责任和使命。"马启越也讲述了拍摄中的一些细节和自己思想上受到的触动，特别是如何在剧组长达8个月拍戏过程中的学习和成长。

主创团队还参与同济大学第一附属中学教师王康茜和同济大学马克思主义学院教师运迪共同给高中生们上的一堂名为《觉醒年代的无悔青春》的别开生面的大中小一体化思政课。两位青年演员向高中生们讲述了自己出演的革命任务以及演出的心得体会，鼓励他们坚定理想信念，心怀报国志向，将来为国家建设贡献应有的力量。

4月25日，龙平平在同济大学作了题为《中国共产党溯源：初心与使命》的党史学习教育专题辅导报告，他从创作初衷、思想溯源、场地溯源、人物溯

---

① 对应课程：毛泽东思想和中国特色社会主义理论体系概论；对应章节：第十章第三节。

源四个方面,结合《觉醒年代》剧本创作,围绕该剧中重点讲述的1915年至1921年发生的新文化运动、五四运动和中国共产党建立三件大事,阐述了对"为什么要成立中国共产党"这一问题的思考。报告会中,还穿插播放了一些剧中的经典片段。

龙平平以剧中"南陈北李相约建党"的情节为例,通过陈独秀、李大钊两人在海河边上看到义和团的老英雄给兄弟们放河灯时的一番话,阐述了中国共产党的初心和使命:"看到了成千上万的难民,两个人激动了,我们得建党!为什么要建党?不为别的,就为了他们——河堤上的难民,为了他们能够像人一样活着,能够获得人的尊严、人的权利、人的快乐。这就是中国共产党的初心!这就是中国共产党的使命!"

《觉醒年代》自播出两个多月来,热度不减,持续升温。当被问及"《觉醒年代》有续集吗?"时,龙平平回答:"你今天的幸福生活就是续集。"他说,《觉醒年代》这部剧让当年的青年跟今天的"90后""00后"实现了自然的沟通,"青年人能通过这部剧对我们党的历史有这么一个认识,我觉得作为一个党史工作者感到无比的欣慰"。

☞ 思考讨论题

1. 上述案例内容会对同济大学师生产生怎样的影响?
2. 试运用建设社会主义文化强国相关内容分析以上材料。

☞ 案例解析

第一,上述案例是同济大学加强和改进学校思想政治教育的重要举措。青少年正处于人生成长的"拔节孕穗期",能否树立马克思主义的信仰,直接关系到培养合格的社会主义建设者和接班人问题。要坚持社会主义办学方向,落实立德树人根本任务,建立全员、全程、全方位育人体制机制,用科学理论培养人,用正确思想引导人,用主流价值涵育人,引导广大青少年扣好人生第一粒扣子,品学兼优地健康成长,更好担当起民族复兴的大任。要深入推进思政课改革创新,编写好思政课教材,在大中小学循序渐进、螺旋上升地开设思政课，发挥好思政课教师的重要作用，不断增强思政课的思想性、理论性和亲和力、针对性。《觉醒年代》主创人员走进同济校园就是一堂生动的思政课。

第二，上述案例有利于对同济大学师生社会主义核心价值观的培育和践行。社会主义核心价值观是在社会主义核心价值体系基础上提炼出来的。社会主义核心价值体系由马克思主义指导思想、中国特色社会主义共同理想、以爱国主义为核心的民族精神和以改革创新为核心的时代精神、社会主义荣辱观四个方面内容构成。社会主义核心价值观是社会主义核心价值体系的内核凝练和集中表达，体现着社会主义核心价值体系的根本性质和基本特征，反映着社会主义核心价值体系的丰富内涵和实践要求。《觉醒年代》不仅是党史学习教育的鲜活教材，而且对于社会主义核心价值观的培育和践行具有重要意义。

首先，此案例是同济大学坚持马克思主义在意识形态领域指导地位的根本制度的重要表现。意识形态关乎旗帜、关乎道路、关乎国家安全，决定文化前进方向和道路。党的十九届四中全会着眼新时代党和国家事业全局，明确把坚持马克思主义在意识形态领域的指导地位确立为根本制度，集中体现了我们党在领导文化建设长期实践中积累的成功经验和形成的方针原则，充分反映了我们党对社会主义文化建设规律的新认识。

坚持马克思主义在意识形态领域指导地位的根本制度，是坚持和加强党对宣传文化事业全面领导的本质要求，是恪守党的本质属性、巩固党的团结统一的必然要求，是坚持正确发展道路、实现国家长治久安的必然要求，是筑牢全体人民共同思想基础、凝聚团结奋进强大精神力量的必然要求，是保证我国文化建设正确方向、更好担负起新时代使命任务的必然要求。要增强政治自觉和思想自觉，强化制度意识，抓好制度执行，牢牢掌握意识形态工作领导权，努力在守正创新中推动社会主义文化繁荣昌盛。

要把马克思主义指导地位贯穿到文化建设各方面。坚持马克思主义在意识形态领域指导地位的根本制度，理论武装、新闻宣传、文艺创作生产、文化体制改革、精神文明创建、网络建设管理等文化领域的一切工作和活动都要紧紧围绕这一根本制度来展开、来推进，要高扬马克思主义旗帜，确保我国文化建设始终沿着正确方向前进。要努力推动建设具有强大凝聚力和引领力的社会主义意识形态，建设具有强大生命力和创造力的社会主义精神文明，建设具有强大感召力和影响力的中华文化软实力。

其次，此案例坚定了同济大学师生的文化自信，有利于繁荣发展社会主义文化。文化自信是更基础、更广泛、更深厚的自信，是一个国家、一个民族发展中更基本、更深沉、更持久的力量。坚定文化自信，事关国运兴衰，事关文化安全，事关民族精神的独立性。我国有着悠久的历史传统和深厚的文化资源，在漫长的实践中形成了坚持共同的理想信念、价值理念、道德观念，弘扬中华优秀传统文化、革命文化、社会主义先进文化、促进全体人民在思想上与精神上紧紧团结在一起的显著优势。新时代，人民群众对文化的需求快速增长，我国的文化发展面临着难得的机遇。同时，也要清醒认识我国文化发展的历史和现状，增强文化自觉，更好地把握文化发展的规律，以主动担当的精神加快文化发展步伐，弘扬伟大建党精神，弘扬党和人民在各个历史时期奋斗中形成的井冈山精神、延安精神、"两弹一星"精神、特区精神等伟大精神，大力发展社会主义先进文化。

最后，此案例是同济大学提升公共文化服务水平的重要举措。要全面繁荣新闻出版、广播影视、文学艺术、哲学社会科学事业，实施文艺作品质量提升工程，不断推出反映时代新气象、讴歌人民新创造的文艺精品。推进媒体深度融合，实施全媒体传播工程，做强新型主流媒体；推进城乡公共文化服务体系一体建设，创新实施文化惠民工程，广泛开展群众性文化活动，推动公共文化数字化建设。举办《觉醒年代》主创人员进校园活动，是提升同济大学校园公共文化服务水平的重要举措之一。

教学反思

该教学案例的实施效果较好：一是"建设社会主义文化强国"的内容繁杂，涉及面广，通过该教学案例的运用，使"文化强国"的内容具体化，增强了课程对学生的吸引力。二是该案例是当下党史学习教育的鲜明体现，有利于增强学生对党史学习教育的积极性。三是将当下较为流行的电视剧《觉醒年代》融入学生的生活中，有利于激发广大学生的热情，让学生对建设社会主义文化强国有更加深切地领会。

实施该教学案例需要改进之处：当前的案例分析还是以教师为主，学生的参与性较低，并且在案例分析中各小组之间相对独立，互动不足。改进思路：将课堂的主动权交给学生，启发学生去寻找更多贴切的案例；加强各小组之间的互动和交流，并针对学生的提问给出教师的建议。

案例四

同济大学入选教育部"一站式"学生社区综合管理模式建设试点高校 ①

👉 案例描述

2021年7月29日，教育部"一站式"学生社区综合管理模式建设试点工作推进会在西安召开，教育部党组成员、副部长翁铁慧出席会议并讲话。会上，同济大学入选教育部"一站式"学生社区综合管理模式建设试点高校。至此，共有31所高校入选试点高校。

翁铁慧在讲话中强调，要把深化"一站式"学生社区建设作为教育系统贯彻落实习近平总书记"七一"重要讲话精神的重要举措，落到实处，抓出实效。一是提高政治站位，充分认识到"一站式"学生社区建设的时代价值，将社区建设成坚持党的领导的重要载体、践行"一线规则"的最好抓手、防范风险挑战的前沿阵地、培养时代新人的创新场域。二是强化目标导向，准确把握重点任务，在党的领导"一竿子到底"、队伍入驻"一条龙服务"、学生参与"一揽子提效"、保障支持"一盘棋统筹"等关键环节上下功夫。三是拧紧责任链条，把"一站式"学生社区建设作为"一把手"工程来抓，形成党委统一领导、有关单位各负其责、全员协同配合的工作格局，切实推动社区建设走深走实。

推进高校"一站式"学生社区综合管理模式建设，旨在打造党委领导、学工牵头、教师协同、学生参与、支部引领、社团助力、辅导员入驻的学生党建前沿阵地、"三全育人"实践园地、平安校园样板高地，创造高校版"枫桥经验"。

多年来，同济大学坚持党的全面领导，落实立德树人根本任务，推动学生社区"五育并举"实施，打造以学生德智体美劳全面发展为导向的"一站式"学生社区综合管理模式。学校践行"一线规则"，建立健全驻楼导师工作制

---

① 对应课程：毛泽东思想和中国特色社会主义理论体系概论；对应章节：第十章第四节。

度，组织学校领导干部、专家学者深入学生社区，开展驻楼导师工作。配齐建强社区思政工作队伍，在学生社区做好社区辅导员队伍建设、宿管队伍建设，营造学生社区全员育人环境。在学生社区中依托"最美寝室""最美寝室长评选""一楼一品"等评选，围绕良好生活品行养成、学风建设、中华文化体验等主题，举办具有特色的社区活动。与此同时，积累并总结出了一些宝贵的社区综合管理工作经验。

校领导表示，此次入选是对同济大学多年来学生社区工作的充分肯定，将激励同济大学在已积累的有效经验基础上，进一步做好"一站式"学生社区综合管理模式建设试点工作，切实打通新时代高校育人工作的"最后一公里"，在学生社区形成全员全过程全方位育人格局。

👉 思考讨论题

1. 谈谈对高校版"枫桥经验"的认识。
2. 试运用加强和创新社会治理相关内容分析以上材料。

👉 案例解析

"枫桥经验"，是指 20 世纪 60 年代浙江诸暨枫桥镇干部群众创造的"发动和依靠群众，坚持矛盾不上交，就地解决。实现捕人少，治安好"的依靠群众就地化解矛盾的做法。1963 年，毛泽东对枫桥镇的这一做法亲笔批示："要各地仿效，经过试点，推广去做。"由此，"枫桥经验"开始成为全国政法综治战线的一面旗帜。2013 年，习近平强调要充分认识"枫桥经验"的重大意义，适应时代要求，创新群众工作方法，善于运用法治思维和法治方式解决涉及群众切身利益的矛盾和问题，把"枫桥经验"坚持好、发展好。经过 50 多年的发展，"枫桥经验"逐渐发展为一整套行之有效的基层社会治理机制和方法，形成"新时代枫桥经验"。其中，党建统领是根本保证，人民主体是价值核心，自治、法治、德治"三治结合"是主要路径，人防、物防、技防、心防"四防并举"是重要手段，共建共治共享是基本格局，平安和谐是目标效果。

高校版"枫桥经验"是同济大学践行习近平总书记重要指示，创新高校社区治理的重大创新，值得在全国范围内推广。

社会治理是国家治理的重要领域，是社会建设的重要方面。要加强和创新社会治理，逐步实现社会治理结构的合理化、治理方式的科学化、治理过程的民主化，有力推进国家治理现代化。党的十八大以来，我国社会治理体系不断完善，社会安全稳定形势持续向好，人民生命财产安全得到有效维护，广大人民群众的安全感和满意度不断增强。然而，在社会大局总体稳定的同时，社会利益关系日趋复杂，社会矛盾和问题交织叠加，人民群众对社会公共事务的参与意愿更加强烈，社会共识凝聚难度不断加大，社会治理面临的风险和挑战更加严峻、复杂，我国的社会治理工作在很多方面需进一步加强和创新。在学校场域中，社区治理是学校治理的重要领域，是学校建设的重要方面，也需要进一步加强和创新。

第一，创新社会治理体制。加强和创新社会治理，关键在体制创新。加强社会治理制度建设，要完善党委领导、政府负责、民主协商、社会协同、公众参与、法治保障、科技支撑的社会治理体系，充分调动各方面积极性，建设人人有责、人人尽责、人人享有的社会治理共同体。要注重发挥群团组织和社会组织在社会治理中的作用，畅通和规范市场主体、新社会阶层、社会工作者和志愿者等参与社会治理的途径，真正实现社会共建共治共享。

第二，完善正确处理新形势下人民内部矛盾的有效机制。要坚持和发展新时代"枫桥经验"，畅通和规范群众诉求表达、利益协调、权益保障通道，完善信访制度，完善人民调解、行政调解、司法调解联动工作体系，完善社会矛盾纠纷多元预防调处化解机制，努力将矛盾化解在基层。

第三，完善社会治安防控体系。要坚持专群结合、群防群治，提高社会治安立体化、法治化、专业化、智能化水平，形成问题联治、工作联动、平安联创的工作机制，提高预测预警预防各类风险能力，增强社会治安防控的整体性、协同性、精准性。

第四，加强社会心理服务体系建设。加强和创新社会治理，核心是人，只有人与人和谐相处，社会才会安定有序。要健全社会心理服务体系和疏导机制、危机干预机制，重视疏导化解、柔性维稳，塑造自尊自信、理性平和、亲善友爱的社会心态。加强和改进思想政治工作，注重人文关怀和心理疏导；推进诚信建设和志愿服务制度化，强化社会责任意识、规则意识、奉献意识。

第五，构建基层社会治理新格局。城乡社区是党和政府联系群众的"最后一公里",社会治理的重心要向基层下移,落实到城乡社区。健全党组织领导的自治、法治、德治相结合的城乡基层治理体系,完善基层民主协商制度,把更多资源、服务、管理下沉到基层,更好提供精准化、精细化服务;健全党组织领导、村(居)委会主导、人民群众为主体的基层社会治理框架,夯实基层社会治理基础;注重发挥家庭家教家风在基层社会治理中的重要作用。

教学反思

该教学案例的实施效果较好:一是"加强和创新社会治理"的内容繁杂,涉及面广,通过该教学案例的运用,使社会治理的对象具体化,增强了课程对学生的吸引力。二是通过该案例的学习和分析,增强了学生对推动国家治理体系与治理能力现代化必要性和紧迫性的认识。

实施该教学案例需要改进之处:课堂上对于案例的分析仍然是以教师为主,学生的主动性发挥不足。改进思路:在课前让学生先行搜集相关案例并自行感悟和理解,便于在课堂上更加深入地分析案例。

案例五
让每个同济人成为"校园垃圾魔法师"①

案例描述

上海 2021 年上半年生活垃圾分类实效综合考评结果发布,同济大学获评"优秀",成绩位列前三。2021 年上海市垃圾分类"百佳学校"典型选树名单发布,同济大学名列其中。

垃圾分类,同济大学的秘诀是什么?在四平路校区图书馆中央区域讨论

---

① 对应课程:毛泽东思想和中国特色社会主义理论体系概论;对应章节:第十章第五节。

角，摆放着红、蓝、黑、棕四色大小不一的收集箱体，分别用于投放有害垃圾、可回收物、干垃圾、湿垃圾。这是同济大学师生团队为图书馆量身定制的个性化收集容器。

仔细观察箱体，从细节可看出设计者的用心。首先，尽管都是用于可回收物的投放，但是回收纸类的箱体投放口是长方形的，回收塑料瓶、易拉罐的箱体投放口是圆形的，直观引导正确投放。其次，湿垃圾的箱体窄小。图书馆不鼓励学生携带食物入馆，考虑到大厅有自助咖啡机，只在一楼设置了一个小的湿垃圾箱。二楼及以上楼层全部不设湿垃圾箱。紧挨着的墙面上还张贴着学生设计的"同济大学生活垃圾分类投放指引"创意海报，相关引导性标语标识简洁明了、一目了然。

以上看上去只是对垃圾分类收集容器的改革，背后却是同济大学强有力的学科支撑。对图书馆垃圾分类进行个性化、精准化布局和设计改造，源于同济大学环境科学与工程学院王晗雪等3名本科生开展的一项大学生创新训练课题成果。该团队在同济大学固体废物处理与资源化研究所所长、环境科学与工程学院何品晶教授指导下，通过实地调研图书馆垃圾产生特征，摒弃了此前各处均设置四个大小相同的垃圾桶的粗放模式，探索出更加合理高效的垃圾分类创新模式。

走进图书馆南侧教学南楼大厅一角，几个垃圾箱"一"字摆开，细细看会发现其与图书馆内垃圾箱的设置有些不同。其中，两只黑色箱体用于回收干垃圾，两只蓝色箱体分别用于回收易拉罐、饮料瓶，未设置湿垃圾箱。特别值得一提的是，在回收饮料瓶的蓝色箱右侧，外挂一个白色小篓专用于回收饮料瓶盖，以更好细分可回收物，为后期资源化奠定基础。

再看垃圾箱紧靠的墙面上，有"湿垃圾""剩包子""剩饭菜""果核"四个红色醒目的警示图标，提示禁止投放这些垃圾。同时，墙上还发出倡议："请各位学生和教职工到食堂就餐，食堂更香！舒适的教学环境你我共同守护。"教学楼各教室内原有的小垃圾桶也全部撤除。

在学生社区，一般每800至1000人就设有1个生活垃圾集中投放点。2020年，同济大学在各校区学生社区共建设了24个生活垃圾定时定点投放点（四平路校区15个、嘉定校区7个，沪西校区和沪北校区各1个），每个投放点均配备有照明、供水、网络监控等设施设备，全面覆盖了学生生活园区。

同济大学自2019年7月全面引入两网融合"爱分类爱回收"垃圾分类服务，在校内教学区和生活区内共设置33台智能回收设备。此举提高了师生将可回收物投入智能回收机、通过累积积分提现的积极性。

尽管受疫情影响，但是数据显示，同济大学2020年已经完成825余吨的回收量，从源头上实现垃圾减量化、资源化，大幅减少了后期垃圾外运的压力。2020年，同济师生通过积分到账、微信提现的方式结算金额达82万余元。

"一个简单的垃圾分类行为，就将我们避之不及的臭垃圾变成宝贵的资源。从源头进行垃圾减量是更厉害的垃圾魔法。你愿意接受我们的邀请，成为校园垃圾魔法师吗？"2021年8月28日和29日，在同济大学迎新现场，每位新学子都收到了一张垃圾分类的宣传折页，折页由学生设计，生动有趣。在新生入学第一周（入学教育周），学校就面向全体新生开展了有关垃圾分类的主题教育，让刚踏入校门的新学子尽快掌握垃圾分类技能。

垃圾分类还成为同济学子搞科研的领域。例如，"回收无忧——基于深度学习的垃圾分类智慧投放移动应用"获得2021年"力诺瑞特杯"第十四届全国大学生节能减排社会实践与科技竞赛全国三等奖；"基于减少二次污染对城市传统湿垃圾桶的创新设计"获得上海市绿化和市容管理局、上海市教育委员会、共青团上海市委员会举办的"生活垃圾分类小发明、好方法、金点子征集活动"大学生组金点子一等奖。

学生社区还开展以"垃圾分类，你我同行"等为主题的党团日活动；新生还以各寝室为单位制定"垃圾分类宿舍公约"等。多方合力形成了新时期校园垃圾分类"新时尚"的传承、传播链，使同济人的垃圾分类"入脑、顺手"，建立了长效运行机制。

👉 思考讨论题

1. 上述案例中同济大学的系列举措为我国生态文明建设做出了哪些贡献？
2. 除了垃圾分类，我国生态文明建设的内涵还有哪些？

👉 案例解析

建设生态文明是关系人民福祉、关乎中华民族永续发展的千年大计，是实现中华民族伟大复兴的重要战略任务。从总体上看，当前我国生态环境质量持续好转，出现了稳中向好趋势，但成效并不稳固。生态文明建设正处于压力叠加、负重前行的关键期，已进入提供更多优质生态产品以满足人民日益增长的优美生态环境需要的攻坚期，也到了有条件、有能力解决生态环境突出问题的窗口期。建设人与自然和谐共生的现代化，建设美丽中国，必须坚定不移走生产发展、生活富裕、生态良好的文明发展道路。

第一，同济大学的系列举措有利于加快构建生态文明体系。解决生态环境问题，要加快建立健全以生态价值观念为准则的生态文化体系，以产业生态化和生态产业化为主体的生态经济体系，以改善生态环境质量为核心的目标责任体系，以治理体系和治理能力现代化为保障的生态文明制度体系，以生态系统良性循环和环境风险有效防控为重点的生态安全体系。要加快构建生态文明体系，使我国经济发展质量和效益显著提升，确保到 2035 年美丽中国目标基本实现，到 21 世纪中叶建成美丽中国。

第二，同济大学的系列举措有利于全面推动绿色发展。绿色是生命的象征、大自然的底色，更是美好生活的基础、人民群众的期盼。加快形成绿色发展方式，调整经济结构和能源结构，培养壮大节能环保产业、清洁生产产业、清洁能源产业，推进达标排放，扎实做好碳达峰、碳中和各项工作；加快形成绿色生活方式，增强全民节约意识、环保意识、生态意识，培养生态道德和行为习惯，开展全民绿色行动，形成文明健康的生活风尚，通过生活方式绿色革命，倒逼生产方式绿色转型。

第三，同济大学的系列举措有利于深入推进生态文明体制改革。生态文明体制改革是全面深化改革的重要领域，也是打好污染防治攻坚战的重要保障。党的十八大以来，我国相继出台了《中共中央 国务院关于加快推进生态文明建设的意见》及《生态文明体制改革总体方案》，形成了生态文明制度的"四梁八柱"。自然资源部和生态环境部的组建，有效解决了我国生态环境领域长期存在的九龙治水、多头治理以及所有者与监管者职责不清晰等问题，理顺了生态文明管理体制机制。

第四，同济大学的系列举措有利于有效防范生态环境风险。生态环境安全是国家安全的重要组成部分，是经济社会持续健康发展的重要保障。要始终保持高度警觉，防止各类生态环境风险积聚扩散，做好应对任何形式生态环境风险挑战的准备。把生态环境风险纳入常态化管理，系统构建全过程、多层级生态环境风险防范体系，严密防控重点领域生态环境风险，着力提升突发环境事件应急处置能力。

第五，同济大学的系列举措有利于提高环境治理水平。环境治理是系统工程，提高环境治理水平，需要综合运用行政、市场、法治、科技等多种手段。要充分运用市场化手段，撬动更多社会资本进入生态环境保护领域，完善资源环境价格机制，将生态环境成本纳入经济运行成本。要采取多种方式支持政府和社会资本合作项目，加大重大项目科技攻关，对涉及经济社会发展的重大生态环境问题开展对策性研究。要实施积极应对气候变化国家战略，推动和引导建立公平合理、合作共赢的全球气候治理体系，彰显中国负责任大国形象。

"生态兴则文明兴，生态衰则文明衰。"生态环境是人类生存和发展的根基，生态环境变化直接影响文明兴衰演替。党的十八大把生态文明建设纳入中国特色社会主义"五位一体"总体布局，以习近平同志为核心的党中央站在坚持和发展中国特色社会主义、实现中华民族伟大复兴的中国梦的战略高度，提出了一系列新理念新思想新战略，形成了习近平生态文明思想。习近平生态文明思想内涵丰富、逻辑严密，主要包括六个方面的重要内容。

第一，坚持人与自然和谐共生。人与自然是生命共同体。生态环境没有替代品，用之不觉，失之难存。当人类合理利用、友好保护自然时，自然的回报常常是慷慨的；当人类无序开发、粗暴掠夺自然时，自然的惩罚必然是无情的。人类对大自然的伤害最终会伤及人类自身，这是无法抗拒的规律。在整个发展过程中，我们都要坚持节约优先、保护优先、自然恢复为主的方针，要像保护眼睛一样保护生态环境，像对待生命一样对待生态环境，让群众望得见山、看得见水、记得住乡愁，让自然生态美景永驻人间，还自然以宁静、和谐、美丽。

第二，绿水青山就是金山银山。绿水青山就是金山银山，阐述了经济发展和生态环境保护的关系，揭示了保护生态环境就是保护生产力、改善生态环境就是发展生产力的道理。绿水青山既是自然财富、生态财富，又是社会财富、经济财富。保护生态环境就是保护自然价值和增殖自然资本，就是保护经济社会发展潜力和后劲，使绿水青山持续发挥生态效益和经济社会效益。必须贯彻新发展理念，加快形成节约资源和保护环境的空间格局、产业结构、生产方式、生活方式，把经济活动、人的行为限制在自然资源和生态环境能够承受的限度内，给自然生态留下休养生息的时间和空间。加快划定并严守生态保护红线、环境质量底线、资源利用上线三条红线。

第三，良好生态环境是最普惠的民生福祉。环境就是民生，青山就是美丽，蓝天也是幸福。发展经济是为了民生，保护生态环境同样也是为了民生。

既要创造更多的物质财富和精神财富以满足人民日益增长的美好生活需要，也要提供更多优质生态产品以满足人民日益增长的优美生态环境需要。要坚持生态惠民、生态利民、生态为民，重点解决损害群众健康的突出环境问题，加快改善生态环境质量。生态文明是人民群众共同参与、共同建设、共同享有的事业，把建设美丽中国转化为全体人民的自觉行动，使每个人都成为生态环境的保护者、建设者、受益者。

第四，统筹山水林田湖草沙系统治理。生态是统一的自然系统，是相互依存、紧密联系的有机链条。人的命脉在田，田的命脉在水，水的命脉在山，山的命脉在土，土的命脉在林和草，这个生命共同体是人类生存发展的物质基础。从系统工程和全局角度寻求生态环境治理之道，必须统筹兼顾、整体施策、多措并举，全方位、全地域、全过程开展生态文明建设。要深入实施山水林田湖草沙一体化生态保护和修复，开展大规模国土绿化行动，加快水土流失和荒漠化石漠化综合治理，实现从"沙进人退"向"绿进沙退"的根本转变，提升生态系统稳定性和可持续性。

第五，用最严格制度、最严密法治保护生态环境。保护生态环境必须依靠制度、依靠法治。我国生态环境保护中存在的突出问题大多同体制不健全、制度不严格、法治不严密、执行不到位、惩处不得力有关。要加快制度创新，增加制度供给，完善制度配套，强化制度执行，让制度成为刚性的约束和不可触碰的高压线。严格用制度管权治吏、护蓝增绿，保证生态文明建设决策部署落地生根见效。要落实领导干部生态文明建设责任制，严格考核问责。

第六，共谋全球生态文明建设。生态文明建设关乎人类未来，建设绿色家园是人类的共同梦想，保护生态环境、应对气候变化需要世界各国同舟共济、共同努力，任何一国都无法置身事外、独善其身。我国已成为全球生态文明建设的重要参与者、贡献者、引领者，主张加快构筑尊崇自然、绿色发展的生态体系，共建清洁美丽的世界。同时，要深度参与全球环境治理，增强我国在全球环境治理体系中的话语权和影响力，协作形成世界环境保护和可持续发展的解决方案。坚持环境友好，引导应对气候变化国际合作，推进"一带一路"建设，让生态文明的理念和实践造福沿线各国人民。

习近平生态文明思想是习近平新时代中国特色社会主义思想的重要组成部分，深刻回答了"为什么建设生态文明、建设什么样的生态文明、怎样建设生态文明"的重大理论和实践问题，为建设美丽中国、实现中华民族永续发展提供了根本遵循和行动指南。

教学反思

　　该教学案例的实施效果较好：一是"建设美丽中国"的内容繁杂，涉及面广，通过该教学案例的运用，使"美丽中国"和"生态文明建设"的内容生活化，增强了课程对学生的吸引力。二是该案例是当下高校响应生态文明建设的示范，启发学生保护环境、共同助力美丽中国建设。三是该案例从学生的日常生活出发，贴近学生生活，容易激发学生兴趣，让学生从身边的事例中学得相关知识。

　　实施该教学案例需要改进之处：目前的案例讲授课堂氛围不够浓厚，学生的积极性有待提高。垃圾分类应该是学生日常生活的一部分，要让学生充分发表看法和想法。改进思路：在课堂上加强学生对案例的分析和思考，通过小组讨论、自由发言、辩论等多样形式活跃课堂气氛，让学生懂得垃圾分类的必要之处，在日常生活中自觉进行垃圾分类，共创美好中国。

第十一章

"四个全面"战略布局

案例一
全面建设社会主义现代化国家 ①

👉 案例描述

　　同济大学附属同济医院党委书记许树长表示，2021 年正逢建党百年，也是我国"十四五"规划开局之年，"十四五"时期是我国由全面建成小康社会向全面建设社会主义现代化国家迈进的关键时期，同济大学附属同济医院也面临着新的机遇与新的挑战。智慧化医院建设除了技术上的进步与服务上的提升以外，更重要的是脚踏实地地结合临床需求，为老百姓解决具体问题。根据《"健康中国 2030"规划纲要》，围绕上海市加快建设亚洲医学中心城市和全球科技创新中心的战略部署，在新医改背景下，同济大学附属同济医院将全面加强内涵建设，对标国际一流医院发展理念，以国内领先水平医院为标杆，不断提升核心竞争力，全面提升疑难危重疾病诊疗水平，将医院建设成为国家区域医疗中心、临床医学研究中心水准的创新型、智慧型、精益化、研究型医院。同济大学怀着"同心同德同舟楫，济人济事济天下"的胸怀，建立上海自主智

---

　　① 对应课程：毛泽东思想和中国特色社会主义理论体系概论；对应章节：第十一章第一节。

能无人系统科学中心，并将智慧医疗作为中心的六大研究方向之一，举全校之力支持医科实现跨越式发展。

2021年是中国共产党成立100周年和"十四五"规划开局之年，为了让更多同济青年发扬"与祖国同行、以科教济世"的优良传统，扎根人民，服务社会，同济大学校团委选派298名优秀同济学子于7月至9月前往四川省、新疆维吾尔自治区、广西壮族自治区、福建省、湖南省、山西省、重庆市、上海市八地的党政机关和基层一线开展实践锻炼，进一步激励广大同济学子奋进全面建设社会主义现代化国家新征程，让青春在党和人民最需要的地方绽放绚丽之花。同济大学在医疗、教育等方面为全面建设社会主义现代化国家不断贡献着自己的力量。

——摘自同济大学新闻网

👉 思考讨论题

1. 结合上述案例谈谈你对全面建设社会主义现代化国家的认识。
2. 你认为社会主义现代化的中国应该是什么样的？

👉 案例解析

党的十九届五中全会作出"全面建成小康社会胜利在望"的重要判断，将"全面建成小康社会"目标提升为"全面建设社会主义现代化国家"，确立全面建设社会主义现代国家在"四个全面"战略布局中的引领地位。从"全面建成小康社会"到"全面建设社会主义现代化国家"，"四个全面"战略布局的内涵发生了新变化。

在决胜全面建成小康社会后，党和国家事业发展的新目标是分两步走全面建设社会主义现代化国家。相应地，新征程也分为接力奋进的两个阶段。

第一个阶段，从2020年到2035年，在全面建成小康社会的基础上，再奋斗15年，基本实现社会主义现代化。到那时，我国经济实力、科技实力、综合国力将大幅跃升，跻身创新型国家前列；人民平等参与、平等发展权利得到充分保障，法治国家、法治政府、法治社会基本建成，各方面制度更加完善，国家治理体系和治理能力现代化基本实现；社会文明程度达到新的高度，国家文化软实力显著增强，中华文化影响更加广泛深入；人民生活更为宽裕，中等收入群体比例明显提高，城乡区域发展差距和居民生活水平差距显著缩小，基本公共服务均等化基本实现，全体人民共同富裕迈出坚实步伐；现代社会治理格局基本形成，社会充满活力又和谐有序；生态环境根本好转，美丽中国目标基本实现。

第二个阶段，从 2035 年到 21 世纪中叶，在基本实现现代化的基础上，再奋斗 15 年，把我国建成富强民主文明和谐美丽的社会主义现代化强国。到那时，我国物质文明、政治文明、精神文明、社会文明、生态文明将全面提升，实现国家治理体系和治理能力现代化，成为综合国力和国际影响力领先的国家，全体人民共同富裕基本实现，我国人民将享有更加幸福安康的生活，中华民族将以更加昂扬的姿态屹立于世界民族之林。

新征程之"新"，体现为战略目标实现的时间节点提前，即 2035 年基本实现社会主义现代化，21 世纪中叶把我国建成富强民主文明和谐美丽的社会主义现代化强国；新征程之"新"，还体现为战略目标内涵的丰富拓展，如跻身创新型国家前列、国家治理体系和治理能力现代化基本实现、成为综合国力和国际影响力领先的国家、全体人民共同富裕基本实现。

全面建设社会主义现代化国家需要全社会、全体人民的共同努力，从上述案例可以看出，同济大学怀着"同心同德同舟楫，济人济事济天下"的胸怀，在医学、教育等方面都在不断为全面建设社会主义现代化国家而努力，不断提升学生素质，激励广大同济学子奋进全面建设社会主义现代化国家新征程。

中国式现代化是社会主义现代化，是独具特色、有别于资本主义的现代化。西方资本主义现代化是建立在对外殖民血腥掠夺、对内残酷剥削人民的原始积累基础上的。中国式现代化打破了只有遵循资本主义现代化模式才能实现现代化的神话，克服了资本主义现代化所固有的弊端，提供了现代化的全新选择，展现了人类社会现代化的光明前景。中国式现代化是发展中国家的现代化，开辟了后发国家走向现代化的崭新道路。西方发达国家是一个"串联式"的发展过程，工业化、城镇化、农业现代化、信息化按顺序发展，发展到目前水平用了两百多年时间。我们要后来居上，决定了我国发展必然是一个"并联式"的过程，工业化、信息化、城镇化、农业现代化是叠加发展的。中华人民共和国成立以来，特别是改革开放以来，我国用数十年的时间在发展的很多方面走过了西方发达国家上百年甚至数百年的发展历程。

第一，中国的现代化是人口规模巨大的现代化。迄今为止，世界上实现现代化的国家和地区人口大约有 10 亿，占世界人口的 13% 左右；我国有 14 亿多人口，约占世界人口的 18%。我国要整体迈入现代化社会，其规模超过现有发达国家的总和，将彻底改写现代化的世界版图。

第二，中国的现代化是全体人民共同富裕的现代化。与西方国家现代化根本不同，我国的现代化是社会主义现代化，共同富裕是本质要求。必须坚持以人民为中心的发展思想，自觉主动解决地区差距、城乡差距、收入分配差距，防止两极分化，促进社会公平正义，逐步实现全体人民共同富裕。

第三，中国的现代化是物质文明和精神文明相协调的现代化。唯物史观阐明人类社会发展是物质文明和精神文明共同进步，我国的现代化包括物质文明建设和精神文明建设、国家物质力量和精神力量、全国各族人民物质生活和精神生活。必须坚持社会主义核心价值观，加强理想信念教育，弘扬中华优秀传统文化，增强人民精神力量，促进物的全面丰富和人的全面发展。

第四，中国的现代化是人与自然和谐共生的现代化。我国现代化注重同步推进物质文明建设和生态文明建设，走生产发展、生活富裕、生态良好的文明发展道路，既创造更多物质财富和精神财富以满足人民日益增长的美好生活需要，也提供更多优质生态产品以满足人民日益增长的优美生态环境需要。

第五，中国的现代化是走和平发展道路的现代化。一些老牌资本主义国家走的是暴力掠夺殖民地的道路，是以造成其他国家落后为代价的现代化。我国的现代化强调同世界各国互利共赢，推动构建人类命运共同体，努力为人类和平与发展做出贡献。

教学反思

该教学案例的实施效果较好：一是全面建设社会主义现代化国家的话题离学生的生活较远，学生在日常生活中没有切实感受，而该教学案例通过同济大学相关例子让学生明白每个人都需要为建设社会主义现代化的中国而努力。二是该教学案例的运用能够让学生对于全面建设社会主义现代化国家有更加深入的了解，深化了学生对于参与国家现代化建设的认识。三是该教学案例的使用契合了当前的爱国教育，能够激励学生更多地为国家的发展和建设贡献自己的力量。

实施该教学案例需要改进之处：课堂形式单一，总体仍然是以学生听讲、教师讲授为主，学生的主体性没有得到充分发挥；课堂的理论讲授较为充分，但是实践性不足。改进思路：在课堂上给学生更多的发言机会，教师进行补充和点评，在条件允许的情况下增强课堂的实践性，让学生能够走出教室，亲身体验。

案例二
全面深化改革 ①

☞ 案例描述

由同济大学联合清华大学、湖南工商大学共同发起主办的"城市应急管理与治理体系建设学术论坛"于 2020 年 9 月 25 日在上海国际会议中心召开。四十余位城市治理和灾难应急管理领域的院士、教授参会，交流学术成果，共同研讨现代应急管理体制机制建设。

杭迎伟表示，随着城市发展加快，城市管理任务日趋繁重。城市问题错综复杂，特别是随着全球疫情蔓延，如何完善超大城市的应急管理与治理体系成为国际共同关注的话题，需要我们在更高层面、更深层次加强谋篇布局、系统整合，提升城市治理的科学化、精细化、智能化水平。

胡文瑞表示，城市现代化建设和科学治理是人类社会不断发展、走向成熟与文明的推进器。加强应急管理体系和能力建设，既是一项紧迫任务，又是一项长期任务。方守恩表示，同济大学将依托自身学科优势，聚焦城市治理和应急管理能力的提升，加快产出重大标志性成果和原创性贡献，为国家治理体系建设和科技创新体系建设做出我们应有的贡献。

---

① 对应课程：毛泽东思想和中国特色社会主义理论体系概论；对应章节：第十一章第二节。

陈杰与清华大学聂建国、湖南工商大学陈晓红三位中国工程院院士担任论坛共同主席。陈杰表示，抗击新冠疫情是对国家治理体系和治理能力的一次集中检验，在当前毫不放松抓好常态化疫情防控的同时，非常有必要及时地总结经验，巩固我国应急管理体制机制，在实践中充分展现出特色和优势。此外，我们还要总结检讨存在的不足，加快补齐治理体系的短板、弱项，以进一步提升城市应急管理的能力和治理水平。

在主旨报告中，陈晓红院士以"面向新型智慧城市的市域治理体系和治理能力现代化战略"为题，介绍了她负责的中国工程院重大咨询研究项目"面向新型智慧城市的市域治理体系和治理能力现代化战略研究"的最新研究成果，提出了面向新型智慧城市的市域治理体系和治理能力的现代化目标、实现路径和重点任务。庄惟敏院士以"基于前策划后评估的设计决策体系建设"为题，指出了高速城镇化建设中的问题，以及城市建筑设计中的问题，阐述了城市建筑决策体系中前策划后评估的重要性，旨在进一步推动城市决策的科学性、有效性。

同济大学副校长、中国工程院院士吴志强以"智慧城市 美好生活"为题，介绍了应用大数据分析法探寻疫情发生的规律，提出了在应急公共事件发生时合理的管控方法，全面阐述了智慧城市的发展历程，提出了建立智慧城市的系统方案。同济大学医学院教授、同济大学附属东方医院院长刘中民以"城市应急管理框架下的灾难医学体系建设"为题，介绍了其团队针对我国城市应急管理框架下的灾难医学体系建设发现问题短板、确立解决方案以及在灾难医学人才培养、科学普及和专业化救援队伍建设方面开展的具体实践。

——摘自同济大学新闻网

👉 思考讨论题

1. 结合上述案例谈谈对全面深化改革的认识。
2. 新时代如何推进国家治理体系和治理能力现代化？

👉 案例解析

改革开放是我们党的一次伟大觉醒，正是这个伟大觉醒孕育了我们党从理论到实践的伟大创造，极大地改变了中国的面貌、中华民族的面貌、中国人民的面貌、中国共产党的面貌。历史雄辩地证明，改革开放是当代中国发展进步的活力之源，是我们党和人民大踏步赶上时代前进步伐的重要法宝，是坚持和发展中国特色社会主义的必由之路。进入新时代，我国国内外环境发生了极为广泛且深刻的变化。随着改革进入攻坚期和深水区，遇到的阻力越来越大，面对的暗礁、潜流、漩涡越来越多。改革涵盖的领域愈加广泛，触及利益格局的调整愈加深刻，涉及的矛盾和问题愈加尖锐，突破体制机制的障碍愈加艰巨，继续推进改革的复杂性、敏感性、联动性前所未有。要破解发展中面临的难题，化解来自各方面的风险和挑战，推动经济社会持续健康发展，必须依靠全面深化改革。

党的十八届三中全会作出了全面深化改革的决定，把"完善和发展中国特色社会主义制度、推进国家治理体系和治理能力现代化"确定为全面深化改革的总目标，围绕这个总目标合理布局了全面深化改革的战略重点、主攻方向、工作机制、推进方式和时间表、路线图，取得了改革理论和政策的一系列重大突破。党的十八届三中全会就改革作出了自改革开放以来最为系统全面的顶层设计，是我国改革开放进程中的重要里程碑，标志着我国改革开放事业进入一个新的历史阶段，开创了我国改革开放的新局面。

新时代的全面深化改革具有许多新的内涵和特点，其中很重要的就是制度建设分量更重，改革更多面对的是深层次体制机制问题，对改革顶层设计和改革系统性、整体性、协同性要求更高，相应的建章立制、构建体系的任务更重。党的十九大提出：到2035年"各方面制度更加完善，国家治理体系和治理能力现代化基本实现"；到21世纪中叶"实现国家治理体系和治理能力现代化"。党的十九届四中全会再次明确这一目标，并强调到中华人民共和国成立一百年时，全面实现国家治理体系和治理能力现代化，使中国特色社会主义制度更加巩固、优越性充分展现。实践证明，改革开放是决定当代中国命运的关键一招，也是决定实现"两个一百年"奋斗目标、实现中华民族伟大复兴的关键一招。

同济大学始终致力于通过推进城市治理体系和治理能力的现代化来推进国家治理体系和治理能力的现代化，为全面深化改革做出贡献。

坚持和完善中国特色社会主义制度、推进国家治理体系和治理能力现代化是一个有机统一体，不可分割。制度是治理的依据，制度的性质决定治理的方式；治理是制度的实践，制度的实践过程就是治理。制度和治理两者相辅相成、相得益彰。一方面，制度对于国家治理起着根本性、全局性、长期性作用。只有有了好的制度，才有可能实现治理体系和治理能力的现代化。我国国家治理的一切工作和活动都依照中国特色社会主义制度展开，我国国家治理体系和治理能力是中国特色社会主义制度及其执行能力的集中体现。另一方面，没有完善的治理体系和有效的治理能力，再好的制度也难以发挥作用。只有全面实现国家治理体系和治理能力现代化，才能使中国特色社会主义制度更加巩固、优势充分彰显。

坚持和完善中国特色社会主义制度、推进国家治理体系和治理能力现代化是一个有机统一的系统工程，既要突出坚持和完善支撑中国特色社会主义制度的根本制度、基本制度、重要制度，着力固根基、扬优势、补短板、强弱项，构建系统完备、科学规范、运行有效的制度体系，又要加强系统治理、依法治理、综合治理、源头治理，提高治理能力，把我国制度优势更好地转化为国家治理效能。

坚持和完善中国特色社会主义制度、推进国家治理体系和治理能力现代化，不仅要建立完善的制度体系，还要在不断提高制度执行力和治理能力上狠下功夫。治理能力是运用国家制度管理国家各方面事务的能力，它包括改革发展稳定、内政外交国防、治党治国治军等各个方面、各个领域的治理能力。只有形成高效的国家治理能力，国家制度和国家治理体系才能得到切实执行，才能具体落实到国家治理中，才能使国家制度优势真正转化为国家治理效能。推进国家治理体系和治理能力现代化，就是要使各方面制度更加科学、更加完善，为党和国家事业发展、为人民幸福安康、为社会和谐稳定、为国家长治久安提供一整套更完备、更稳定、更管用的制度体系，实现党、国家、社会各项事务治理制度化、规范化、程序化，同时善于运用制度和法律治理国家，提高党科学执政、民主执政、依法执政水平，提高运用中国特色社会主义制度有效治理国家的能力，充分发挥我国社会主义制度的优越性。

教学反思

该教学案例的实施效果较好：一是全面深化改革的概念丰富，存在一定的理解难度，通过具体的城市治理案例可以更好地吸引学生对全面深化改革的注意力。二是案例分析部分对治理体系和治理能力现代化做了具体领域的分析，深化了学生对全面深化改革的理解。三是该教学案例的运用，将全面深化改革的教学内容与实现全面深化改革的实际措施相结合，有利于学生们从理论走向实践，在实践中学会运用所学的知识。

实施该教学案例需要改进之处：全面深化改革的概念比较抽象，学生只在课堂上听讲，不太容易理解。改进思路：可以加强与学生的互动，让学生选取自己熟悉领域的改革措施并在课堂上分享，这样有助于加深学生对全面深化改革的理解。

案例三
从"同济天下法治论坛"看全面依法治国 ①

☞ 案例描述

培养德法兼修的高素质法治人才，推动中国特色社会主义法治理论创新发展，提高依法治校水平。2021 年 5 月 28 日，同济大学举办了以"在法治轨道上推进国家治理体系和治理能力现代化"为主题的首届"同济天下法治论坛"。

上海市法学会原党组书记、会长崔亚东和同济大学党委书记方守恩出席了论坛并分别致辞。上海市全面依法治市委员会、上海政法系统有关人士、上海和全国各地法学界知名学者、法律实务界人士、同济大学师生等 200 余人出席论坛。

崔亚东在致辞中指出，推进国家治理体系和治理能力现代化是一个全新的命题，法治则是国家治理的最佳方式，在法治轨道上推进国家治理体系和治理能力现代化是法学界的责任和使命。他表示，此次论坛为在法治轨道上推进国家治理体系和治理能力现代化，搭建了很好的平台。上海市法学会与同济大学法学院和专家学者一起为全面依法治国，推进国家治理现代化，为上海建设社

---

① 对应课程：毛泽东思想和中国特色社会主义理论体系概论；对应章节：第十一章第三节。

会主义法治城市贡献智慧和力量。

方守恩在致辞中向各位与会的领导和专家长期以来给予同济大学法学学科建设的关心、支持和帮助表示衷心感谢。他表示,举办此次法治论坛对于学校推动培养德法兼修高素质法治人才,加快法学学科建设,提高学校依法治校水平,具有重要意义。同济大学法学教育历史悠久,底蕴深厚,特色鲜明,学校坚持德法兼修,不断创新法治人才培养机制,取得了一定的成效。同济大学将不断深入贯彻落实习近平法治思想,推动学校法学学科高质量发展,为法治中国建设贡献同济力量。

论坛上,清华大学王晨光教授、上海交通大学季卫东教授、复旦大学孙笑侠教授和华东师范大学张志铭教授围绕论坛主题分别从不同的角度作了报告。同济大学法学院院长蒋惠岭主持并作会议总结。同济大学各职能部门、兄弟院校负责同志和法学院师生代表出席论坛。

——摘自同济大学新闻网

思考讨论题

1. 结合上述案例谈谈对全面依法治国的认识。
2. 新时代下如何深化依法治国实践?

案例解析

全面依法治国是中国特色社会主义的本质要求和重要保障。党的十八大以来,以习近平同志为核心的党中央从坚持和发展中国特色社会主义的全局和战略高度定位法治、布局法治、厉行法治,把全面依法治国纳入"四个全面"战略布局,创造性地提出了全面依法治国的一系列新理念新思想新战略。

坚持党对全面依法治国的领导。党的领导是推进全面依法治国的根本保证。全面依法治国是要加强和改善党的领导,健全党领导全面依法治国的制度和工作机制,推进党的领导制度化、法治化,通过法治保障党的路线、方针、政策有效实施。

坚持以人民为中心。全面依法治国最广泛、最深厚的基础是人民，必须坚持为了人民、依靠人民。要把体现人民利益、反映人民愿望、维护人民权益、增进人民福祉落实到全面依法治国各领域全过程。

坚持中国特色社会主义法治道路。中国特色社会主义法治道路本质上是中国特色社会主义道路在法治领域的具体体现。既要立足当前，运用法治思维和法治方式解决经济社会发展面临的深层次问题，又要着眼长远，筑法治之基、行法治之力、积法治之势，促进各方面制度更加成熟、更加定型。

坚持依宪治国、依宪执政。党领导人民制定宪法法律，领导人民实施宪法法律，党自身要在宪法法律范围内活动。全国各族人民、一切国家机关和武装力量、各政党和各社会团体、各企业事业组织都必须以宪法为根本的活动准则，都负有维护宪法尊严、保证宪法实施的职责。

坚持在法治轨道上推进国家治理体系和治理能力现代化。法治是国家治理体系和治理能力的重要依托。只有全面依法治国，才能有效保障国家治理体系的系统性、规范性、协调性，才能最大限度凝聚社会共识。要更加重视法治、厉行法治，更好发挥法治固根本、稳预期、利长远的重要作用，坚持依法应对重大挑战、抵御重大风险、克服重大阻力、解决重大矛盾。

坚持建设中国特色社会主义法治体系。中国特色社会主义法治体系是推进全面依法治国的总抓手。要加快形成完备的法律规范体系、高效的法治实施体系、严密的法治监督体系、有力的法治保障体系，形成完善的党内法规体系。要坚持依法治国和以德治国相结合，实现法治和德治相辅相成。

坚持全面推进科学立法、严格执法、公正司法、全民守法。要继续推进法治领域改革，解决好立法、执法、司法、守法等领域的突出矛盾和问题。公平正义是司法的灵魂和生命。要深化司法责任制综合配套改革，加强司法制约监督，健全社会公平正义法治保障制度，努力让人民群众在每一个司法案件中感受到公平正义。

同济大学举办以"在法治轨道上推进国家治理体系和治理能力现代化"为主题的首届"同济天下法治论坛"，旨在培养高素质法治人才，推动中国特色社会主义法治理论创新发展，提高依法治校水平，为全面依法治国贡献自己的力量。全面依法治国需要全社会群策群力，同济大学作为高等学府义不容辞，"同济天下法治论坛"有利于全体师生更好认识全面依法治国，更好参与到全面依法治国的实践中来。

全面依法治国，总目标是建设中国特色社会主义法治体系，建设社会主义法治国家。深化依法治国实践，必须坚持以习近平法治思想为指导，做到以下三点：

第一，紧紧围绕全面推进依法治国总目标，加快建设中国特色社会主义法治体系。一是加快形成完备的法律规范体系。完善以宪法为统帅的中国特色社会主义法律体系，把国家各项事业和各项工作纳入法制轨道。二是加快形成高效的法治实施体系。用科学有效、系统完备的制度体系保证宪法实施，维护宪法尊严，把实施宪法提高到新水平。三是加快形成严密的法治监督体系。努力形成科学有效的权力运行制约和监督体系，增强监督合力和实效。四是加快形成有力的法治保障体系。加强和改进党对全面依法治国的领导，提高依法执政能力和水平，为全面依法治国提供有力的政治和组织保障。五是加快形成完善的党内法规体系。构建以党章为根本、若干配套党内法规为支撑的党内法规制度体系，提高党内法规执行力。

第二，准确把握全面推进依法治国工作布局，坚持依法治国、依法执政、依法行政共同推进，坚持法治国家、法治政府、法治社会一体建设。依法治国是我国宪法确定的治理国家的基本方略，增强依法执政意识，坚持以法治的理念、法治的体制、法治的程序开展工作，改进党的领导方式和执政方式，推进依法执政制度化、规范化、程序化。各级政府必须依法全面履行职能，坚持法定职责必须为、法无授权不可为，健全依法决策机制，完善执法程序，严格执法责任，做到严格规范、公正、文明执法。

第三，准确把握全面推进依法治国重点任务，着力推进科学立法、严格执法、公正司法、全民守法。全面推进依法治国，必须从目前法治工作基本格局出发，突出重点任务，扎实有序推进。推进科学立法，关键是完善立法体制，深入推进科学立法、民主立法，抓住提高立法质量这个关键。推进严格执法，重点是解决执法不规范、不严格、不透明、不文明以及不作为、乱作为等突出问题。推进公正司法，要以优化司法职权配置为重点，健全司法权力分工负责、相互配合、相互制约的制度安排。推进全民守法，着力增强全民法治观念，使尊法守法成为全体人民的共同追求和自觉行动。

教学反思

　　该教学案例的实施效果较好：一是该教学案例结合了高校在全面依法治国方面的实践，与学生的学习生活息息相关，更能吸引学生对依法治国的注意力。二是全面依法治国的内涵丰富，该案例从建设法治社会、推动国家治理体系和治理能力现代化、同济大学法学学科建设三方面阐述其内涵，有助于学生深化对全面依法治国的理解。三是该教学案例的运用，达到了结合教学内容向学生宣传全面依法治国理念的目的。

　　实施该教学案例存在的问题：案例的分析与运用的教学顺序是教师先讲授，学生再消化吸收，这样不容易激发学生的积极性。改进思路：可以在教师讲授案例前进行学生课堂汇报的环节，提高学生参与课堂的积极性，这样有利于加深学生对知识点的印象。

案例四
同济大学全面从严治党暨警示教育大会 ①

案例描述

　　2021年3月12日，同济大学召开全面从严治党暨警示教育大会，传达学习上级有关会议精神，回顾总结2020年学校全面从严治党工作，部署安排2021年重点任务。校党委书记方守恩出席会议并讲话，校党委副书记、校长陈杰主持会议。校领导班子成员、党委委员、纪委委员和全体中层干部出席会议。

　　方守恩表示，一年来，学校党委坚持强化政治建设的统领作用，深入贯彻新时代党的组织路线，全面落实中央决策部署，巩固拓展"不忘初心、牢记使命"主题教育成果，持续深化中央巡视整改，毫不松懈纠正"四风"顽疾，在

---

　　① 对应课程：毛泽东思想和中国特色社会主义理论体系概论；对应章节：第十一章第四节。

忠诚履职尽责中扛起管党治党的政治责任，团结带领全校师生以一流党建引领一流大学建设，统筹推进疫情常态化防控与学校事业发展。

方守恩指出，面向"十四五"开局，要努力展现全面从严治党新征程新气象。一是要坚持以党的创新理论滋养初心、引领使命，扎实开展好党史学习教育；二是要强化政治意识、标杆意识、责任意识，确保深化巡视整改工作经得起再巡视；三是要坚持底线思维，做好校园安全稳定工作，为"十四五"开好局、起好步提供良好环境。他希望大家通过此次会议再次提高思想站位，增强推动全面从严治党工作的思想自觉和行动自觉，确保各项工作落实有成效，以饱满的精神状态和全面从严治党新成绩迎接建党 100 周年。

校党委副书记、纪委书记方平传达学习了十九届中央纪委五次全会、十一届上海市纪委五次全会、2021 年全国教育系统全面从严治党工作视频会议等会议精神，总结了 2020 年学校纪检监察工作情况，部署了 2021 年纪检监察工作重点，通报了 2020 年违纪典型案例。副校长雷星晖通报了学校审计中发现的主要问题。

陈杰在主持会议时，针对会上通报的违纪情况，要求大家必须高度重视，引以为戒，牢固树立底线思维，严格遵章守纪，防微杜渐。他指出，2021 年是国家实施"十四五"规划、开启全面建设社会主义现代化国家新征程的第一年，我们要坚持稳中求进工作总基调，立足新发展阶段，贯彻新发展理念，服务新发展格局，以推动高质量发展为主题，坚定不移地全面从严治党，保障学校"十四五"开好局，以优异成绩庆祝建党 100 周年。

——摘自同济大学新闻网

☞ **思考讨论题**

1. 结合上述案例谈谈对全面从严治党的认识。
2. 谈谈对新时代党的建设总要求的认识。

☞ **案例解析**

全面从严治党是一场伟大的自我革命。在进行社会革命的同时不断进行自我革命，是我们党区别于其他政党最显著的标志。中国共产党之所以有自我革命的勇气，是因为中国共产党始终代表最广大人民根本利益，与人民休戚与共、生死相依，没有任何自己特殊的利益，从来不代表任何利益集团、任何权势团体、任何特权阶层的利益。

全面从严治党以其丰富内涵诠释了自我革命的内在要求。治国必先治党，治党务必从严。全面从严治党，核心是加强党的领导，基础在全面，关键在严，要害在治。"全面"就是管全党、治全党，面向全体党员、党组织，覆盖党的建设的各个领域、各个方面、各个部门，重点是抓住关键少数。"严"就是真管真严、敢管敢严、长管长严。"治"就是从党中央到地方各级党委，从中央部委、国家机关部门党组（党委）到基层党支部都要肩负起主体责任。

全面从严治党，要求增强系统性、预见性、创造性、实效性，使从严治党的努力都集中到增强党自我净化、自我完善、自我革新、自我提升上来，集中到提高党的领导能力和执政能力、保持和发展党的先进性与纯洁性上来，不断以勇于自我革命的精神打造和锤炼自己，确保党始终为中国特色社会主义事业的坚强领导核心。

全面从严治党推进自我革命不断走向深入。从实施中央八项规定改进作风到构建行之有效的权力监督制度和执纪执法体系，从反腐败无禁区、全覆盖、零容忍到一体推进不敢腐、不能腐、不想腐，从开展党的群众路线教育实践活动到建立不忘初心、牢记使命的制度，从严格规范党内政治生活到着力营造风清气正的政治生态，全面从严治党推动自我革命不断向纵深发展。

同济大学始终保持稳中求进的工作总基调，持续深化中央巡视整改，毫不松懈纠正"四风"顽疾，在忠诚履职尽责中扛起管党治党的政治责任，团结带领全校师生以一流党建引领一流大学建设，统筹推进疫情常态化防控与学校事业发展。

新时代党的建设总要求是：坚持和加强党的全面领导，坚持党要管党、全面从严治党，以加强党的长期执政能力建设、先进性和纯洁性建设为主线，以党的政治建设为统领，以坚定理想信念宗旨为根基，以调动全党积极性、主动性、创造性为着力点，全面推进党的政治建设、思想建设、组织建设、作风建设、纪律建设，把制度建设贯穿其中，深入推进反腐败斗争，不断提高党的建设质量，把党建设成为始终走在时代前列、人民衷心拥护、勇于自我革命、经得起各种风浪考验、朝气蓬勃的马克思主义执政党。

第一，原则是坚持和加强党的全面领导。党的领导是战胜一切困难和风险的"定海神针"，党的领导必须是全面的、整体的，哪个领域、哪个方面、哪个环节缺失了、弱化了，都会削弱党的力量，损害党和人民事业。党的十九大报告把"坚持党对一切工作的领导"纳入基本方略的主要内容之一，这是在新时代对马克思主义政党建设理论的继承和发展。

第二，方针是坚持党要管党、全面从严治党。如果管党不力、治党不严，党就不可避免地被历史淘汰，党所肩负的历史使命就无法完成。党要在新的历史方位实现新的历史使命，必须毫不动摇把党建设得更加坚强有力。这个指导方针，体现了党的十八大以来党的建设的鲜明主题。

第三，主线是加强党的长期执政能力建设、先进性和纯洁性建设。长期执政，意味着在各个方面都要经受长期的考验，意味着在世情国情不断变化的条件下始终能应对各种风险与挑战，意味着要始终保持不忘初心、牢记使命，意味着要始终具有先进性和纯洁性。加强长期执政能力建设对党的建设提出了更高的标准。

第四，布局是以党的政治建设为统领，全面推进党的政治建设、思想建设、组织建设、作风建设、纪律建设，把制度建设贯穿其中，深入推进反腐败斗争。在新时代党的建设总要求中，党的建设总体布局是关键。新时代党的建设总体布局，强调党的政治建设的统领作用，更加注重党的建设的整体性和系统性，体现了党的建设理论逻辑、历史逻辑和实践逻辑的有机统一。

第五，目标是建设始终走在时代前列、人民衷心拥护、勇于自我革命、经得起各种风浪考验、朝气蓬勃的马克思主义执政党。这五个方面对于要建设一个什么样的党作出了宏伟、科学、清晰的目标界定。始终走在时代前列，反映了党的先进性基因和时代性特质。人民衷心拥护，是党的最大政治优势。勇于自我革命，是党的鲜明品格和重要优势。经得起各种风浪考验，是党必须具备的政治智慧和执政能力。朝气蓬勃是党应当保持的进取状态和精神风貌。

新时代党的建设目的、方针、主线、总体布局和目标紧密联系、相互作用，共同构成了新时代党的建设科学、有机的整体。新时代党的建设总要求，对推进党的建设新的伟大工程作出顶层设计、战略部署，丰富和发展了马克思主义建党学说，标志着对执政党建设规律的认识达到新的高度。

教学反思

　　该教学案例的实施效果较好：一是该案例通过学校开展的全面从严治党暨警示教育大会，能够让学生理解全面从严治党的具体内容。二是案例分析部分从不同角度回顾了学校的全面从严治党工作，增强了授课的丰富性与时效性。三是通过该教学案例的运用，达到了结合教学内容向学生宣传全面从严治党的目的，有利于党员学生加强党性修养、提高政治觉悟。

　　实施该教学案例需要改进之处：案例分析与运用主要采取教师课堂讲解的方式，没有挖掘出更加多样化的方式展现全面从严治党的内涵。改进思路：可以播放与反腐相关的纪录片，通过视觉更好地传达我国全面从严治党的伟大实践；采取多媒体数字化的方式，加深学生对全面从严治党的理解。

第十二章

实现中华民族伟大复兴的重要保障

案例一

从同济历史看国家安全 ①

 案例描述

　　诞生于苦难中国的同济大学，注定多灾多难。第一次世界大战之际，1917年，"三一七"事件，法国军警荷枪实弹进入同济校园，以同济是德国产业为由，要求学校解散，一时间学子流落街头，"无枝可依"。幸得唐绍仪、萨镇冰、梁启超等校董们的斡旋协助，开启华人办学，使学校文脉不断，得以赓续。此后同济人在吴淞白手创业，规划校园、兴建校舍、丰富学科、延聘名师，一时间风生水起，成为最早的 7 所国立大学之一，并以"医学济人、工学济世"而享誉寰宇。

　　1932 年的 1 月 28 日，日本侵略者为转移"九一八"事变带来的舆论压力，对上海发起进攻，制造了"一·二八"事变，在这个过程中，同济校园遭日方炮火轰炸，多个校舍被毁，办学一度中断。幸得中国军民奋勇抵抗，同济学子得以复校。

---

　　① 对应课程：毛泽东思想和中国特色社会主义理论体系概论；对应章节：第十二章第一节。

1937年，日军在上海制造了"八一三"事变，位于吴淞的同济大学多次被日军轰炸，校园被完全炸毁。为延续学脉、保存知识精英，同济人挥泪告别苦心经营二十年的家园，辗转我国的沪、浙、赣、湘、粤、桂、滇、黔、川九个省区市以及越南，最终抵达四川李庄古镇，走过了一万一千多公里的文化抗战长征路。

在新时代的中国，同济大学十分注重提高国家安全教育实效，在国家安全教育的内容、形式等方面不断推陈出新，让学生们对国家安全有着更加深刻的认识。

第一，强化顶层设计，构建国家安全教育体系。同济大学把国家安全教育纳入学校人才培养整体布局，开设不同内容、不同层次的国家安全教育必修课和选修课，构建了国家安全教育课程体系。军事教研室在提高军事理论课教学质量的同时，积极开设"世界大战与局部战争""孙子兵法及其应用"等近20门国防安全教育选修课。此外，还将国家安全教育的学习要求写入教职工理论学习指导意见，组织教职工学习《中华人民共和国国家安全法》《中华人民共和国反恐怖主义法》等法律法规。

第二，突出主题教育，丰富国家安全教育形式。同济大学制订了国家安全宣传教育工作计划，组织开展微视频征集、安全知识竞赛、编印《校园安全手册》，开展新生入学教育等主题活动，大力营造加强国家安全教育的良好氛围，推进国家安全教育进校园、进课堂、进头脑。同时，还组织策划了以"不忘初心、牢记使命　勇担民族复兴大任"为主题的纪念同济大学"一·二九"事件70周年大会。

——摘自同济大学新闻网

☞ 思考讨论题

1. 通过阅读上述案例，谈谈对国家安全有何认识？

2. 在新时代的中国我们要如何加强国家安全？

☞ 案例解析

国家安全是人民幸福安康的基本要求，是安邦定国的重要基石，维护国家安全是全国各族人民的根本利益所在。贫瘠的土地上长不成和平的大树，连天的烽火中结不出发展的硕果。这些年来，无论是一些国家和地区战火引发的难民危机，还是恐怖主义带来的社会恐慌，无论是核泄漏事故形成的环境污染，还是疫情失控造成的各种乱象，都在告诫我们，没有国家安全，就没有幸福生活。

进入新时代，我国面临复杂多变的安全和发展环境，各种可以预见和难以预见的风险因素明显增多，各方面风险可能不断积累甚至集中显露，国家安全内涵和外延比历史上任何时候都要丰富，时空领域比历史上任何时候都要宽广，内外因素比历史上任何时候都要复杂，维护国家安全的任务更加繁重且艰巨。我们必须审时度势、与时俱进，创新国家安全理念，统揽国家安全全局，坚持总体国家安全观。

坚持总体国家安全观，适应了进行具有许多新的历史特点的伟大斗争的新要求。当前，我国迎来了大有可为的历史机遇期，前景十分光明，但风险和挑战也巨大。在新的历史起点上，我们必须时刻准备应对各种风险考验。坚持总体国家安全观，归根结底是为了更好维护我国发展的历史机遇期，确保中华民族伟大复兴进程不被打断。

坚持总体国家安全观，回应了人民对国家安全的新期待。在新时代，人民希望国家更加强大，更有力地维护国家统一和民族团结；人民希望着力解决空气、水、土壤污染以及农产品、食品药品安全等突出问题，更有效地保护生命财产安全。安全是人民美好生活需要的重要内容，有了安全感，获得感才有保障，幸福感才会持久。

坚持总体国家安全观，顺应了世界发展变化的新趋势。当今世界百年未有之大变局正加速演进，充满希望，也充满挑战。和平与发展仍然是时代主题，和平发展大势不可逆转。同时，世界面临的不稳定性、不确定性突出，人类面临许多共同挑战，只有坚持总体国家安全观，才能实现共享正义尊严、共享发展成果、共享安全保障。

回顾过去，由于国家安全得不到保障，我国各方面的发展基本停滞不前，经济、政治、文化等发展缓慢，人民生活困苦不堪。从鸦片战争开始，中国就处于不断的战乱之中，诞生于苦难中国的同济大学，也经历了千难万险，前后经过九次迁校，走过一万一千多公里的文化抗战长征路。由此可见，国家安全是整个社会发展的前提。当今中国经济、政治、军事等各方面都取得了前所未有的发展，综合国力不断增强，人民的幸福指数也不断提升，在这样背景下发展的同济大学，在人才培养、科学研究、社会服务、对外交流等方面取得了显著成绩，为国家教育科技事业发展和经济社会发展做出了重要贡献。

我们要坚持统筹发展和安全两件大事。统筹发展和安全，增强忧患意识，做到居安思危，是我们党治国理政的一个重大原则。安全和发展是一体之两翼、驱动之双轮。发展是安全的基础，安全是发展的保障。坚持发展和安全并重，既通过发展提升国家安全实力，又深入推进国家安全思路、体制、手段创新，营造有利于经济社会发展的安全环境，在发展中更多考虑安全因素，实现高质量发展和高水平安全的良性互动，努力建久安之势、成长治之业。

坚持人民安全、政治安全、国家利益至上的有机统一。人民安全是国家安全的宗旨，政治安全是国家安全的根本，国家利益至上是国家安全的准则。以人民安全为宗旨，就是国家安全一切为了人民、一切依靠人民，充分发挥广大人民群众的积极性、主动性、创造性，切实维护广大人民群众的安全利益，始终把人民作为国家安全的基础性力量，汇聚起维护国家安全的强大力量。以政治安全为根本，就是要坚持党的领导和中国特色社会主义制度不动摇，把制度安全、政权安全放在首要位置，为国家安全提供根本政治保证。以国家利益至上为准则，就是要把国家利益作为制定国家安全战略的出发点，牢固树立捍卫国家利益的机遇意识，强化捍卫国家利益的底线思维，创新捍卫国家利益的方式方法，更坚决、更有效地维护好、捍卫好国家利益尤其是核心利益，实现人民安居乐业、党的长期执政、国家长治久安。

坚持维护和塑造国家安全。新时代国家安全，既要解决好大国发展进程中面临的安全共性问题，更要处理好中华民族伟大复兴关键阶段面临的特殊安全问题。维护国家安全，要立足国际秩序大变局来把握规律，立足我国发展重要战略机遇期大背景来谋划，保持战略定力、战略自信、战略耐心，把战略主动权牢牢掌握在自己手中。塑造国家安全是更高层次、更具前瞻性的维护，要发挥负责任大国作用，引导国际社会共同塑造更加公正合理的国际新秩序，推动各方朝着互利互惠、共同安全的目标相向而行。

坚持科学统筹的根本方法。坚持总体国家安全观，要求始终把国家安全置于中国特色社会主义事业全局中来把握，充分调动各方面积极性，形成国家安全合力。统筹外部安全和内部安全，对内求发展、求变革、求稳定，建设平安中国；对外求和平、求合作、求共赢，积极塑造外部安全环境，加强安全领域合作，引导国际社会共同维护国际安全。同时，要加强海外利益保护，确保海外重大项目和人员机构安全。统筹国土安全和国民安全，加强边防、海防、空防建设，坚决捍卫领土主权和海洋权益，有效遏制侵害我国国土安全的各种图谋和行为，筑牢国土安全的铜墙铁壁；坚持国家安全一切为了人民、一切依靠人民，真正夯实国家安全的群众基础。统筹传统安全和非传统安全，构建完整的国家安全体系。统筹自身安全和共同安全，构建人类命运共同体，推动各方朝着互利互惠、共同安全的目标相向而行。

坚持党对国家安全工作的绝对领导，是做好国家安全工作的根本原则，是维护国家安全和社会安定的根本保证。要建立健全党委统一领导的国家安全工作责任制，实施更为有力的统领和协调，做到守土有责、守土尽责。

教学反思

该教学案例的实施效果较好：一是学生生活在和平时代，对于国家蒙难没有深切的感受，而通过列举同济大学的相关案例，使学生能够更加深切地感受到国家安全的重要性。二是该教学案例的使用契合了当前的爱国教育，有利于增强学生的爱国情怀。三是通过该教学案例的运用，达到了结合教学内容向学生宣传党的历史和国家安全的目的。

实施该教学案例存在的问题：目前的案例分析主要是教师讲解同济大学的校史来反映国家安全的重要性，学生在课堂中的参与度还不够。改进思路：可以通过学生讲述校史的形式引入国家安全的话题，提高学生的课堂参与度，有利于学生深入理解校史和国家安全的关系。

案例❷
从同济历史看国防和军队现代化 ①

案例描述

1933 年，中德签署了《五年军事工业发展计划》，德国开始帮助国民政府建立军事工业，并委派时任德国国防军总司令汉斯·冯·塞克特上将帮助国民政府组建装备优良的部队，同济大学师生在其中发挥了积极作用，机械专业的老师担任了装备从谈判到购买至维修和改进的大量工作。以 1935 年赴德国莱因炮厂监造并验收最新型 150 毫米榴弹炮的技术人员为例，同济毕业生占了一半。当时国民党部队抗战的"标配"武器即"中正式"步枪是以德国 1924 年短管毛瑟步枪为原型，由巩县兵工厂根据德文图纸于 1935 年 10 月成功仿造的，而仿制这一武器的主力就是一批毕业于同济大学的学生。

抗战爆发后，同济大学工学院机械系的毕业生来到各大兵工厂从事武器的研制和生产工作。从 1937 年同济大学内迁开始到 1945 年同济从李庄回迁上海，同济大学工学院尤其是机械系为抗战培养了近千名军工人才，当时中国军工系统，包括鱼水雷、航空、坦克等尖端技术领域，都遍布同济毕业生的身影。像兵工署、21 兵工厂、22 兵工厂、50 兵工厂、汉阳兵工厂、巩县兵工厂等大型军工企业中从事高层技术研发的人员很多都出自同济，以至于当年有"十军工，九同济"之说。据统计，同济大学机械系 1941～1943 年的 153 名毕业生中，去兵工厂工作的达 105 人。而高职机械科的毕业生，70% 以上选择到兵工厂工作。同济大学的一些教授同时兼任兵工署工程师，在上课之余还从事武器研制，如薛祉镐、蔡其恕、彭明经教授等，都为武器研制做出了重要贡献。

14 年抗战，民族命运的砥砺和磨难，数万里的流离和颠沛，使得众多同济人被镌刻在了中国兵工史的功勋册上，他们为捍卫铁蹄之下的中国、为解救倒悬之中的民族做出了卓越贡献。

新时代下的同济大学，注重加强军政训练，推动军训与政训相结合，每年

---

① 对应课程：毛泽东思想和中国特色社会主义理论体系概论；对应章节：第十二章第二节。

暑假定期开展 14 天的学生军政训练，将"立德树人"和"守时、守序、守信、守纪、守法"教育贯穿军训全过程。同时，成立退伍大学生战友协会，退伍大学生主动担任军训教官，宣讲大学生征兵政策，并成立国旗班，开展护旗升旗仪式，发挥退伍大学生榜样示范作用和退伍不褪色的军人作风。此外，还启动辅导员赴部队军训计划，每学期选派 30 名辅导员赴部队开展集中军训，通过开展军政理论教育及战术基础动作训练，强化辅导员组织纪律观念与爱国主义精神。

——摘自同济大学新闻网

思考讨论题

1. 结合上述案例谈谈对国防和军队现代化的认识。
2. 如何实现富国和强军相统一？

案例解析

"强国必须强军，军强才能国安。"没有一支强大的军队，没有一个巩固的国防，中国梦就难以实现，和平发展就没有保障。当今世界，新一轮科技革命和军事革命迅猛发展，武器装备远程精确化、智能化、隐身化、无人化趋势更加明显，战争形态加速向信息化战争演变，智能化战争初现端倪。以"信息主导、体系支撑、精兵作战、联合制胜"为主要特征，基于网络信息体系的一体化联合作战成为基本作战样式。世界各主要国家纷纷调整安全战略、军事战略，调整军队组织形态，发展新型作战力量，抢占军事竞争战略制高点。只有加快国防和军队现代化建设步伐，才能在激烈的国际军事竞争中赢得主动。

在过去，由于我国军事实力不强，国防和军队较为落后，近代中国受到帝国主义的压迫和剥削，整个中国都处于深重的灾难之中，随着中华人民共和国的成立，我国军事实力、国防实力不断提升，我国在国际上的地位也随之提升。在当代中国，可以说我国已经成为一个军事大国，中国武器不论是质量还是数量上，都一直在进行迭代更新，有了日新月异的变化。

在过去，同济大学在自身安全岌岌可危的情况下，仍然坚持为祖国的国防事业不断贡献自己的力量。在抗战期间，中国军工系统包括鱼水雷、航空、坦克等尖端技术领域，遍布同济毕业生的身影，涌现出了一大批为武器研制做出重要贡献的人。在当代中国，同济大学一直不忘过去的苦难，同舟共济，砥砺前行，注重加强军政训练。

新的征程上，加快国防和军队现代化建设，必须全面贯彻习近平强军思想，贯彻新时代军事战略方针，坚持党对人民军队的绝对领导，坚持走中国特色强军之路，全面推进政治建军、改革强军、科技强军、人才强军、依法治军，不断提高打赢现代战争的能力水平，确保我军有更强大的能力、更可靠的手段捍卫国家主权、安全、发展利益。

构建一体化的国家战略体系和能力，是实现发展和安全兼顾、富国和强军统一的必然选择。富国才能强兵，强兵才能卫国，强国往往是经济和军事共同作用的结果。经济建设是国防建设的基本依托，只有国家经济实力增强了，国防建设才能有更大发展。国防建设是我国现代化建设的战略任务，只有把国防建设搞上去了，经济建设才能有更加坚强的安全保障。国防实力要同经济实力相匹配，经济社会发展到哪一步，国防实力就要跟进到哪一步，不然就不能为经济社会发展提供有力的安全保障。必须在国家总体战略中统一富国和强军两大目标、统筹发展和安全两件大事、统合经济和国防两种实力，把国防和军队建设有机融入经济社会发展大体系，逐步实现国家各领域战略布局一体融合、战略资源一体整合、战略力量一体运用。

构建一体化的国家战略体系和能力，是一个系统工程，涉及领域宽、范围广、内容多。必须加强集中统一领导，努力形成统一领导、军地协调、顺畅高效的组织管理体系，国家主导、需求牵引、市场运作相统一的工作运行体系，系统完备、衔接配套、有效激励的政策制度体系，更好发挥我国社会主义制度能够集中力量办大事的政治优势，发挥社会主义市场经济条件下新型举国体制优势；向重点领域聚焦用力，在基础设施建设、国防科技工业、武器装备采购、人才培养、军队保障社会化等领域，盘活用好存量资源，优化配置增量资源，打造龙头工程、精品工程，以点带面推动整体水平提升；向新兴领域不断拓展，提高海洋、太空、网信、生物、新能源等领域核心竞争力，形成多位一体、协同推进、跨越发展的格局。

军政军民团结是实现富国和强军相统一的重要政治保障，是我党我军特有的政治优势。要坚持人民战争的战略思想，把握新的时代条件下人民战争的新特点新要求，创新内容和方式方法，充分发挥人民战争的整体威力。建立健全国防动员体制机制，深化民兵预备役体制改革，优化后备力量规模、结构和布局，完善平时征用和战时动员等法规制度，增强打赢未来战争的国防潜力。坚持军民合力共建边海防，发挥军警民联防的特色和优势，周密组织边境管控和海上维权行动，建设强大稳固的现代边海空防。加强国防教育，增强全民国防观念，使关心国防、热爱国防、建设国防、保卫国防成为全社会的思想共识和自觉行动。大力弘扬军爱民、民拥军的光荣传统，不断发展坚如磐石的军政军民关系，推动实现强国梦、强军梦。

教学反思

该教学案例的实施效果较好：一是国防和军队现代化的话题离学生的实际生活比较远，学生没有真切的感受，本教学案例的使用便于对其进行更加生动形象的讲述，增强课程对学生的吸引力。二是该教学案例的使用契合了当前的爱国报国教育，鼓励学生投入祖国的建设，增强了学生的爱国情怀。三是通过该教学案例的运用，达到了结合教学内容向学生宣传党的历史和国防军队重要性的目的。四是该案例的使用将同济大学相关历史与国家历史相结合，便于学生更好地对其理解和掌握。

实施该教学案例存在的问题：目前的案例分析主要集中在同济大学投身军工事业、加强军政训练的历史，国防和军队现代化等宏观角度的分析还不够，学生的理解比较单薄。改进思路：可以让学生从更多角度进行国防和军队现代化的课堂汇报，打开学生的思维，这样有利于学生从不同角度分析所学内容。

案例三
港珠澳大桥的建设与"一国两制"①

案例描述

　　同济人在港珠澳大桥建设中发挥了重要作用：在港珠澳大桥技术专家组41名中外专家中，有同济大学校友11人；在港珠澳大桥管理局建设期94名员工中，有同济大学校友10人。90多岁高龄的孙钧院士，30多次深入大桥建设现场，为大桥建设排忧解难。同济大学一批知名教授承担了一系列重要研究课题，在大桥建设的关键时期提供重要技术支撑。在大桥建设的各节点，无不彰显着同济人不忘初心、砥砺前行，攻坚克难、迎难而上的精神。同济人将论文写在祖国大地上，在伶仃洋上筑起了中国"脊梁"！

　　港珠澳大桥的建设发挥了"一国两制"的优势：项目的前期阶段由香港牵头，借鉴了他们在国际化视野、环保和维养措施等方面的优势，共审重大方案、共同评标；建设期由广东牵头，提高了决策效率，发挥了劳动竞赛、党组织和文化建设方面的作用。

——摘自同济大学新闻网

思考讨论题

　　结合上述案例谈谈对"一国两制"的认识。

案例解析

　　"一国两制"是国家的一项基本国策。"一国两制"就是在统一的国家之内，

---

① 对应课程：毛泽东思想和中国特色社会主义理论体系概论；对应章节：第十二章第三节。

国家主体实行社会主义制度，个别地区依法实行资本主义制度。这是一项前无古人的开创性事业，是中国为国际社会解决类似问题提供的一个新思路、新方案，是中华民族为世界和平与发展做出的新贡献。

香港、澳门回归祖国后，重新纳入国家治理体系。在"一国两制"之下，香港、澳门特别行政区享有的高度自治权受到充分保障，港澳同胞当家作主、依法享有广泛自由和民主权利。香港、澳门经济总体平稳增长，对外交往日益活跃，各项事业取得全面进步，同祖国内地的联系越来越紧密。港澳同胞对国家发展和民族复兴的信心不断增强，对国家的认同感和向心力不断加强。"一国两制"实践取得了举世公认的成功。事实证明，"一国两制"是解决历史遗留的香港、澳门问题的最佳方案，也是香港、澳门回归后保持长期繁荣稳定的最佳制度，是完全行得通、办得到、得人心的，是有强大生命力的。

同济大学始终拥护"一国两制"，并在"一国两制"的指导下为我国的建设事业做出了巨大贡献，港珠澳大桥的建设就发挥了"一国两制"的优势：项目的前期阶段由香港牵头，借鉴他们在国际化视野、环保和维养措施等方面的优势，共审重大方案，共同评标；建设期由广东牵头，提高了决策效率，发挥了劳动竞赛、党组织和文化建设方面的作用。

随着中国特色社会主义进入新时代，"一国两制"事业也进入了新时代。继续推动香港、澳门各项事业向前发展，要全面准确理解和贯彻"一国两制"、"港人治港"、"澳人治澳"、高度自治的方针。

必须始终准确把握"一国"和"两制"的关系。"一国两制"是一个完整的概念。"一国"是实行"两制"的前提和基础，"两制"从属和派生于"一国"，并统一于"一国"之内。"一国两制"的提出是为了实现和维护国家统一。国家主体坚持实行社会主义制度，是香港、澳门实行资本主义制度、保持繁荣稳定的前提和保障；香港、澳门依照基本法实行"港人治港"、"澳人治澳"、高度自治，必须充分尊重国家主体实行的社会主义制度。必须牢固树立"一国"意识，坚守"一国"原则，正确处理特别行政区同中央的关系。任何危害国家主权安全，挑战中央权力和特别行政区基本法权威，利用香港、澳门对内地进行渗透破坏的活动，都是对底线的触碰，都是绝不能允许的。与此同时，在"一国"的基础之上，"两制"的关系应该也完全可以做到和谐相处、相互促进。既要把实行社会主义制度的内地建设好，也要把实行资本主义制度的香港、澳门建设好。

必须落实中央对特别行政区的全面管治权，维护国家主权、安全、发展利益。坚决维护宪法和基本法的权威，完善与基本法实施相关的制度和机制，落实好中央依法行使权力和特别行政区履行主体责任。支持行政长官和特别行政区政府依法施政、积极作为，团结带领香港、澳门各界人士齐心协力谋发展、促和谐，保障和改善民生，有序推进民主，维护社会稳定，履行维护国家主权、安全、发展利益的宪制责任。

必须聚焦发展这个第一要务，推动港澳融入国家发展大局。发展是永恒的主题，是香港、澳门的立身之本，也是保持香港、澳门国际地位和解决香港、澳门各种问题的金钥匙。要把发挥祖国内地坚强后盾作用和提高香港、澳门自身竞争力有机结合起来，支持香港、澳门抓住共建"一带一路"、粤港澳大湾区建设等新的重大机遇，更加积极主动助力国家全面开放、融入国家发展大局、参与国家治理实践、促进国际人文交流，实现新发展，做出新贡献。

必须坚持爱国者治港治澳原则。要发展壮大爱国爱港爱澳力量，增强香港、澳门同胞的国家意识和爱国精神，使爱国爱港爱澳光荣传统薪火相传，使"一国两制"事业后继有人，让香港、澳门同胞同祖国人民共担民族复兴的历史责任、共享祖国繁荣富强的伟大荣光。

一个中国原则是两岸关系的政治基础。推动两岸关系和平发展，最根本的是坚持一个中国原则。虽然两岸至今尚未统一，但是中国的主权和领土完整从未分裂。两岸同属一个国家，两岸同胞同属中华民族，这一历史事实和法理基础从未改变，也不可能改变。

体现一个中国原则的"九二共识"明确界定了两岸关系的根本性质，是确保两岸关系和平发展的关键。它表明大陆与台湾同属一个中国，两岸关系不是国与国关系。承认"九二共识"，认同两岸同属一个中国，两岸双方就能开展对话，协商解决两岸同胞关心的问题，台湾任何政党和团体同大陆交往也不会存在障碍。两岸关系和平发展要靠两岸同胞共同推动，靠两岸同胞共同维护。

"和平统一、一国两制"是实现国家统一的最佳方式。这既充分考虑台湾现实情况，又有利于统一后台湾长治久安，体现了海纳百川、有容乃大的中国智慧。"一国两制"在台湾的具体实现形式上会充分考虑台湾现实情况，会充分吸收两岸各界意见和建议，会充分照顾到台湾同胞利益和感情。在确保国家主权、安全、发展利益的前提下，和平统一后，台湾同胞的社会制度和生活方式等将得到充分尊重，台湾同胞的私人财产、宗教信仰、合法权益将得到充分保障。只有争取早日解决政治对立，实现台海持久和平，达成国家统一愿景，才能让两岸子孙后代在祥和、安宁、繁荣、尊严的共同家园中生活成长。

坚决反对和遏制任何形式的"台独"。"台独"分裂势力及其活动损害国家主权和领土完整，是两岸关系和平发展的最大障碍，是台海和平稳定的最大威胁。坚决维护国家主权和领土完整，绝不容忍国家分裂的历史悲剧重演，是我们对历史和人民的庄严承诺。包括两岸同胞在内的所有中华儿女，要和衷共济、团结向前，坚决粉碎任何"台独"图谋，共创民族复兴美好未来。任何人都不要低估中国人民捍卫国家主权和领土完整的坚强决心、坚定意志、强大能力。

台湾问题是中国的内政，事关中国核心利益和中国人民民族感情，不容任何外来干涉。解决台湾问题的主导权、主动权始终牢牢掌握在我们的手中。台湾问题因民族弱乱而产生，必将随着民族复兴而终结。

教学反思

该教学案例的实施效果较好：一是该教学案例的运用，很好地向学生宣传了"一国两制"政策。二是结合同济大学学子参与港珠澳大桥建设的例子来向学生阐述"一国两制"，展示了"一国两制"的具体体现，有利于帮助学生更好地理解"一国两制"。三是该教学案例的使用体现了内地与港澳的协作，有利于增强学生的爱国情怀，为祖国的统一贡献自己的力量。

实施该教学案例需要改进之处：案例分析主要是教师在课堂上讲授，方式较为单一，没有充分激发出学生的爱国情感。改进思路：增加课堂讨论环节，让学生在课堂中相互研讨、发表自己对"一国两制"政策的见解，这样有利于学生在讨论中增强自主意识，从而增强爱国情感。

第十三章

中国特色大国外交

案例一

全球大变局中的中国与世界①

👉 案例描述

2021 年 7 月 24 日，由同济大学主办、同济大学马克思主义学院承办的"全球大变局中的中国与世界"国际学术研讨会以线下线上相结合的方式在四平路校区举行。国际价值与哲学学会执行理事长胡业评，上海市教卫工作党委副书记、市教委副主任闵辉，同济大学常务副校长吕培明出席并分别致辞。来自中国、美国、加拿大、越南、印度尼西亚、印度、肯尼亚、乌克兰、比利时等国高校和科研院所的数十位专家学者与会，围绕主题展开广泛深入的研讨。

闵辉表示，在百年未有之大变局中，人类的命运从没有像今天这样紧密相连，各国的利益从没有像今天这样深度融合，"和平、发展、合作、共赢"的时代潮流不可阻挡。此次国际交流研讨，对于坚持问题导向，书写团结协作、多边主义、开放合作、包容共享的新篇章具有重要意义。他希望各位嘉宾畅所欲言，发表真知灼见，在促进相互理解、推动国际合作、助力经济复苏、维护

---

① 对应课程：毛泽东思想和中国特色社会主义理论体系概论；对应章节：第十三章第一节。

共同利益、完善全球治理等方面贡献来自全球各地的智慧和方案。

专家学者们表示，当前百年未有之大变局与疫情交织叠加，给人类带来的不稳定性、不确定性显著上升。人类社会实现普遍安全、促进共同发展，依然任重道远。习近平总书记提出的"构建人类命运共同体"重大倡议顺应了经济全球化新变化，关切人类发展进步的前途命运，成为谋求全球共同平等发展、构建新型国际关系和国际新秩序的共同价值规范，在世界范围内获得了更加广泛的认同和更多的实践。中国始终是世界和平的建设者、全球发展的贡献者、国际秩序的维护者，始终把为人类做出新的更大的贡献作为自己的使命。世界各国应该携起手来，增进彼此理解，求同存异，共同为应对人类面临的各种挑战、增进各国人民福祉、推动构建人类命运共同体而不懈努力。

——摘自同济大学新闻网

思考讨论题

1. 试论述你对世界百年未有之大变局的理解。
2. 论述你对新型国际关系的理解。
3. 如何推动建设新型国际关系？

案例解析

全面深刻认识百年未有之大变局，关系到具有五千多年文明史、约占世界人口 1/5 的泱泱大国能否踏上现代化强国之路，关系到近代以来历经磨难的中华民族能否顺利实现伟大复兴之梦，关系到揭示人类社会前进方向的科学社会主义能否在 21 世纪绽放出更加灿烂的真理光芒。

首先，"变"在何处？百年未有之大变局，变就变在前所未有、百年罕遇，变就变在立破并举、涤旧生新。这个大变局，概括起来，就是当前国际格局和国际体系正在发生深刻调整，全球治理体系正在发生深刻变革，国际力量对比正在发生近代以来最具革命性的变化。世界经济重心正在加快"自西向东"位移；新一轮科技革命和产业变革正在重塑世界；新兴市场国家和发展中国家国际影响力不断增强，国际力量对比更趋均衡；全球治理的话语权越来越向发展中国家倾斜，全球治理体系越来越向更加公正合理的方向发展；世界文明多样性更加彰显，世界各国开放包容、多元互鉴成为主基调。

其次，"道"向何方？大变局的演进趋势，必然反映人类文明和平发展的大潮流、大趋向。这个大变局，是从事实上"一家独大"的单极世界向协同共治的多极世界的重大转变，是现代化发展路径从一元走向多元的重大转变，是从社会主义遭遇严重挫折向科学社会主义在21世纪焕发勃勃生机的重大转变。当然也还要清醒认识到，世界格局的演变是一个由量变到质变的渐进过程。世界力量结构尚未发生根本性变化，美国等西方国家仍在经济、科技、军事等方面占据优势地位，资本主义制度仍然具有顽强的生命力，资本主义与社会主义两种制度、两种道路的斗争也将是漫长的、持久的。

再次，对我国是"机"还是"危"？当前我国的有利条件是，我国发展仍处于并将长期处于重要战略机遇期，迎来了从站起来、富起来到强起来的伟大飞跃，时与势在我们这一边；不利条件或者重大挑战是，中国作为新兴大国，必然遭到美国等西方大国的遏制。可以预见的是，这种遏制将是长期的、高压的，并不以我们的意志为转移的，一旦应对不好就会延误甚至中断民族复兴的历史进程。

最后，中国怎么办？当今世界正经历百年未有之大变局，面对千载难逢的历史大机遇，我们要深刻认识国际格局演变与民族复兴、现代化强国目标的叠加性、同步性、长期性，坚持正确的历史观、大局观、角色观，坚持不懈推动构建人类命运共同体；要保持战略定力、发扬斗争精神，在道路、方向、立场等重大原则问题上守住守好底线红线，牢牢把握战略上的主动权。最根本的，就是要始终同以习近平同志为核心的党中央保持高度一致，增强"四个意识"，坚定"四个自信"，做到"两个维护"，保证全党团结统一、行动一致，确保党始终总揽全局、协调各方。

新型国际关系的基本内涵即相互尊重、公平正义、合作共赢。维护世界和平、促进共同发展，这是中国外交政策的宗旨。推动建设相互尊重、公平正义、合作共赢的新型国际关系，是立足时代发展潮流和我国根本利益做出的战略选择，反映了中国人民和世界人民的共同心愿。新型国际关系，"新"在相互尊重，"新"在公平正义，特别是"新"在合作共赢。新型国际关系，核心是维护联合国宪章宗旨和原则，维护不干涉别国内政和尊重国家主权、独立、领土完整等国际关系基本准则，维护联合国及其安理会对世界和平承担的首要责任，开展对话、合作而不是对抗，实现双赢、共赢而不是单赢。

推动建设新型国际关系，要坚决维护国家核心利益。中国始终把坚决维护国家主权、安全、发展利益作为外交工作的基本出发点和落脚点，稳妥应对涉及我国领土主权和海洋权益争端，坚决维护国家的领土主权。坚决在国际上遏制一切分裂势力的破坏活动，防范国际暴力恐怖活动向境内渗透，维护国家主权和安全。中国决不会以牺牲别国利益为代价来发展自己，也决不放弃自己的正当权益，中国反对以大欺小、以强凌弱，反对把自己的意志强加于人，反对干涉别国内政。

推动建设新型国际关系，要在和平共处五项原则基础上发展同世界各国的友好合作。重视各大国的地位和作用，推进大国协调和合作，构建总体稳定、均衡发展的大国关系框架，致力于同各大国发展全方位合作关系；按照亲诚惠容理念和与邻为善、以邻为伴的周边外交方针，深化同周边国家关系，努力使自身发展更好惠及周边国家；坚持把发展中国家作为对外政策的基础，秉持正确义利观和真实亲诚理念，加强同发展中国家团结合作，永远做发展中国家的可靠朋友和真诚伙伴。

推动建设新型国际关系，要积极参与全球治理体系改革和建设。中国秉持共商共建共享的全球治理观，倡导国际关系民主化，坚持国家不分大小、强弱、贫富一律平等，支持扩大发展中国家在国际事务中的代表性和发言权。积极倡导和践行多边主义，积极参与多边事务，高度重视联合国的作用，支持二十国集团、亚太经合组织、上海合作组织、金砖国家等发挥积极作用，推动国际秩序和国际体系朝着公正合理的方向发展。扎实推进公共外交和人文交流，开展同各国政党和政治组织的友好往来，加强人大、政协、地方、民间团体的对外交流，夯实国家关系发展的社会基础。

推动建设新型国际关系，要加强涉外法律工作，完善涉外法律法规体系。积极参与国际规则制定，推动依法处理涉外经济、社会事务，增强我国在国际法律事务中的话语权和影响力，运用法律手段维护我国主权、安全、发展利益。强化涉外法律服务，维护我国公民、法人在海外的正当权益，依法维护海外侨胞权益。深化司法领域国际合作，完善我国司法协助体制，扩大国际司法协助覆盖面。加强反腐败国际合作，加大海外追赃追逃、遣返引渡力度。积极参与执法安全国际合作，共同打击暴力恐怖势力、民族分裂势力、宗教极端势力和贩毒走私、跨国有组织犯罪。

教学反思

该教学案例的实施效果较好：一是新型国际关系的内涵丰富，理解起来有一定困难，本案例通过身边的会议吸引了学生的注意力，使其更容易理解。二是案例分析部分对百年未有之大变局做了简单的阐述，增强了授课的时效性。三是通过该教学案例的运用，达到了结合教学内容向学生宣传国家最新外交理念的目的。四是案例分析部分指出了推动构建新型国际关系的措施，有助于帮助学生理解我国的外交方针政策。五是案例分析部分融合了一定的世界观教育。

实施该教学案例需要改进之处：目前的案例分析与运用在课堂上的讲授范围偏广。改进思路：今后要加强与学生的互动，在可供选择的案例范围内让学生自主选取最熟悉的例子进行分析与讲解，这样有助于调动学生的已有知识进行课堂参与和互动。

案例二
讲好中国故事，传播好中国声音①

案例描述

2021年10月19日，同济大学留学生"行走看中国"故事班开班。故事班旨在将理论学习和行走实践相结合，通过一系列学术讲座和实践指导，培养留学生讲好中国故事的能力，增强留学生对中华文化感召力与亲和力的认知和喜爱。教育部中外语言交流合作中心，同济大学党委宣传部、国际文化交流学院相关负责人和来自23个国家、学习不同专业的31名学生参加了开班仪式。

---

① 对应课程：毛泽东思想和中国特色社会主义理论体系概论；对应章节：第十三章第二节。

在开班仪式上，教育部中外语言交流合作中心相关负责人希望留学生学员能够通过这样的活动深入了解一个真实的中国，向世界讲述学习中文和中华文化的经历，向世界传递中国声音。同济大学党委宣传部相关负责人鼓励留学生们通过此次培训班，能更全面了解中国的发展，向世界讲述一个真实、全面、立体的中国，共建人类命运共同体。

国际文化交流学院相关负责人表示，"行走看中国"故事班开班后，将组织系列文化考察活动，让留学生们"脚走在中国的大地，眼看着中国的变化，心感受着中国的温暖，口讲着中国的日常，手写着中国的责任"，通过实地行走、集体讨论、沉浸式思考以及与当地民众互动交流等活动，最终独立完成行走心得报告，结集出版"留学生行走看中国"系列丛书，从而助力培养"知华、友华"的留学生。

——摘自同济大学新闻网

中国媒体是讲中国故事的主体。习近平总书记在中共中央政治局第三十次集体学习时强调，要"打造具有国际影响力的媒体集群，积极推动中华文化走出去"。中国故事走出去，是要以中国文明消除文明隔阂，以文明和平共存等超越文明优越与霸权，实现不同文明之间相互理解、相互尊重、相互信任。但世界多极化、经济全球化、信息爆炸、文化多样性目前仍占世界发展主流，中国要通过中国智慧推动构建人类命运共同体，通过提升中国的国际影响力而影响世界政治格局和经济结构，这些都离不开媒体的阐释与沟通工作。也就是说，中国故事能不能讲好，讲了能不能让外国听众听懂，听懂后是否能理解和赞赏，与中国媒体的国际传播能力密切相关。中国主流媒体要更主动、更精准回应世界关切，加强协力协同协调，从源头上确立统一的中国故事资源库和话语体系，确立中国故事关键词和传播效度评价体系，确立"话语出口"质量标准，以普适性的价值观为基础，以本土化的话语方式为媒介，既讲好中国故事，又注重增强中华文化感召力与亲和力，以中国故事冲淡文化差异，消除文化冲突，培养目的国民众对中国的认知和喜爱。"国之交在于民相亲，民相亲在于心相通"，民心通了，路就顺了，中国故事就好讲了，讲了别人就容易懂了、信了。从这个角度讲，新闻媒体就是"一带一路"建设所必需的中外文化的"暖心工程"。

——摘自《广州日报》

👉 **思考讨论题**

1. 上述案例内容体现了人类命运共同体的哪方面内涵？人类命运共同体的内涵是什么？

2. 如何更好建设新闻媒体这项"一带一路"所必需的中外文化的"暖心工程"？

3. 讲好中国故事，传播好中国声音，高校和学生能做些什么？

👉 **案例解析**

上述案例内容体现了人类命运共同体文化方面开放、包容的内涵。构建人类命运共同体，核心就是建设持久和平、普遍安全、共同繁荣、开放包容、清洁美丽的世界。

第一，政治上，要相互尊重、平等协商，坚决摒弃冷战思维和强权政治，走对话而不对抗、结伴而不结盟的国与国交往新路。人类历史上战乱频仍，生灵涂炭，教训惨痛。要和平、不要战争是各国人民朴素而真实的愿望。建设一个持久和平的世界，根本要义在于国家之间要构建平等相待、互商互谅的伙伴关系。大国要尊重彼此核心利益和重大关切，管控矛盾分歧，努力构建不冲突不对抗、相互尊重、合作共赢的新型关系。大国对小国要平等相待，不搞唯我独尊、恃强凌弱的霸道。国家间出现矛盾、分歧和争端，要通过平等协商以和平方式处理。只有各国都走和平发展道路，各国才能共同发展，国与国才能和平相处。

第二，安全上，要坚持以对话解决争端、以协商化解分歧，统筹应对传统和非传统安全威胁，反对一切形式的恐怖主义。当前，国际安全形势动荡复杂，传统安全威胁和非传统安全威胁相互交织，安全问题的内涵和外延都在进一步拓展，同时人类越来越利益交融、安危与共。在这种新形势下，各国应树立共同、综合、合作、可持续的全球安全观。国家不论大小、强弱、贫富以及历史文化传统、社会制度存在多大差异，都要尊重和照顾其合理安全关切。要恪守尊重主权、独立和领土完整、互不干涉内政等国际关系基本准则，统筹维护传统和非传统安全。各国都有平等参与地区安全事务的权利，也都有维护地区安全的责任，要以对话协商、互利合作的方式解决安全难题。

第三，经济上，要同舟共济，促进贸易和投资自由化、便利化，推动经济全球化朝着更加开放、包容、普惠、平衡、共赢的方向发展。发展是第一要务，适用于各国，人类命运共同体追求的是共同发展。发展结根到底要靠本国自身努力，各国要根据自身禀赋特点，制定适合本国国情的发展战略。要改善国际发展环境，各国要共同维护国际和平，以和平促进发展，以发展巩固和平。要创造良好外部制度环境，加强全球经济治理，健全发展协调机制，各国特别是主要经济体要加强宏观经济政策协调。要维护世界贸易组织规则，支持以世界贸易组织为核心的开放、透明、包容、非歧视性的多边贸易体制，推动建设开放型世界经济。要优化发展伙伴关系，坚持南北合作主渠道地位，最大限度解决南北之间和地区内部发展失衡问题，让发展成果惠及世界各国，为世界经济全面协调可持续增长提供新动力。

第四，文化上，要尊重世界文明多样性，促进文明交流，加强文明互鉴，实现文明共存。人类文明多样性是世界的基本特征，也是人类进步的源泉，多样性带来交流，交流孕育融合，融合产生进步。不同文明凝聚着不同民族的智慧和贡献，没有高低之别，更无优劣之分。文明差异不应该成为世界冲突的根源，而应该成为人类文明进步的动力。要促进和而不同、兼收并蓄的文明交流对话，在竞争比较中取长补短，在交流互鉴中共同发展，使文明交流互鉴成为增进各国人民友谊的桥梁、推动人类社会进步的动力、维护世界和平的纽带。

第五，生态上，要坚持环境友好，合作应对气候变化，保护好人类赖以生存的地球家园。人类可以利用自然、改造自然，但归根结底是自然的一部分，必须呵护自然，不能凌驾于自然之上。建设生态文明关乎人类未来。要解决好工业文明带来的矛盾，以人与自然和谐相处为目标，实现世界的可持续发展和人的全面发展。要坚持走绿色、低碳、循环、可持续发展之路，采取行动应对气候变化等新挑战，不断开拓生产发展、生活富裕、生态良好的文明发展道路，构筑尊崇自然、绿色发展的生态体系。

媒体是塑造形象的重要手段。在泛媒体时代，信息无处不在，传播途径和渠道更为多样化，人人既是传播者，又是传播对象，舆情复杂，对传播效果的监测评估难以精确。因此，如何以讲好中国故事为核心，打造中外媒体合作矩阵，形成中国故事海外落地生根的闭环，既是当前讲中国故事能力提升的重要目标，也是客观准确了解和掌握中国故事海外影响力的基本保证。

事实证明，国内外媒体是讲好中国故事的主要渠道，也在一定程度上影响着讲中国故事的效果和质量。因此，我们应推动建立媒体与中国故事走出去的合作模式，使媒体有意识地根据中国故事传播的新情况及时调整、突破自身的局限，主动讲好中国故事。"一带一路"文化建设的"暖心工程"需要中外媒体融通合作，一同讲好中国故事。

要在复杂多变的世界中发出声音，就必须走中外媒体合作之路，用世界话筒发出中国声音，以共同叙事话语体系讲述中国故事，中外媒体要沟通打造以讲中国故事为中心的大媒体圈。实际上，向世界讲中国故事本身就是沟通不同文化的"媒体"，媒体之间的交流与合作也是不同文化之间的合作，因此，借力媒体实现文化交流的同时，也自然会实现媒体之间的交流。中国媒体在推动中国故事走进世界的同时，也必定会走向世界，与世界不同国家、不同背景的媒体合作搭建讲中国故事的平台与桥梁，共同打造融通中外的新概念、新表述。目前，在讲中国故事时，国外媒体常常以主观视角解读客观事实，无论是正面还是负面解读，在一定程度上都会造成误读。这说明中外媒体就同一中国故事的阐释还缺乏有效的互动、沟通与协同。中国媒体要加强与海外媒体的有效沟通与交流，以巩固和推动中国故事走出去为初衷，以共同讲清中国故事中的和平发展理念和互惠互利为目的，向世界阐释中国发展的中国目标和世界目标，坚定推动相互理解，不断提升相互信任度，推动世界成为一切爱好和平的国家可以同行的幸福村。

大学生群体是中国声音的重要传播者、中国故事的重要讲述者，也是中国形象的重要塑造者。讲好中国故事，需要引导青年人以理性客观的态度认识中国国情，了解中国文化，重树文化自信。

搭建讲好中国故事的"台"。一是要搭建好网络平台。高校可利用微信、微博、贴吧等网络媒体资源开展文化主题互动，为大学生提供文化交流机会，提升文化理性思维；可利用官方网站开通专栏，用大学生易于接受的内容和话语体系引导其深入了解校史、国史，增强荣校爱国意识。二是要搭建好课程平台。在大学生思想政治教育课程中增加中国故事的内容，结合理论讲述中国革命、建设、改革中发生的实践故事；不断创新课程体系，在授课时挖掘专业背后蕴藏的精神文化，如工匠精神等。三是要搭建好党团平台。依托党团组织生活会、党课团课、党日活动、团日活动等实践活动宣讲相应主题的中国故事，依托文艺晚会、红歌比赛等多彩的艺术形式展现和歌颂中国故事。四是要搭建好第二课堂平台。通过讲座、论坛、班会、主题活动等形式传达中国故事，邀请校友、专家学者等讲述经典故事，借鉴《中国诗词大会》《朗读者》等精品电视节目，开展线下活动，使大学生在参与中领悟文化魅力。

磨砺讲好中国故事的"术"。这主要是要做到三个结合：一是真实性与艺术性相结合。用丰富的表现形式还原真人真事，用丰富多彩的形式呈现中国故事，使其更易为大学生所接受。二是情与理相结合。要循循善诱，将道理寓于故事中，动之以情、晓之以理，让人悟道。三是政治性与共鸣性相结合。未来接班人应接受好的中国故事的熏陶和洗礼，在传承信仰的过程中，"既说他想听的，也说我想讲的；先说他想知道的，后说我要说的"，找到思想共鸣。

提升讲好中国故事的"能"。好的宣传队伍让精彩的中国故事更出彩。要重视发挥学生党员、学生干部的朋辈教育作用；要重视融合多学科人才，如用法学专业的人才讲述法治故事，用文学专业的人才重点宣讲传统文化故事，用体育专业人才讲奥运精神等；要重视融合不同年龄层次的中国故事，根据不同年龄阶段的经历讲述不同年龄阶段的故事；要重视培养讲故事者的表达能力、沟通能力、文化素养、国际视野，以更好传达中国声音，展示中国方案，体现中国精神的独特价值和时代意味。

教学反思

该教学案例的实施效果较好：一是人类命运共同体的内涵丰富，选取文化方面入手能使学生更有切身体会。二是案例分析部分涉及从文化方面的内涵到人类命运共同体的整体内涵，增强了教学的完整性。三是通过该教学案例的运用，达到了结合教学内容向学生宣传人类命运共同体理念的目的。四是案例分析部分结合了高校和学生在传播中国声音方面的内容，使得教学内容更加具体生动。

实施该教学案例需要改进之处：目前的案例分析与运用在课堂上仍以教师发问、学生回答的方式为主，在教学中学生的思考和创新能力的发挥有待提高。改进思路：今后要加强与学生的互动，在给出案例材料后，给学生想象的空间和表现的机会，让学生自己思考、提出问题，再由教师帮助学生分析问题、解决问题，培养学生的创新能力。

案例三
百年变局与中国特色大国外交 ①

案例描述

2021年10月16日至17日，由中共中央对外联络部研究室和同济大学主办，同济大学中国战略研究院、中共中央对外联络部世界政党研究所、中国人民解放军国防大学国家安全学院等联合承办的第四届中国战略论坛暨"百年变局与中国特色大国外交"高端研讨会在同济大学召开。

此次研讨会会集了来自中共中央对外联络部、中国社会科学院、中共中央党校、中国人民解放军国防大学、北京大学、清华大学、同济大学、复旦大学等50多家学术机构的80余位专家学者，围绕主题"百年变局与中国特色大国外交"，基于不同的研究视角和多元的观察维度，探讨习近平外交思想、百年变局背景下的中国特色大国外交实践及其所涉及的诸多具有重大意义的战略议题。

在会议主旨演讲环节，专家学者先后作主题发言。金鑫和门洪华主持主旨发言。上海市政协副主席、教授周汉民以《从WTO到CPTPP：中国对外开放的进程》为题谈到，百年未有之大变局的关键变量是中华民族的伟大复兴，而未来30年将决定百年未有之大变局的本质，这个本质就是力量对比和分化重组。中国在对外开放过程中，如何与世界共成长、同进步是极为关键的因素，我们首先要做到各美其美，其次要美人之美，再次要美美与共，最后才能达到世界大同。他认为，基于世界贸易组织的历史经验，中国在加入CPTPP的进程中要当机立断、关注好其他超级大国，以及要凝聚人心。

辽宁省政协党组副书记、副主席、教授戴玉林以《RCEP下打造东北开放新前沿面临的机遇、挑战与对策》为题发表主旨演讲。他提出，RCEP为中国实施更高水平的对外开放政策、参与更大范围的自由贸易带来了新机遇。以此为背景，东北地区在打造对外开放新前沿方面具有区位优势、政策红利优势、资源禀赋优势以及传统合作优势。鉴于此，东北地区应当借势RCEP加强地区

---

① 对应课程：毛泽东思想和中国特色社会主义理论体系概论；对应章节：第十三章第二节。

间内部协作，提升对外开放的整体竞争力；强化基础设施建设，做强做优对外开放的走廊通道；聚焦高端产业发展，优化对外合作的产业结构布局；聚力一流营商环境建设，增强对外合作的魅力、吸引力。

新华社原副社长、新华网创办人、教授周锡生重点谈及了"从中美关系看中国外交定力"。他认为，世界百年未有之大变局中最大的变局就是大国间力量对比发生了变化。大国关系已经成为当下世界最为关注、最为重要、最为复杂、最为敏感的关系。中国的大国关系谋划始终运用战略思维、强调战略思维、坚定战略思维、深化战略思维以及牢牢把握战略思维，展现出习近平外交思想的历史性贡献。

中国国际问题研究院党委书记兼院长徐步在题为《习近平外交理论与实践研究》的主旨演讲中谈到，理解"百年未有之大变局"可以从中国、世界、实力对比、制度和文明五个维度予以深刻理解。习近平外交思想为破解当今世界面临的重大问题，引领国际秩序和国际体系的变革贡献了中国智慧、中国方案，实现了历史使命与时代潮流的高度统一、民族精神与国际主义的高度统一、中国气派与世界情怀的高度统一。

全国政协常委、北京大学国际关系学院原院长、教授贾庆国以《崛起中的中国与外交的选择》为题，提出崛起中的中国具有身份和利益在多方面存在着双重性和矛盾性、崛起速度很快以及在文化、制度和治理方式上比较独特等基本特点。崛起中的中国亟须不断地调整与其他国家的交往方式以及现行的对外交流管理模式，从而通过提供公共产品和维护国际秩序的方式维护自身利益。

复旦大学"一带一路"及全球治理研究院常务副院长、教授黄仁伟聚焦"未来30年中国国际战略的变与不变"谈到，当今世界发展的大潮流处于变化中，而"和平与发展"的概念也呈现出相应的变化。中国的国际战略本身也有其"变"和"不变"，而外交的原则、方针和策略也都在变与不变之间发生作用。因此，中国国际战略需要思想理论和实践的创新，这样才能更好地适应百年未有之大变局和未来中国外交的发展方向。

中国人民解放军国防大学国家安全学院原副院长、少将唐永胜以《世界变局下中国外交的战略选择》为题，聚焦中美关系的未来发展与前景，探讨了中国的外交政策与战略。他认为，大国的竞争归根结底还是国家治理能力的比拼，而如何处理共同认知与自主协调之间的关系，也成为国家治理的重要命题。面对变化的世界与外部的深度调整，中国外交政策在一定程度上需要强调间接路线，并逐渐争取战略主动。

外交学院副院长、教授王帆围绕"中国特色大国外交，战略排序与多目标决策"谈及中国复兴过程中所面临的各种目标与手段之间的平衡问题。他认为，中国外交的目标排序要对紧迫性、重要性、可行性与合理性进行综合平衡，并据此进行战略规划、安排战略资源、协调战略目标，避免过犹不及和战略透支，要长期集中力量办大事，从而为实现中国发展的总目标做出科学的抉择与努力。

中国社会科学院欧洲研究所所长、教授冯仲平重点探讨了"欧盟对华政策变化与中国对欧外交"的相关问题。他表示，欧美关系未来呈现出三种可能性：欧美由于战略重心异化而渐行渐远；欧美为对冲中国而重振联盟；美国重新组织全新的联盟体系。这三种可能性的发生概率值得学者深入研究。在此基础上他提出，中国对欧外交应当重视中美欧三边关系；中国与欧洲发展不能只谈利益，也要强调规则和秩序；中欧或许也进入了某种程度的"竞争"时代，要对相关问题有所前瞻与关注。

上海社会科学院国际问题研究所所长、研究员王健以《提升周边外交地位，构建大周边命运共同体》为题发表主旨演讲。他认为，自2013年的首次周边外交工作会议至今，国际形势发生了巨大的变化，全球化的趋势有所放缓而区域化的态势则有所增强。中国应该处理好中日韩的三边关系；将"一带一路"倡议与周边关系相结合，将周边打造成新发展格局产业链的关键节点；要以疫情等非传统安全作为切入，提供更多的公共产品；加强人文交流，寻找东亚文化的共同基础，推进构建周边人类命运共同体。

——节选自中国社会科学网

👉 思考讨论题

1. 上述案例内容体现了习近平外交思想的哪些核心要义？

2. 谈谈对中国外交战略"变"与"不变"的思考。

3. 新时代条件下我们为何要始终坚持以习近平外交思想为指导？

案例解析

上述案例内容体现了以下习近平外交思想的核心要义。

第一，坚持以实现中华民族伟大复兴为使命推进中国特色大国外交。做好外交工作，胸中要装着国内国际两个大局，为我国改革、发展、稳定争取良好外部条件，维护国家主权、安全、发展利益，维护世界和平稳定，促进共同发展，推动中华民族伟大复兴。王帆教授认为，中国外交的目标排序要对紧迫性、重要性、可行性与合理性进行综合平衡，并据此进行战略规划、安排战略资源、协调战略目标，避免过犹不及和战略透支，要长期集中力量办大事，从而为实现中国发展的总目标做出科学的抉择与努力。

第二，坚持以维护世界和平、促进共同发展为宗旨推动构建人类命运共同体。国际社会日益成为一个你中有我、我中有你的命运共同体。面对世界经济的复杂形势和全球性问题，任何国家都不可能独善其身、一枝独秀，这就要求各国同舟共济、和衷共济，在追求本国利益时兼顾他国合理关切，在谋求本国发展中促进各国共同发展，增进人类共同利益，共同建设一个更加美好的地球家园。周锡生教授重点谈及了"从中美关系看中国外交定力"。他认为，世界百年未有之大变局中最大的变局就是大国间力量对比发生了变化。大国关系已经成为当下世界最为关注、最为重要、最为复杂、最为敏感的关系。中国的大国关系谋划始终运用战略思维、强调战略思维、坚定战略思维、深化战略思维以及牢牢把握战略思维，展现出习近平外交思想的历史性贡献。

第三，坚持以共商共建共享为原则推动"一带一路"建设。丝绸之路经济带和21世纪海上丝绸之路倡议顺应了时代要求和各国加快发展的愿望，提供了一个包容性巨大的发展平台，具有深厚历史渊源和人文基础，能够把快速发展的中国经济同沿线国家的利益结合起来，实现共同繁荣。上海社会科学院国际问题研究所所长、研究员王健以《提升周边外交地位，构建大周边命运共同体》为题发表主旨演讲。他认为，自2013年的首次周边外交工作会议至今，国际形势发生了巨大的变化，全球化的趋势有所放缓而区域化的态势则有所增强。中国应该处理好中日韩的三边关系；将"一带一路"倡议与周边关系相结合，将周边打造成新发展格局产业链的关键节点；要以疫情等非传统安全作为切入，提供更多的公共产品；加强人文交流，寻找东亚文化的共同基础，推进构建周边人类命运共同体。

第四，坚持以相互尊重、合作共赢为基础走和平发展道路。中华民族的血液中没有侵略他人、称王称霸的基因，中国走的是和平发展道路，对他国、对世界绝不是挑战和威胁。中国越发展，对世界和平与发展就越有利。走和平发展道路，是我们党根据时代发展潮流和我国根本利益做出的战略抉择。我们要始终做世界和平的建设者、全球发展的贡献者、国际秩序的维护者。

第五，坚持以深化外交布局为依托打造全球伙伴关系。中国将努力构建总体稳定、均衡发展的大国关系框架，致力于同俄罗斯发展新时代全面战略协作伙伴关系，同美国发展不冲突不对抗、相互尊重、合作共赢的关系，同欧洲发展和平、增长、改革、文明的伙伴关系，同金砖国家发展团结合作的伙伴关系，深化同周边国家关系。冯仲平教授重点探讨了"欧盟对华政策变化与中国对欧外交"的相关问题。他表示，欧美关系未来呈现出三种可能性：欧美由于战略重心异化而渐行渐远；欧美为对冲中国而重振联盟；美国重新组织全新的联盟体系。这三种可能性的发生概率值得学者深入研究。在此基础上他提出，中国对欧外交应当重视中美欧三边关系；中国与欧洲发展不能只谈利益，也要强调规则和秩序；中欧或许也进入了某种程度的"竞争"时代，要对相关问题有所前瞻与关注。

第六，坚持以公平正义为理念引领全球治理体系改革。世界上的事情越来越需要各国共同商量着办，建立国际机制、遵守国际规则、追求国际正义成为多数国家的共识。在国际关系中要弘扬平等互信、包容互鉴、合作共赢的精神，共同维护国际公平正义。各国都要遵循联合国宪章宗旨和原则，坚持国家不分大小、强弱、贫富一律平等，共同推动国际关系民主化、法治化、合理化，努力使全球治理体系更加平衡地反映大多数国家意愿和利益。

在百年未有之大变局和实现中华民族伟大复兴战略全局的大背景下，我国的外交战略也相应做出既"变"也"不变"的应对措施。

"不变"体现在我国外交所坚持的根本原则。中国坚定不移地奉行独立自主的和平外交政策，坚持互相尊重主权和领土完整、互不侵犯、互不干涉内政、平等互利、和平共处五项原则，走和平发展道路，这是由我国的社会主义性质和在国际上的地位所决定的，是从历史、现实、未来的客观判断中得出的结论，来源于中华文明的深厚渊源，来源于对实现中国发展目标条件的认知，来源于对世界发展大势的把握，是思想自信和实践自觉的有机统一。

"变"体现在"两个大局"下我国外交的新倾向。"我们将高举和平、发展、合作、共赢旗帜，同世界各国人民深化友谊、加强交流，推动建设新型国际关系，推动构建人类命运共同体，推动共建'一带一路'高质量发展，以中国的新发展为世界提供新机遇。"

世界百年变局与疫情叠加交织，在习近平外交思想指引下，中国特色大国外交在"十四五"开局之年迎难而上、开拓进取，坚守弘扬多边主义，团结各方携手抗疫，助力世界经济复苏，为捍卫国家利益、维护全球稳定、促进共同发展做出新的贡献。

习近平外交思想是习近平新时代中国特色社会主义思想的重要组成部分，是马克思主义基本原理同中国特色大国外交实践相结合的重大理论结晶，是以习近平同志为核心的党中央治国理政思想在外交领域的集中体现，是新时代我国对外工作的根本遵循和行动指南。

习近平外交思想是对中华人民共和国成立以来外交理论的继承与发展。这一思想把继承与发展结合起来，升华了我们党在实践中形成的一系列重大外交政策主张和战略思想，拓展了我国的外交理论体系，为独立自主的和平外交方针、和平共处五项原则、推动建立国际政治经济新秩序等传统理念赋予更加鲜明的时代精神，将其上升到人类命运共同体、新型国际关系、全球治理体系变革的历史新高度，使中国外交优良传统焕发出新的光彩。这一思想传承并发扬了中国反对殖民主义、霸权主义、强权政治的正义立场，在涉及国家主权和领土完整的重大问题上划出红线、亮明底线，果断采取一系列坚定维权措施，坚决捍卫国家核心利益与民族尊严。在对周边、非洲等地区工作实际中，弘扬我国既定政策主张，进一步提出亲诚惠容、真实亲诚等重要理念，为我国同地区国家关系发展注入了新动力。

习近平外交思想是21世纪马克思主义在外交领域的最新成果。这一思想科学运用马克思主义的立场、观点、方法，注重理论与实际相结合、认识论和方法论相统一，深刻洞察世界发展趋势，全面审视中国与世界互动，掌握全球化与全球治理的运行规律，以一系列原创性的重大思想观点丰富和发展了马克思主义国际关系理论，实现了马克思主义中国化在外交领域的历史性飞跃。

习近平外交思想是对中华优秀传统文化的传承与创新。这一思想充分汲取中华优秀传统文化的丰富营养，赋予其新的时代印记和人文内涵，实现了创造性转化和创新性发展。在人类命运共同体理念中，蕴含着"天下为公""世界大同"的美好愿景；在周边外交方针的阐发中，体现着亲仁善邻、兼爱非攻的历史传承；在全球治理的改革诉求中，借用了和衷共济、协和万邦的传统智慧；在构建全球伙伴关系的过程中，秉持了和而不同、立己达人的和谐理念；在正确义利观的价值取向里，彰显了弘义融利、扶危济困的道德操守；在"一带一路"倡议中，创造性地传承了古代丝绸之路精神等。

习近平外交思想是对传统国际关系理论的扬弃与超越。这一思想把中国发展和世界发展结合起来，把中国人民的利益同世界人民的共同利益和根本利益结合起来，提出构建人类命运共同体，构建相互尊重、公平正义、合作共赢的新型国际关系，超越了传统国际关系理论崇尚实力、零和博弈等观点。这一思想蕴含的全球治理观、安全观、发展观、文明观、正确义利观等新型理念，反映了世界各国追求发展进步的共同愿望，既具有鲜明中国特色，又蕴含人类共同价值，凝聚了各国人民共同建设美好世界的最大公约数。

习近平外交思想立足世界百年未有之大变局，为破解当今世界面临的重大问题、引领国际秩序和国际体系变革贡献了中国智慧、中国方案，实现了历史使命与时代潮流的高度统一、民族精神与国际主义的高度统一、中国气派与世界情怀的高度统一，展现出鲜明的理论创新品格。

教学反思

该教学案例的实施效果较好：一是各位专家学者的发言言简意赅。二是案例分析部分对习近平外交思想的地位进行剖析，明确了习近平外交思想的历史渊源和现实基础。三是通过该教学案例的运用，达到了结合教学内容向学生宣传党的指导思想和党的路线、方针、政策的目的。四是案例分析部分突出了运用矛盾的对立统一原理分析新时代下中国外交策略的"变"与"不变"，让学生更加了解新形势下外交策略的内在逻辑。

实施该教学案例需要改进之处：目前的案例分析与运用在课堂上的教学步骤总是教师先行，学生跟进，效果一般。改进思路：今后要提高学生主动参与课堂讨论的积极性，在课堂开始之前可以让学生就外交策略的层面分大国、小国和周边国家进行理解汇报，扩展学生参与课堂的方式。

案例四
同济大学全方位助力"一带一路"建设 ①

案例描述

2021年春季新学期，同济大学面向全校本科生（中外学生）首次开设了一门名为"'一带一路'文化经典解读"的人文经典与审美类通识课程。

"'一带一路'文化经典解读"课程由国际文化交流学院院长孙宜学牵头，课程团队包括蔡琳、陈毅立、程好、宋黎磊、叶澜等教师。该课程旨在通过对"一带一路"沿线国家的语言与文化进行解读，让学生对"一带一路"倡议的内涵与外延等有基本的理解和把握，从而拓宽学生的国际化视野、提高跨文化交际能力。在这门课中，不仅有同济专家深入浅出地讲解"一带一路"倡议的历史、现在与未来，中外人文交流的技巧与方法，还有海外学者为学子讲解"一带一路"沿线国家的语言与文化。课程共包括16讲，其中有10讲是关于英国、德国、意大利、法国、俄罗斯、美国、加拿大、新加坡、印度、埃及10个国家的国别语言文化解读。

——摘自同济大学国际文化交流学院官网

2021年5月17日，同济大学"非洲语言资源研究中心"正式成立，李宇明教授题写了中心名称。中心紧紧围绕中国文化走出去为中心工作，以同济大学的"一带一路"研究与实践、非洲研究与合作、教育部预科部为基础，致力于非洲民族语言文化资源的搜集、整理、保护与开发，推动建设非洲语言文化资源数据库，并借力中国语言文化资源保护、传承理论和经验，推动非洲语言文化资源的产业化、智能化，优化中非语言互通媒介，营造非洲汉语传播的生态环境，推动非洲汉语与中华文化健康传播、有机传播、和谐传播，最终为中非合作专门人才培养提供理论支撑与实践案例。

中心的成立得到了中非专家学者的高度赞扬和支持，并被寄予厚望。大家一致认为，以中国语言资源保护的经验推动非洲语言文化资源的保护与传承，

① 对应课程：毛泽东思想和中国特色社会主义理论体系概论；对应章节：第十三章第三节。

这本身就是中国作为负责任大国的担当意识的具体体现。中心的成立，将充分借助同济大学的技术优势和学科优势，拓展中非合作的新路径，形成新模式。

——摘自同济大学新闻网

☞ 思考讨论题

1. "一带一路"建设的核心内涵是什么？

2. "一带一路"建设的理论依据是什么？

3. 共建"一带一路"顺应了全球治理体系变革的内在要求，彰显了同舟共济、权责共担的人类命运共同体意识，谈谈对人类命运共同体内涵的理解。

☞ 案例解析

共建"一带一路"倡议的核心内涵，是促进基础设施建设和互联互通，加强经济政策协调和发展战略对接，促进协同联动发展，实现共同繁荣。这一倡议秉持和遵循共商共建共享原则，努力实现政策沟通、设施联通、贸易畅通、资金融通、民心相通，是发展的倡议、合作的倡议、开放的倡议。这一倡议要实现的最高目标就是各方携手应对世界经济面临的挑战，开创发展新机遇，谋求发展新动力，拓展发展新空间，实现优势互补、互利共赢，不断朝着人类命运共同体方向迈进。

共建"一带一路"倡议根植历史，更面向未来。古丝绸之路绵亘万里，延续千年，积淀了以和平合作、开放包容、互学互鉴、互利共赢为核心的丝绸之路精神。在新的历史条件下提出共建"一带一路"倡议，就是要继承和发扬丝绸之路精神，把我国发展同沿线国家和世界其他国家发展结合起来，把中国梦同沿线国家和世界其他国家人民的梦想结合起来，赋予古代丝绸之路以全新的时代内涵。

共建"一带一路"倡议源于中国，但机遇和成果属于世界。"一带一路"建设跨越不同地域、不同发展阶段、不同文明，是一个开放包容的合作平台，是各方共同打造的全球公共产品。共建"一带一路"既是中国扩大和深化对外开放的需要，也是加强同世界各国互利合作的需要，符合国际社会的共同利益，彰显人类社会的共同理想和美好追求，是国际合作以及全球治理新模式的积极探索。各国要尊重彼此主权、尊严、领土完整，尊重彼此发展道路和社会制度，尊重彼此核心利益和重大关切，把"一带一路"建成和平之路；聚焦发展这个根本性问题，释放各国发展潜力，实现经济大融合、发展大联动、成果大共享，把"一带一路"建成繁荣之路；打造开放型合作平台，维护多边贸易体制，解决经济增长和平衡问题，把"一带一路"建成开放之路；坚持创新驱动发展，优化创新环境，集聚创新资源，把"一带一路"建成创新之路；以文明交流超越文明隔阂、文明互鉴超越文明冲突、文明共存超越文明优越，把"一带一路"建成文明之路。

构建人类命运共同体，核心就是建设持久和平、普遍安全、共同繁荣、开放包容、清洁美丽的世界。

第一，政治上，要相互尊重、平等协商，坚决摒弃冷战思维和强权政治，走对话而不对抗、结伴而不结盟的国与国交往新路。人类历史上战乱频仍，生灵涂炭，教训惨痛，要和平、不要战争是各国人民朴素而真实的愿望。建设一个持久和平的世界，根本要义在于国家之间要构建平等相待、互商互谅的伙伴关系。大国要尊重彼此核心利益和重大关切，管控矛盾分歧，努力构建不冲突不对抗、相互尊重、合作共赢的新型关系。大国对小国要平等相待，不搞唯我独尊、恃强凌弱的霸道。国家间出现矛盾、分歧和争端，要通过平等协商以和平方式处理。只有各国都走和平发展道路，各国才能共同发展，国与国才能和平相处。

第二，安全上，要坚持以对话解决争端、以协商化解分歧，统筹应对传统和非传统安全威胁，反对一切形式的恐怖主义。当前，国际安全形势动荡复杂，传统安全威胁和非传统安全威胁相互交织，安全问题的内涵和外延都在进一步拓展，同时人类越来越利益交融、安危与共。在这种新形势下，各国应树立共同、综合、合作、可持续的全球安全观。国家不论大小、强弱、贫富以及历史文化传统、社会制度存在多大差异，都要尊重和照顾其合理安全关切。要恪守尊重主权、独立和领土完整、互不干涉内政等国际关系基本准则，统筹维护传统和非传统安全。各国都有平等参与地区安全事务的权利，也都有维护地区安全的责任，要以对话协商、互利合作的方式解决安全难题。

第三，经济上，要同舟共济，促进贸易和投资自由化与便利化，推动经济全球化朝着更加开放、包容、普惠、平衡、共赢的方向发展。发展是第一要务，适用于各国，人类命运共同体追求的是共同发展。发展归根结底要靠本国自身努力，各国要根据自身禀赋特点，制定适合本国国情的发展战略。要改善国际发展环境，各国要共同维护国际和平，以和平促进发展，以发展巩固和平。要创造良好外部制度环境，加强全球经济治理，健全发展协调机制，各国特别是主要经济体要加强宏观经济政策协调。要维护世界贸易组织规则，支持以世界贸易组织为核心的开放、透明、包容、非歧视性的多边贸易体制，推动建设开放型世界经济。要优化发展伙伴关系，坚持南北合作主渠道地位，最大限度解决南北之间和地区内部发展失衡问题，让发展成果惠及世界各国，为世界经济全面协调可持续增长提供新动力。

第四，文化上，要尊重世界文明多样性，促进文明交流，加强文明互鉴，实现文明共存。人类文明多样性是世界的基本特征，也是人类进步的源泉，多样带来交流，交流孕育融合，融合产生进步。不同文明凝聚着不同民族的智慧和贡献，没有高低之别，更无优劣之分。文明差异不应该成为世界冲突的根源，而应该成为人类文明进步的动力。要促进和而不同、兼收并蓄的文明交流对话，在竞争比较中取长补短，在交流互鉴中共同发展，使文明交流互鉴成为增进各国人民友谊的桥梁、推动人类社会进步的动力、维护世界和平的纽带。

第五，生态上，要坚持环境友好，合作应对气候变化，保护好人类赖以生存的地球家园。人类可以利用自然、改造自然，但归根结底是自然的一部分，必须呵护自然，不能凌驾于自然之上。建设生态文明关乎人类未来。要解决好工业文明带来的矛盾，以人与自然和谐相处为目标，实现世界的可持续发展和人的全面发展。要坚持走绿色、低碳、循环、可持续发展之路，采取行动应对气候变化等新挑战，不断开拓生产发展、生活富裕、生态良好的文明发展道路，构筑尊崇自然、绿色发展的生态体系。

教学反思

该教学案例的实施效果较好：一是通过分析同济大学开办的文化交流中心，让学生们理解了"一带一路"具体的工作成果。二是案例分析部分将"一带一路"建设与人类命运共同体理念联系起来，增强了授课的逻辑连贯性。三是通过该教学案例的运用，达到了结合教学内容向学生宣传"一带一路"建设的目的。

实施该教学案例需要改进之处：在讲授过程中主要是国内学生参与讨论，缺乏留学生的声音及他们的思考。改进思路：今后要加强与留学生的互动，主动倾听他们对"一带一路"倡议等国际合作的看法，使学生看待问题的视角更加多元化。

第十四章

坚持和加强党的领导

案例一

中国共产党的领导地位是历史和人民的选择①

👉 案例描述

　　近代以来，为了争取民族独立、国家富强，数十位同济人献出了宝贵的生命。他们或就学于同济大学，或任教于同济大学，他们是革命、解放的实践者，是民主、自由的先觉者，是幸福、富强的预言者！他们牺牲时最年轻的只有 20 岁，最年长的将近六旬，他们将对革命的赤诚和对祖国的热爱融在血色青春里，永远闪耀在百年同济同舟共济、自强不息的丰碑上。

　　尹景伊（1905～1925），山东日照人，1921 年考入同济大学机师科学习。他刻苦钻研，勤于实践，学习成绩名列前茅。1925 年初，尹景伊加入中国共产主义青年团，根据党的决定，以个人身份加入中国国民党，积极从事统一战线工作，曾任同济大学学生会执行委员。五卅运动中，他坚决响应中国共产党的号召，率领同济学生奔赴上海南京路参加反帝大示威，在与帝国主义搏斗中，为营救战友，中弹牺牲，时年 20 岁。

---

　　① 对应课程：毛泽东思想和中国特色社会主义理论体系概论；对应章节：第十四章第一节。

顾德祺（1918～1939），江苏青浦人，1935年考进同济大学附中学习，先后参加抗日救国会、民族解放先锋队、青浦旅外学生会，担任民众歌咏剧团团长，积极开展抗日救亡工作。1937年10月，顾德祺赴延安陕北公学国防工业班学习，加入中国共产党。1938年秋，他被派往新四军第一支队第二团政治处任教育干部。1939年3月9日，顾德祺在对敌斗争中壮烈牺牲，时年21岁。

——摘自同济大学校史馆

《同济英烈》（第二版）由同济大学档案馆（校史馆）编著，同济大学出版社出版。档案馆以同济大学1997年编写的《同济英烈》一书为基础，对同济英烈的事迹进行了整理和挖掘，补充了一些新发现的珍贵史料，增加了与英烈相关的珍贵图片，并在深入考证的基础上新增了6位同济英烈，取得了传承红色血脉的重要成果。再版后的《同济英烈》共收录了25位同济英烈的革命事迹，其中包括参与五卅运动的反帝先锋尹景伊、"左联五烈士"之一殷夫、同济地下党支部首位书记朱觉等英烈。

方守恩以《贺建党百年，忆英烈忠魂》为题，为该书作序。他表示，这是学校档案编研和校史研究的一项重要成果，也是党史学习教育的生动教材，更是同济人传承英烈精神、赓续红色血脉的重要载体。

《同济人·用忠诚与智慧践行初心》是同济大学校友会为献礼建党百年推出的特刊，由吴广明、雷星晖担任主编。经过多轮商讨，特刊编委会最终遴选出了同济大学历史上不同时期、行业、地域、专业背景以及重要节点（扶贫、抗疫）的40位优秀共产党员校友代表，其中包括4位同济英烈，将他们的先进事迹进行重新整理、补充完善，编辑并出版了这本特刊。

李桓英校友1945年毕业于同济大学医学院，她在95岁高龄时加入中国共产党。6月29日，方守恩与李桓英校友进行连线交流，方守恩代表学校向她致以诚挚问候，向她多年来为党、国家和人民做出的贡献表示崇高敬意。

——摘自同济大学新闻网

思考讨论题

1. 上述案例体现了党的领导的重要性，试阐述你对中国共产党的领导地位是历史和人民的选择的看法。

2. 不忘初心、牢记使命，新时代下中国共产党担负着怎样的历史使命？

👉 案例解析

中国共产党是中国工人阶级的先锋队，同时是中国人民和中华民族的先锋队，是中国特色社会主义事业的领导核心。

近代以来，为了拯救民族危亡，中国人民奋起反抗，仁人志士奔走呐喊，太平天国运动、戊戌变法、义和团运动、辛亥革命接连而起，各种救国方案被提出，但都以失败告终。在中国人民和中华民族的伟大觉醒中，在马克思列宁主义同中国工人运动的紧密结合中，中国共产党应运而生，最终成为担当民族复兴重任的时代先锋、民族脊梁。中国共产党自成立以后，团结带领中国人民，打败日本帝国主义，推翻国民党反动统治，完成新民主主义革命，建立了中华人民共和国；完成社会主义革命，确立社会主义基本制度，消灭一切剥削制度，推进了社会主义建设；进行改革开放新的伟大革命，实现了从高度集中的计划经济体制到充满活力的社会主义市场经济体制、从封闭半封闭到全方位开放的历史性转变，实现了从生产力相对落后的状况到经济总量跃居世界第二的历史性突破，实现了人民生活从温饱不足到总体小康、奔向全面小康的历史性跨越；推动中国特色社会主义进入新时代，实现第一个百年奋斗目标，人民生活显著改善，综合国力显著增强，国际地位显著提高，党和国家事业取得历史性成就、发生历史性变革，中华民族向世界展现了一派欣欣向荣的气象，正以不可阻挡的步伐迈向伟大复兴。

中国共产党领导中国人民取得的伟大胜利，使具有 5000 多年文明历史的中华民族全面迈向现代化，让中华文明在现代化进程中焕发出新的蓬勃生机；使具有 500 多年历史的社会主义主张在世界上人口最多的国家成功开辟出具有高度现实性和可行性的正确道路，让科学社会主义在 21 世纪焕发出新的蓬勃生机；使具有 70 多年历史的中华人民共和国建设取得举世瞩目的成就，使中国这个世界上最大的发展中国家在短短几十年摆脱贫困，创造了人类社会发展史上惊天动地的发展奇迹，使中华民族焕发出新的蓬勃生机。历史充分证明，没有中国共产党，就没有中华民族伟大复兴。历史和人民选择了中国共产党。

新时代中国共产党的历史使命，就是统揽伟大斗争、伟大工程、伟大事业、伟大梦想，在全面建成小康社会的基础上全面建设社会主义现代化国家，实现中华民族伟大复兴的中国梦。实现伟大梦想，必须进行具有许多新的历史特点的伟大斗争。敢于斗争、敢于胜利，是中国共产党不可战胜的强大精神力量。要更加自觉地坚持党的领导和中国特色社会主义制度，要坚决战胜一切在政治、经济、文化、社会等领域和自然界出现的困难和挑战，更加自觉地防范各种风险。要发扬斗争精神，提高斗争本领，不断夺取伟大斗争新胜利。实现伟大梦想，必须推进中国特色社会主义伟大事业。要更加自觉地增强道路自信、理论自信、制度自信、文化自信，保持政治定力，坚持实干兴邦，始终坚持和发展中国特色社会主义。实现伟大梦想，最根本的是必须深入推进党的建设新的伟大工程。历史已经并将继续证明，没有中国共产党的领导，民族复兴必然是空想。办好中国的事情关键在党，实现中华民族伟大复兴关键在党。中国共产党要始终成为时代先锋、民族脊梁，始终成为马克思主义执政党，自身必须始终过硬。要更加自觉地坚定党性原则，勇于直面问题，敢于刮骨疗毒，消除一切损害党的先进性和纯洁性的因素，清除一切侵蚀党的健康肌体的病毒，确保党不变质、不变色、不变味，不断增强党的政治领导力、思想引领力、群众组织力、社会号召力，确保我们党永葆旺盛生命力和强大战斗力。

教学反思

该教学案例的实施效果较好：一是党的领导地位的确立过程是一段比较复杂的历史，而通过列举同济人的英雄事迹展现了党的领导的优越性。二是案例分析部分对党的领导地位的确立进行了剖析，有助于学生理解党的根本性质。三是通过该教学案例的运用，达到了结合教学内容向学生宣传党的指导思想和党的路线、方针、政策的目的。四是案例分析部分突出了运用历史唯物主义的思考方式讲解党的领导地位的确立，展现了马克思主义理论的鲜活生命力。

实施该教学案例需要改进之处：目前的案例分析运用在课堂上是以教师讲解为主，并未采取更加多样化的方式去展示同济先辈们的英勇事迹和光辉历程。改进思路：丰富课堂知识传播方式，争取采取更加现代化、多媒体化的方式讲授不同同济大学先辈的历史轨迹，让学生在各种视频影音中提高学习兴趣的同时，能够更加身临其境理解先辈的壮举，并提高学生的学习热情。

案例二

港珠澳大桥建设中的"同济智慧" ①

案例描述

　　经过 9 年的建设，全长 55 公里、被称为"工程界的珠峰"的港珠澳大桥迎来正式通车的历史性时刻。大桥开通仪式于 2018 年 10 月 23 日上午在广东珠海举行，中共中央总书记、国家主席、中央军委主席习近平出席仪式并宣布大桥正式开通。10 月 24 日上午 9 时，港珠澳大桥正式通车。

　　港珠澳大桥如一道彩虹横跨伶仃洋，它是当今世界最长的跨海通道，连接香港大屿山、澳门半岛和广东省珠海市。主体工程"海中桥隧"长超过 35 公里，海底隧道长约 6 公里，桥梁长约 22.9 公里。寻常人不知道的是，在这座大桥技术最难的节点人工岛及隧道部分，处处体现了"同济元素"。同济大学原常务副校长李永盛介绍："同济啃的都是'硬骨头。'"

　　受香港机场的标高及伶仃洋主航道要求的限制，港珠澳大桥必须采用隧桥模式，隧桥转换就得在汪洋大海中建设人工岛。构建人工岛用什么方式稳妥？传统的方式是海中选址围堰，抛石成堤，然后抽干堰内积水，筑建成岛，但这样会对附近水域的白海豚造成危害，且影响这条繁忙水道的航行，工期漫长。还有一种方式，即先打桩，用挤密砂桩圈起围堰，抽干水然后再筑岛。同济大学学者马险峰在"外海厚软基桥隧转换人工岛设计与施工关键技术"中的研究成果支撑了挤密砂桩设计中若干难题的解决。

　　何谓挤密砂桩？就是利用振动锤将套管振动打入规定土深，向套管内投入砂子，通过套管的反复起拔和下压并施以振动，使砂子经振压而密实，形成砂桩。可这项技术的难点在于，钢筒打入淤泥并深入 20 余米后其围合的地基如何加固，再者就是如何解决异常软弱的海底地基的稳定和沉降问题。"我们的主要研究任务是要得出挤密砂桩复合地基在加载之后的砂桩荷载与位移变化关系、桩土应力分配以及砂桩周围孔隙水压力的变化规律，以确定影响挤密砂桩

---

　　① 对应课程：毛泽东思想和中国特色社会主义理论体系概论；对应章节：第十四章第一节。

复合地基承载力和变形的关键因素。"马险峰介绍道。

马险峰团队没有让建设者失望，他们的实验结果都在工程中得到了应用，成为设计与施工的重要参考数据。同济大学团队带来的数据让工程设计与施工吃了定心丸。随后，一根根由振华制造的直径22米、高40.5米的钢筒打入了海底，最终围成了东西两个人工岛。"如果使用常规技术，建这样的两个人工岛起码要一年半，采用圆钢筒成岛，东西人工岛成岛仅用了7个月。"马险峰骄傲地说。

港珠澳大桥是全球第一例集桥、岛、隧道于一体的跨海大桥，建设难度极高，即使在国外顶尖桥梁专家眼里，它也是"全球最具挑战的跨海项目"。同济大学团队全方位支持港珠澳大桥的建设，其中有着无数人、无数日夜的辛劳汗水。

——摘自同济大学校友会官网

思考讨论题

1. 上述案例内容体现了中国特色社会主义制度集中力量办大事的优势，那么如何理解党的领导是中国特色社会主义制度的最大优势？

2. 为什么说党的领导是中国特色社会主义最本质的特征？

案例解析

制度优势反映制度属性，中国制度之所以优越，是因为党的领导在中国特色社会主义制度中是最具统领性、决定性的因素。在我国国家制度和国家治理体系13个方面的显著优势中，居第一位的是坚持党的集中统一领导，确保国家始终沿着社会主义方向前进的优势。

第一，中国特色社会主义制度是党领导人民创建的。没有中国共产党，也就没有中国特色社会主义制度，制度优势就无从谈起。中国共产党把科学社会主义原则和中国实际相结合，创建了人民代表大会制度这一根本政治制度，中国共产党领导的多党合作和政治协商制度、民族区域自治制度以及基层群众自治制度等基本政治制度，以及其他各方面重要制度，并通过改革不断完善中国特色社会主义制度。党的十八届三中全会提出了全面深化改革的总目标，党的十九届四中全会提出坚持和完善中国特色社会主义制度，推进国家治理体系和治理能力现代化，推动中国特色社会主义制度更加成熟、更加定型。

第二，党的领导是充分发挥中国特色社会主义制度优势的根本保障。中国特色社会主义制度是当代中国发展进步的根本制度保障，具有鲜明的中国特色，拥有明显的制度优势。中国共产党是中国工人阶级、中国人民和中华民族的先锋队，能够充分调动广大人民的积极性、主动性、创造性，有利于充分发挥中国特色社会主义制度在保持党和国家活力方面的优势；党是先进生产力、先进文化的代表，有利于发挥中国特色社会主义制度在解放和发展社会生产力、推动经济社会全面发展方面的优势；党代表了中国最广大人民的根本利益，有利于充分发挥中国特色社会主义制度在维护和促进社会公平正义、实现全体人民共同富裕方面的优势；党能够总揽全局，协调各方，有利于充分发挥中国特色社会主义制度集中力量办大事、有效应对前进道路上的各种风险挑战方面的优势；党是领导和团结全国各族人民的核心力量，有利于充分发挥中国特色社会主义制度在维护民族团结、社会稳定、国家统一方面的优势。

第三，党的自身优势是中国特色社会主义制度优势的主要来源。中国共产党在长期奋斗中形成了独特的自身优势：以马克思主义为指导，用马克思主义中国化最新理论成果武装全党、教育人民的理论优势；坚定崇高的政治理想、政治信念和百折不挠的革命意志的政治优势；遵循马克思主义建党原则，严密组织体系、严格组织生活、严明组织纪律，使党成为统一整体的组织优势；坚持民主集中制这一制度优势；密切联系群众的优势。中国共产党作为长期执政的党，以自身优势引领和锻造了中国特色社会主义的制度优势，保证了中国特色社会主义制度优势的有效发挥。

中国特色社会主义有很多特点和特征，具体反映在道路、理论、制度、文化各个方面，体现在"五位一体"总体布局、"四个全面"战略布局等各个领域，其中，党的领导是最重要、最本质的特征，其他特点和特征都在党的领导下发挥作用，彰显优势。

第一，党的领导直接关系着中国特色社会主义的性质、方向和命运。坚持无产阶级政党领导是科学社会主义的一条基本原则。马克思主义认为，社会主义是共产党的崇高事业，社会主义制度的建立、完善和巩固、发展都离不开共产党的领导。我们党自成立以来，始终坚守社会主义和共产主义的理想信念，坚持把马克思主义基本原理同中国具体实际相结合，同中华优秀传统文化相结合，团结带领全国人民推动中国特色社会主义事业不断向前发展并进入了新时代。理论和实践充分表明：我们党是中国特色社会主义事业的坚强领导核心，是这一伟大事业的开创者、引领者、推动者，坚持党的领导是中国特色社会主义永不变色、永不变质的根本保证。

第二，党的领导是实现社会主义现代化和民族复兴的最根本保证。为了实现中华民族伟大复兴，中国共产党初心不改，矢志不渝，团结带领人民经历千难万险，付出巨大牺牲，取得了一个又一个伟大斗争的胜利。今天，我们踏上了全面建设社会主义现代化国家新征程。在这一伟大征程中，面临着来自国际国内前所未有的挑战，不知还要爬多少坡、过多少坎，经历多少风风雨雨，克服多少艰难险阻。要走好新时代的长征路，不断跨越"娄山关"、征服"腊子口"，把新时代中国特色社会主义这篇大文章继续写好、写精彩，从根本上要靠党的全面领导，靠党把好方向盘。中国共产党领导是中国特色社会主义最本质的特征，这一重大论断已经写入党章、载入宪法，体现了全党的意志和国家的意志，反映了最广大人民的根本利益。在坚持党的领导这个重大原则问题上，我们绝不能有任何含糊和动摇。在前进道路上，要始终坚定正确政治方向，始终坚持和加强党的全面领导，完善和健全党的全面领导制度，毫不动摇把党的领导这个最本质特征坚持好，不断书写新时代中国特色社会主义新篇章。

教学反思

该教学案例的实施效果较好：一是中国特色社会主义最本质的特征比较抽象，通过该教学案例的运用，使该抽象的原理的讲授通俗化了，增强了课程对学生的吸引力。二是案例分析部分对中国特色社会主义制度的优势进行了理论分析，有助于学生了解优势的理论逻辑。三是通过该教学案例的运用，达到了结合教学内容向学生宣传党的指导思想和党的路线、方针、政策的目的。四是案例分析部分结合了会议的完整表述，更加增强了案例分析的时效性。

实施该教学案例需要改进之处：目前的案例分析与运用，学生在课堂上的理解比较单一、片面，不能够全面准确理解制度优势和最本质特征的深层逻辑。改进思路：把理论逻辑、现实逻辑和未来逻辑三者相结合，争取通过同一案例展现其中的逻辑关联，以让学生充分理解。

案例三
同济大学始终坚持党对一切工作的领导 ①

案例描述

同济大学始终坚持党对一切工作的领导。

第四条 学生社团工作由学校党委统一领导，纳入学校思想政治工作和群团工作整体格局。学校成立学生社团建设管理工作领导小组，落实党对学生社团工作的全面领导，负责学校学生社团工作的顶层设计、总体布局、统筹协调、整体推进，校党委分管学生工作的副书记兼任学生社团建设管理工作领导小组组长。

第五条 党委组织部、党委宣传部、保卫处、党委教师工作部、人事处、本科生院、研究生院、体育教学部、留学生办公室、图书馆、后勤集团等有关职能部门和单位共同参与，做好学生社团日常管理和保障工作。

第六条 党委学生工作部、研究生工作部牵头负责学生社团工作，统筹研究规划全校学生社团建设发展，制度性研究涉及学生社团的重要工作和重大事项，负责组织相关部门负责人和有关专家、师生代表开展学生社团建设管理评议委员会工作。校团委履行学生社团工作的具体管理职能，成立学生社团登记管理部门（以下简称登记管理部门），负责学生社团建设管理具体事务。国际学生成立学生社团由留学生办公室统筹做好业务指导。

——摘自《同济大学学生社团建设管理办法》

第三条 党委常委会、校长办公会根据学校发展需要，决定议事机构的设立、变更、终止、撤销等事项。其中，党的工作议事机构或学校党委根据需要设立的议事机构，由党委组织部提交学校党委常委会（或全委会）讨论通过；学校行政工作议事机构由人事处提交人事安排小组会或校长办公会议讨论通过。

党委组织部和人事处负责议事机构的设立、调整和撤销管理工作。

——摘自《同济大学议事机构与设置管理办法》

---

① 对应课程：毛泽东思想和中国特色社会主义理论体系概论；对应章节：第十四章第二节。

此外，为进一步推动全面从严治党向纵深发展，根据中共中央办公厅印发的《党委（党组）落实全面从严治党主体责任规定》、教育部党组印发的《关于印发〈中共教育部党组、党组书记、党组其他成员落实全面从严治党责任清单〉的通知》、上海市委办公厅印发的《关于各级党委（党组）落实全面从严治党主体责任的实施方案》和上海市教卫工作党委有关文件要求，结合同济大学工作实际，就学校党委落实全面从严治党主体责任提出了具体的实施方案。

思考讨论题

1. 为什么说党是最高政治领导力量？
2. 如何确保党始终统揽全局，协调各方？

案例解析

党是最高政治领导力量，这是由国家性质所决定的，是由国家宪法所确立的，是被中国革命、建设、改革伟大实践所证明的，是推进伟大事业的根本保证。

第一，党是政治方向的引领者。政治方向是党和国家发展的首要问题，方向决定道路，道路决定命运。习近平指出："古今中外，由于政治发展道路选择错误而导致社会动荡、国家分裂、人亡政息的例子比比皆是。"中国共产党成立以来给全党全国各族人民指引的政治方向就是社会主义，最终奋斗目标就是实现共产主义。中国共产党作为最高政治领导力量，牢牢把握中国特色社会主义的前进方向，在政治方向和重大政治是非问题上始终保持高度的政治清醒、政治敏锐和政治洞察力，解决纠正偏离和违背正确政治方向的行为，确保坚持正确政治方向的要求不悬空、不虚化，确保在政治方向上不犯颠覆性错误。

第二，党是政治体系的统领者。在国家政治体系中，中国共产党处于统领地位。中国共产党作为最高政治领导力量，对党和国家实行全面领导，推动构建系统完备、科学规范、运行高效的党和国家机构职能体系，形成总揽全局、协调各方的党的领导体系，职责明确、依法行政的政府治理体系，中国特色、世界一流的武装力量体系，联系广泛、服务群众的群团工作体系，推动人大、政府、政协、监察机关、审判机关、检察机关、人民团体、企事业单位、社会组织等在党的统一领导下协调行动，增强合力，全面提高国家治理能力和治理水平。党在国家政治体系中发挥统领作用，实现党的领导、人民当家作主、依法治国有机统一，能够做到"全国一盘棋""集中力量办大事"。

第三，党是重大决策的决断者。中国共产党每前进一步，都离不开科学有效的决策、周密的部署以及有效的实施。中国共产党作为最高政治领导力量所做的决策，关系到党和国家方向性、全局性、战略性、根本性问题。中国共产党运用科学民主的办法进行决策，广泛协商，广集民智，增进共识。对于党中央作出的决策部署，党的领导的重要职责就是对决策的贯彻执行进行检查和监督，使决策部署得到有效落实。

坚持党总揽全局、协调各方的领导核心地位，是党作为最高政治力量在治国理政中的必然要求。

确保党始终总揽全局、协调各方，必须增强政治意识、大局意识、核心意识、看齐意识，自觉维护党中央权威和集中统一领导，自觉在思想上、政治上、行动上同党中央保持高度一致。每一个党的组织、每一名党员干部，无论处在哪个领域、哪个层级、哪个部门和单位，都要服从党中央集中统一领导，确保党中央令行禁止。坚持以党的旗帜为旗帜、以党的方向为方向、以党的意志为意志，实现全党思想上统一、政治上团结、行动上一致，切实把党中央重大决策部署落实到改革发展稳定、内政外交国防、治党治国治军等各个方面。

确保党始终总揽全局、协调各方，必须坚持和完善党的领导的体制机制。中央委员会、中央政治局、中央政治局常委会，这是党的领导决策核心。党中央作出的决策部署，人大、政府、政协、监察委员会以及法院、检察院等的党组织要贯彻落实。党的十八大以来，中央政治局常务委员会先后多次召开会议，听取全国人大常委会、国务院、全国政协和最高人民法院、最高人民检察院党组工作汇报，这已成为实现党中央集中统一领导的重要制度安排。党中央作出的决策部署，党的组织、宣传、统战、政法等部门要贯彻落实，各事业单位、人民团体等的党组织也要贯彻落实。各方面党组织都要对党委负责，自觉向党委报告重大工作和重大情况，在党委统一领导下做好自身职责范围内的工作。各地区各部门党委（党组）要加强向党中央报告工作。确保党始终总揽全局、协调各方，必须坚持党的民主集中制原则。

确保党始终总揽全局、协调各方，必须全面增强党的执政本领。党的事业越发展，对党执政能力和执政本领的要求就越高，既要政治过硬，又要本领高强，即执政能力建设是党的根本性建设，关系社会主义事业兴衰成败，关系中华民族前途命运，关系党和国家能否长治久安。提高党的执政能力，必须全面增强党的执政本领，具体包括增强学习本领、政治领导本领、改革创新本领、科学发展本领、依法执政本领、群众工作本领、狠抓落实本领、驾驭风险本领等。

总之，坚持党的领导，是党和国家的根本所在、命脉所在，是全国各族人民的利益所系、命运所系。我们已站在新的历史起点，开启了新的奋斗征程，党带领全国各族人民实现中华民族伟大复兴，可能还要克服更多的艰难险阻。在这样的历史背景下，完成光荣艰巨的历史使命，战胜前进道路上的风险挑战，必须坚持和加强党对一切工作的领导。

教学反思

该教学案例的实施效果较好：一是党为何在政治上是最高领导力量比较抽象，通过该教学案例的运用，使该抽象的理论讲授通俗化了，增强了课程对学生的吸引力。二是案例分析部分对党的领导如何确立进行了现实逻辑的分析，体现了理论联系实际的我党的优良作风。三是通过该教学案例的运用，达到了结合教学内容向学生宣传党的指导思想和党的路线、方针、政策的目的。

实施该教学案例需要改进之处：目前的案例分析各小组之间相对独立，互动不足。改进思路：今后加强各小组之间的互动和交流，各小组之间就如何提高以及确保党始终总揽全局、协调各方相互进行交流和评价，并针对学生的提问给出教师的建议。

案例四
同济大学师生学习党的十九届六中全会精神 ①

案例描述

2021年11月16日，同济大学党委常委会举行集体学习会，专题学习党的十九届六中全会精神。校党委书记方守恩主持学习会，对全会精神进行领学，并对下一步全校学习宣传贯彻落实全会精神提出明确要求。校长陈杰以《在新征程上奋力展现新作为》为题，交流了学习全会精神的体会。校党委常委出席，非党员副校长和部分职能部门负责人列席会议。

方守恩表示，党的十九届六中全会是我党在重要历史时间节点召开的一场具有全局性、历史性意义的重要会议，全会总结的党的百年奋斗历史经验，体现了全党的共同心声，鼓舞人心，令人振奋。学校师生在全会公报发布后，第一时间认真学习了公报，领会全会精神。他就学习宣传贯彻落实党的十九届六中全会精神，提出了明确要求：一是要把学习党的十九届六中全会精神和《中共中央关于党的百年奋斗重大成就和历史经验的决议》作为当前和今后一段时期的重大政治任务，迅速形成全校师生学习宣传贯彻党的十九届六中全会精神的浓厚氛围；二是要扎实开展好下一阶段党史学习教育，在学习全会精神中不断推动党史学习教育走深走实；三是要坚决抓好巡视整改工作，全力冲刺集中整改期的任务完成；四是要牢牢把握党百年奋斗的"十个坚持"历史经验，以此指导学校工作，以一流党建引领中国特色世界一流大学建设。要不断完善党的领导，以更加有力的举措推动学校新一轮"双一流"建设、"十四五"规划的实施，以更加优异的成绩迎接党的二十大胜利召开。

陈杰表示，党的十九届六中全会既让我们更加深刻感受到民族复兴的光明前景，也让我们深切认识到使命光荣、重任在肩，进一步坚定了在党的坚强领导下锐意进取、攻坚克难的决心和信心。我们要深学原文，学习领会《中共中央关于党的百年奋斗重大成就和历史经验的决议》的丰富内涵与核心要义，以

---

① 对应课程：毛泽东思想和中国特色社会主义理论体系概论；对应章节：第十四章第二节。

一流党建引领中国特色世界一流大学建设；要贯通思考，学习理解马克思主义中国化新的飞跃，凝聚为党育人、为国育才的坚实力量；要联系实际，学习把握党的百年奋斗历史经验，奋力开创新时代"双一流"建设新局面。要以学习贯彻党的十九届六中全会精神为契机，深刻领悟党的百年奋斗重大成就和历史经验，进一步引领广大党员、干部和师生员工统一思想、统一意志、统一行动，把学习成果转化为推动中国特色世界一流大学建设开新局的强大动力，在党和国家事业全局中谋划同济大学的发展，在全面建成社会主义现代化强国的征程中做出同济人的新贡献。

党的十九届六中全会公报发布后，学校师生第一时间收看收听、认真学习研读公报，领会全会精神，倍感振奋、深受鼓舞，全会精神在师生中引发热烈反响。大家纷纷表示，要从党的百年奋斗历程中汲取宝贵的经验和智慧、奋进的勇气和力量，大力弘扬伟大建党精神，以咬定青山不放松的执着和更加昂扬的姿态接续奋斗，埋头苦干、勇毅前行，走好新时代的赶考路，为新征程上党和国家各项事业发展、实现中华民族伟大复兴的中国梦做出同济人新的更大的贡献。

——摘自同济大学新闻网

思考讨论题

1. 以更加有力的举措推动学校新一轮"双一流"建设，为什么我们要不断完善党的领导？

2. 党的十九届六中全会让我们深切认识到使命光荣、重任在肩，试阐述新时代中国共产党的历史使命。

案例解析

把党的领导制度明确为我国的根本领导制度，这是我们党从坚持和完善中国特色社会主义制度的高度，确定党的领导制度在我国国家制度和国家治理体系中关乎长远、关乎全局的地位和作用，抓住了制度建设和国家治理的关键和根本。

党的领导制度是经过革命、建设、改革长期实践探索形成的根本制度成果。早在新民主主义革命时期，我们党就逐步探索建立了党的领导制度。古田会议确立了党对军队的绝对领导这一根本原则，在革命根据地局部执政条件下，形成了党委会统一领导党政军民工作、实行党的一元化领导体制。中华人民共和国成立后，1954年宪法以根本大法形式将党的领导融入国家制度，为大规模开展社会主义建设提供了坚强政治保证。党的十八大以来，以习近平同志为核心的党中央高度重视制度建设，把制度建设摆在更加重要的位置，贯穿党的领导和党的建设全过程。党的十九大把"党是领导一切的"写进党章。党的十九届四中全会进一步将党的领导制度明确为我国根本领导制度，强调要坚持和完善党的领导制度体系，把党的领导落实到国家治理各领域、各方面、各环节。

党的领导制度是一个系统完备、内涵丰富的制度体系。建立不忘初心、牢记使命的制度，作为加强党的建设的永恒课题和全体党员、干部的终身课题，形成长效机制，为坚持和完善党的领导制度体系奠定坚实基础；完善坚定维护党中央权威和集中统一领导的各项制度，坚决把维护习近平总书记党中央的核心、全党的核心地位落到实处，自觉在思想上、政治上、行动上同以习近平同志为核心的党中央保持高度一致；健全党的全面领导制度，确保党在各项工作、各种组织中发挥领导作用；健全为人民执政、靠人民执政各项制度，坚持立党为公、执政为民，巩固党执政的阶级基础，厚植党执政的群众基础；健全提高党的执政能力和领导水平制度，提高党把方向、谋大局、定政策、促改革的能力；完善全面从严治党制度，贯彻新时代党的建设总要求。这些制度彼此支撑、相互联系，共同构筑了党的领导制度体系，是坚持和加强党对一切工作领导的根本制度保障。

党的领导制度是我国的根本领导制度，这是由党的领导在我国政治生活中的地位和作用所决定的。"万物得其本者生，百事得其道者成。"党的领导制度在国家制度体系中的统领地位，是党的核心领导地位的必然反映、内在要求。中国特色社会主义制度是一个严密完整的科学制度体系，其中具有统领地位的是党的领导制度。党的领导制度明确了我国政治生活的领导关系、领导主体、领导对象，是中国特色社会主义制度体系的"根"和"源"，是国家治理体系和治理能力现代化的"心脏"和"引擎"，管根本、管全局、管长远，发挥着提纲挈领、无可替代的作用。

把党的领导制度作为我国的根本领导制度，彰显了我们党的高度制度自党、制度自信。提出党的领导制度是我国的根本领导制度，深刻揭示了党的领导同中国特色社会主义的本质关系，充分彰显了党的领导制度在国家制度体系中的统领地位，有力推动了在实践中更好地坚持和巩固党的领导。我们党立志于中华民族千秋伟业，要在民族复兴的进程中实现长期执政，必须始终坚持、不断巩固、自觉完善这个根本领导制度，为实现伟大梦想保驾护航。推动党的政治优势和组织优势转化为制度优势和治理效能，是贯彻执行党的领导制度的必然要求。必须坚持以习近平新时代中国特色社会主义思想为指导，把党的领导制度这一根本领导制度建设好、完善好，以此统领中国特色社会主义制度体系。要始终坚持党的领导，完善党的领导制度体系，把党的领导这一最大优势全方位体现到国家治理的方方面面，有效转化为国家治理优势。

新时代中国共产党的历史使命，就是统揽伟大斗争、伟大工程、伟大事业、伟大梦想，在全面建成小康社会的基础上全面建设社会主义现代化国家，实现中华民族伟大复兴的中国梦。实现伟大梦想，必须进行具有许多新的历史特点的伟大斗争。敢于斗争、敢于胜利，是中国共产党不可战胜的强大精神力量。要更加自觉地坚持党的领导和中国特色社会主义制度，要坚决战胜一切在政治、经济、文化、社会等领域和自然界出现的困难和挑战，更加自觉地防范各种风险。要发扬斗争精神，提高斗争本领，不断夺取伟大斗争新胜利。实现伟大梦想，必须推进中国特色社会主义伟大事业。要更加自觉地增强道路自信、理论自信、制度自信、文化自信，保持政治定力，坚持实干兴邦，始终坚持和发展中国特色社会主义。实现伟大梦想，最根本的是必须深入推进党的建设新的伟大工程。历史已经并将继续证明，没有中国共产党的领导，民族复兴必然是空想。办好中国的事情关键在党，实现中华民族伟大复兴关键在党。中国共产党要始终成为时代先锋、民族脊梁，始终成为马克思主义执政党，自身必须始终过硬。要更加自觉地坚定党性原则，勇于直面问题，敢于刮骨疗毒，消除一切损害党的先进性和纯洁性的因素，清除一切侵蚀党的健康肌体的病毒，确保党不变质、不变色、不变味，不断增强党的政治领导力、思想引领力、群众组织力、社会号召力，确保我们党永葆旺盛生命力和强大战斗力。

教学反思

　　该教学案例的实施效果较好：一是党的十九届六中全会的内涵丰富且深刻，通过学校的例子让学生体会更深刻。二是该案例分析了党的领导制度确定的历史过程，达到了宣传党史的目的。三是通过该教学案例的运用，达到了结合教学内容向学生宣传党的指导思想和党的路线、方针、政策的目的。

　　实施该教学案例需要改进之处：一是目前的案例讲授课堂氛围不够浓厚。二是案例讲授的主要内容是已有的讲话分析，缺少学生的思考创新。改进思路：在课堂上让学生对案例进行分析和思考，并给每个学生展示自己的机会，让学生在思考中表达自己的看法和结论，调动学生的课堂活跃度。加强与学生的互动，通过学生切身学习或参加与党的十九届六中全会相关的活动达到教学结合实际的目的。

后记　　　　　　　　　　　　　　　>>>

　　本书由同济大学马克思主义学院龚晓莺教授提出编写理念，设计编写方案，同济大学马克思主义学院部分研究生参与了本书的编写工作：博士研究生贾则琴参与了第七章、第十章共 7 个案例的编写，严宇珺参与了第八章、第九章共 6 个案例的编写；硕士研究生胡安琪参与了第一章、第二章、第三章共 10 个案例的编写，李雯静参与了第四章、第五章、第六章共 11 个案例的编写，朱蕊芸参与了第十一章、第十二章共 7 个案例的编写，王银龙参与了第十三章、第十四章共 8 个案例的编写。

　　本书的出版得到了同济大学中央高校基本科研业务费资助，得到了经济管理出版社的大力支持，在此表示衷心感谢。

　　由于编写者水平有限，本书错漏在所难免，敬请读者批评指正。

龚晓莺

2022 年 11 月 6 日